Comprendre et mesurer
LA CAPACITÉ DE CHANGEMENT
DES ORGANISATIONS

Les Éditions TRANSCONTINENTAL inc.
1100, boul. René-Lévesque Ouest, 24ᵉ étage
Montréal (Québec) H3B 4X9
Tél. : (514) 392-9000
        (800) 361-5479

Données de catalogage avant publication (Canada)
Taïeb Hafsi (1944-   )
    Comprendre et mesurer la capacité de changement des organisations
    Comprend des références bibliographiques.
    ISBN 2-89472-041-6
    1. Changement organisationnel. 2. Planification stratégique. 3. Culture
d'entreprise. 4. Chefs d'entreprise — Attitudes. 5. Changement organisationnel
— Aspect psychologique. I. Demers, Christiane (1953-   ). II. Titre.

HD58.8.H33 1997   658.4'06   C97-940260-3

Révision et correction : JACINTHE LESAGE, LYNE M. ROY
Mise en pages et conception de la couverture : ORANGETANGO

© Les Éditions TRANSCONTINENTAL inc., 1997
2ᵉ impression, août 1998
Dépôt légal — 1ᵉʳ trimestre 1997
Bibliothèque nationale du Québec
Bibliothèque nationale du Canada

Imprimé au Canada
ISBN 2-89472-041-6

Les Éditions TRANSCONTINENTAL remercient le ministère du Patrimoine
canadien et la Société de développement des entreprises culturelles du Québec
d'appuyer leur programme d'édition.

Taïeb Hafsi
Christiane Demers

Comprendre et mesurer
LA CAPACITÉ DE CHANGEMENT
DES ORGANISATIONS

Les Éditions
TRANSCONTINENTAL inc.

Note de l'éditeur

Indépendamment du genre grammatical, les appellations qui s'appliquent à des personnes visent autant les femmes que les hommes. L'emploi du masculin a donc pour seul but de faciliter la lecture de ce livre.

À Qaïs, le plus fidèle des miroirs, le plus affectueux et

le plus rigoureux des censeurs.

À Charlotte, dont la spontanéité et la joie de vivre sont

le plus merveilleux des cadeaux.

Remerciements

Un tel livre requiert beaucoup d'efforts de la part des auteurs et ses lacunes leur sont entièrement imputables. Mais, ils ont bénéficié du soutien et de la collaboration d'un grand nombre de personnes que nous ne pouvons toutes mentionner ici. Nous voudrions cependant souligner d'abord la contribution de Bruno Fabi et de Philippe Carpentier. Bruno Fabi a réalisé un partie importante du travail de recherche qui sous-tend ce livre et qui est décrit ailleurs (Hafsi et Fabi, 1997), et il a aussi participé substantiellement à la réalisation du chapitre 5. Bruno est un psychologue et sa contribution a permis de préciser les méthodes qui permettent de tenir compte de la collaboration des personnes. Bruno est aussi une « bonne personne ». Nous n'insisterons jamais assez sur le plaisir qu'il y a à travailler avec cet homme, dont la rigueur intellectuelle, le sens de l'humour et la gentillesse sont exemplaires et charment tous ceux qui le connaissent. Une autre personnalité séduisante, Philippe Carpentier, a également contribué au travail de recherche de base. Son mémoire de maîtrise a donné lieu à la mise sur pied de questionnaires qui ont inspiré notamment les chapitres 4 et 5 portant sur les dirigeants et le changement.

Jan Jorgensen et Rick Molz, dans le cadre du Groupe de recherche sur la mondialisation, nous ont, quant à eux, fait bénéficier à plusieurs reprises de leurs réflexions et de leurs conseils sur la dynamique du changement. Nos collègues du groupe Stratégos ont relu certains des chapitres et nous ont fait des suggestions judicieuses à la fois en matière de contenu et en matière de présentation. Il faut aussi mentionner Lachemi Siagh et Suzanne Taschereau, étudiants au doctorat, qui ont participé à un séminaire sur le changement, animé par Taïeb, et qui ont critiqué certaines des réflexions qui sous-tendent et dominent ce livre.

Nos idées ont souvent été enrichies par des discussions stimulantes avec Guy Archambault, Daniel Côté, Marcel Côté, Richard Déry, Yvon

Dufour, Jean-Pierre Dupuis, Nicole Giroux, Véronika Kisfalvi, Laurent Lapierre, Bertin Nadeau, André Poirier, Alain Rondeau et Francine Séguin. La vie intellectuelle auprès de ces collègues et amis donne encore plus de valeur à notre vie à l'école des HEC.

Par ailleurs, les recherches qui ont mené à ce livre ont été financées par le Centre francophone de recherche en informatique et organisation (CEFRIO), par le Conseil de recherche en sciences humaines du Canada (CRSH) et par le Centre d'études et d'activité internationales (CETAI) de l'école des HEC. La rédaction finale du document a nécessité les efforts patients de Susan Fontaine, dont nous ne reconnaîtrons jamais assez toute la contribution.

Finalement, il y a tout proche de nous ceux qui, dans l'anonymat habituel de l'intimité, fournissent l'énergie qui permet de survivre aux angoisses, aux inquiétudes et aux incertitudes qu'engendre un tel projet. Il y a d'abord nos compagnons, Joëlle et Georges, dont l'affection et la compréhension ne peuvent être que reconnues, jamais compensées. Nous leur resterons éternellement redevables. Charlotte et Qaïs ont le naturel de l'âge et se sont souvent défendus. Affectueusement, mais avec persistance, ils nous ont rappelés à l'ordre et à la mesure. S'ils n'ont pas toujours réussi à nous faire adopter une hygiène de vie plus raisonnable, ils ont au moins été capables de nous montrer les limites qui n'étaient acceptables ni pour nos proches ni pour nous. À tous... *Mea maxima culpa* et, du fond du cœur, merci!

Taïeb Hafsi
Christiane Demers
12 mars 1997

Préface

VIVRE AVEC LE CHANGEMENT

La réalisation de ce livre a, en fait, commencé en 1986-1987 alors qu'avec quelques collègues, notamment Jan Jorgensen, de l'Université McGill, et Roberto Fachin, de l'Universidade Federal do Rio Grande do Sul, au Brésil, nous tentions de comprendre le processus par lequel la société Sidbec-Dosco et son propriétaire, l'État du Québec, avaient géré la fermeture de la filiale Sidbec-Normines et de la ville de Gagnon. Gagnon avait été tout un symbole au Québec. Elle était la représentation vivante des espoirs et des efforts de conquête du Grand Nord par les Québécois. La fermeture de Gagnon et de Sidbec-Normines mettait donc en cause non seulement des sommes d'argent importantes, qui se chiffraient en plusieurs centaines de millions de dollars, mais aussi beaucoup d'émotion.

Le soin avec lequel cette opération avait été menée nous a été patiemment expliqué et révélé par de nombreux acteurs qui avaient malgré tout un pincement au cœur chaque fois qu'ils y pensaient. Même ceux qui avaient ordonné le changement étaient émotivement très perturbés par cette décision. Ils n'y avaient consenti que parce qu'elle leur paraissait la seule issue à la situation difficile de l'entreprise. C'était une opération chirurgicale inévitable. Les dirigeants de Sidbec-Dosco, tout comme ceux du gouvernement du Québec, avaient dirigé l'opération avec un soin et une patience exemplaires. Nous étions impressionnés, mais nous ne nous rendions pas compte de l'importance de ces facteurs mous.

Sur ces entrefaites, notre attention fut attirée par ce qui se passait à Hydro-Québec. Guy Coulombe et son équipe de gestionnaires avaient mené l'entreprise dans la plus importante des transformations depuis sa création. Beaucoup de personnes nous mentionnaient que, si nous cherchions un cas où les changements avaient été difficiles, nous avions là le meilleur d'entre eux. Nous pressentîmes les dirigeants de l'entreprise, par le biais d'un membre du Conseil d'administration qui ne voulut pas d'abord nous rencontrer personnellement, M. Bourbeau. Mais après nous avoir écoutés, les collaborateurs et conseillers de M. Coulombe ont réussi à le convaincre de nous recevoir. Il reconnut tout de suite en nous une chance de voir des chercheurs indépendants révéler les mérites (à ses yeux évidents) de la démarche qu'il avait entreprise. De plus, nous ne demandions ni rémunération ni aide. Nous ne voulions que bénéficier de la collaboration des dirigeants principaux et de leurs collaborateurs. Il donna donc son accord et nous bénéficiâmes d'une collaboration exceptionnelle de la part de tout le monde dans l'entreprise : dirigeants, employés et syndicats.

La situation d'Hydro-Québec, parce que nous l'avons examinée dans tous ses détails, appuyés par ce que nous avions étudié chez Sidbec, a fait notre éducation en matière de changement majeur. Ce qui nous a fascinés, c'était le dévouement considérable que cette entreprise suscitait chez tous, employés et dirigeants. Les dirigeants voulaient éviter à cette belle entreprise les aventures qui risquaient de la détruire, et les employés étaient disposés à tous les efforts pour maintenir sa réputation et la qualité de son fonctionnement. M. Coulombe voulait conserver cela, mais croyait qu'il fallait alors passer par une transformation profonde. Nous avons décrit les multiples aspects de cette transformation dans un livre et dans la thèse de doctorat de Christiane Demers.

La conclusion la plus importante à laquelle nous étions arrivés était que M. Coulombe et son équipe avaient agi comme nous le recommandons habituellement dans les livres de gestion. Mais ce faisant, ils avaient négligé les coûts psychologiques qu'un changement de cette envergure pouvait engendrer. Comme la mise en œuvre du changement avait été un peu maladroite, malgré la bonne volonté des dirigeants, les coûts tels qu'ils étaient perçus par les personnes étaient très grands. Nous avons présenté ces conclusions à M. Coulombe et à toute son équipe et nous avons été surpris de voir avec quelle énergie M. Coulombe les a rejetées, malgré les hésitations de certains de ses collaborateurs principaux. Il ne comprenait pas qu'on puisse souffrir lorsqu'on ne perd pas son emploi, lorsqu'on choisit de partir, etc. Comme nous tous, il ne se rendait pas compte que le changement en soi fait souffrir la plupart des gens.

Nous étions alors conscients que nous n'avions pas proposé un argument convaincant à ceux qui agissent. Nous finissions un livre, mais nous ne faisions que lever le voile sur les problèmes de la gestion du changement. Malgré la collaboration des gestionnaires, qui ont contribué au premier et au dernier chapitre du livre, nous ressentions une certaine frustration. Nous avions décrit ce qu'était le changement stratégique, mais nous ne proposions rien de concret pour y faire face.

Un autre événement vint nous offrir l'occasion d'aller plus loin. En 1992, le Centre francophone de recherche en informatique et organisation (CEFRIO) nous confia une étude intitulée *La capacité de changement des organisations.* Cette étude nous permit de faire le point sur la littérature concernant ce sujet et ses résultats font l'objet d'un livre à venir par T. Hafsi et B. Fabi. L'insistance des commanditaires de l'étude sur « la capacité de changement » et les interactions que nous avons alors eues avec les praticiens de ces commanditaires nous ont convaincus qu'il s'agissait là d'une question importante qui, peut-être, compléterait bien le travail sur Hydro-Québec.

De manière concrète, lorsqu'on veut entreprendre un changement majeur, surtout dans des organisations à haut niveau de complexité, le bon sens suggérerait qu'on essaie d'apprécier les difficultés qui peuvent se présenter. Notamment, on aimerait savoir à quelles résistances on va faire face et les raisons de ces résistances. Plus important, on voudrait être capable de les définir de manière systématique, *a priori*, plutôt que de les constater avec amertume *a posteriori*. C'est ce que nous tentons de faire dans ce livre.

Le changement stratégique est souvent lié à un changement dans l'un ou l'autre des quatre grands facteurs qui dominent la conception ou la réalisation de la stratégie, c'est-à-dire **le contexte,** y compris la situation de l'organisation, **la culture et la structure organisationnelles, les caractéristiques démographiques et psychologiques des dirigeants** et, enfin, **les caractéristiques des personnes de la communauté organisationnelle.** Il faut alors apprécier ce que chacun de ces changements implique. Il faut comprendre ce qui anime chacun de ces facteurs et mettre au point des modalités pratiques pour en évaluer les effets.

Comme nous croyons que les principaux résultats de recherche sont utiles à la compréhension de ce livre, nous les avons résumés au fil des chapitres. De plus, chaque chapitre se termine par une procédure pratique d'évaluation de l'effet du facteur étudié. La procédure comprend notamment un questionnaire, suivi d'une grille d'interprétation. Le chapitre 9 propose enfin une intégration globale des effets ainsi évalués.

Ces chapitres permettent ainsi d'établir un diagnostic complet sur la capacité de changer de l'organisation. Il faut cependant insister sur le fait que la capacité de changer est un concept mou, difficile, voire impossible, à quantifier. On ne peut, tout au plus, que déterminer les positions relatives dans le temps et peut-être entre organisations similaires. L'objectif de ce livre est surtout d'aider les gestionnaires à apprécier l'évolution possible du niveau d'opposition à un changement éventuel. Les résultats des instruments de diagnostic seraient encore plus convaincants s'ils étaient utilisés de manière systématique et régulière. Ainsi, une organisation qui réaliserait un autodiagnostic tous les trois à six mois pourrait mieux évaluer la résistance contre, ou la tension pour, le changement éventuel.

Nous avons beaucoup hésité à écrire un tel livre. Nous ne savions pas si nous allions apporter une contribution utile à la compréhension des problèmes de changement. L'exercice a été révélateur pour nous. Nous avons beaucoup appris sur le changement ; c'est pourquoi nous avons voulu d'abord présenter une synthèse de ce qui est connu en la matière, puis confronter ces connaissances avec le désir pratique d'établir des diagnostics. Comme tous les universitaires, nous sommes toujours inquiets lorsqu'on généralise au-delà de nos données et c'est pour cela que nous voudrions clairement indiquer comment ce livre peut être utile et surtout ce qu'il ne faut pas en attendre.

Les questionnaires que nous proposons sont tous basés sur les recherches que nous avons recensées et sur notre compréhension de ce champ.

Ils sont à notre avis représentatifs de l'état actuel des connaissances. Cependant, ces questionnaires n'ont pas été testés sur des entreprises réelles. Il ne faut donc pas s'attendre à ce qu'ils fournissent des réponses faciles à interpréter. La meilleure façon de les utiliser pour un auto-diagnostic est relative et comparative. Notre recommandation est que les dirigeants intéressés à réaliser des diagnostics réguliers tiennent un tableau de bord évolutif de la situation de gestion, donc de la capacité de changement de l'organisation.

Le tableau de bord de la situation de la gestion (TBSG) pourrait aussi être informatisé. L'éditeur de ce livre, Les Éditions Transcontinental, a pour projet de mettre à la disposition des organisations intéressées un logiciel destiné à simplifier cette automatisation. Les dirigeants pourraient de cette façon faire réaliser les tableaux de bord et les recevoir au même titre que les données financières ou techniques. La décision du changement stratégique, sa conception et sa conduite pourront ainsi être élaborées avec un meilleur degré de compréhension de l'état de résistance (défavorable au changement) ou de stress (favorable au changement) de l'organisation et de leur évolution au cours des périodes récentes.

Ce livre est aussi l'occasion d'une réflexion sur la nature de l'action collective et sur les problèmes que posent sa gestion et sa transformation. Les textes proposés ne sont pas seulement techniques. Ils sont aussi philosophiques et moraux. Nous croyons que le changement est un acte profondément humain. Comme dans la nature, s'il est trop brutal, il peut entraîner des destructions inattendues d'une ampleur surprenante, remettant en cause la raison d'être même du changement. Nous espérons que les gestionnaires qui voudront dialoguer avec nous en entamant la lecture de ce livre considéreront comme nous que le temps a de l'importance pour le succès à terme des grands changements. Le fait d'évaluer combien de temps il faut pour mener convenablement un changement suppose justement la compréhension de toutes les forces qui s'imposent à un grand changement.

Le changement, c'est la vie. On ne peut ni l'éviter ni le précipiter sans risquer de se faire mal, voire sans risquer de se détruire. Mais le changement est aussi particulièrement difficile parce qu'il remet en cause tout ce que nous avons bâti à coup d'émotions, de connaissances et parfois même de richesses matérielles. Au milieu de ce paradoxe, tout le monde, dirigeants et dirigés, est plus ou moins désemparé. Au lieu des simplifications à la mode, ce livre vous propose d'accepter le changement et de l'apprivoiser en le comprenant mieux. Les neuf premiers chapitres égrènent les éléments nécessaires à cette compréhension. Seule la lecture du chapitre 9 dépend de la lecture des autres chapitres. Chacun des autres pourrait être lu séparément, mais nous ne le recommandons pas, sauf s'il s'agit d'une deuxième lecture destinée à passer à l'action. La meilleure des lectures reste séquentielle. Les chapitres sont construits autour de nombreux exemples pour rendre leur lecture plus attrayante et plus facile à digérer par des praticiens. Le chapitre 10 se veut une conclusion et une réflexion sur le changement, ses promesses et ses périls.

Ce livre s'adresse en particulier aux principaux dirigeants des entreprises et à ceux qui les conseillent. Les sociétés de consultants pour la haute direction y trouveraient des idées importantes et peut-être aussi des guides pour l'action. Le livre pourrait aussi servir de base à un enseignement des facteurs clés qui influent sur le changement stratégique et, à ce titre-là, pourrait avantageusement bénéficier du complément que constitue le livre *Les fondements du changement stratégique*, de Taïeb Hafsi et Bruno Fabi, également publié par Les Éditions Transcontinental (1997).

Nous avons eu beaucoup de plaisir à écrire ce livre. Nous avons beaucoup appris en le réalisant. Nous espérons que le lecteur sera tenté d'évaluer nos découvertes à la lumière de sa propre expérience et de ses propres problèmes et qu'il aura le goût de nous en parler à l'occasion.

Taïeb Hafsi
Christiane Demers

LA STRUCTURE DU LIVRE

Le livre est organisé autour de 10 chapitres. La séquence de ces chapitres est conçue de façon à permettre une investigation systématique des facteurs qui influent sur le changement et leurs effets, tels qu'ils sont rapportés dans les écrits des chercheurs.

Le chapitre 1 sert d'introduction. Puis, le chapitre 2 fournit une perspective d'ensemble, une théorie générale simple qui permet d'intégrer les facteurs et de justifier les chapitres qui suivent. Ensuite, chacun des chapitres 3 à 8 est consacré aux développements nécessaires à la compréhension des effets d'un facteur en particulier. Le chapitre 9 fournit une synthèse et une théorie plus complexe qui intègre l'ensemble de l'information, tandis que le chapitre 10 constitue une conclusion en présentant une réflexion générale sur le changement organisationnel d'ordre stratégique. L'objectif visé pour l'élaboration de tous les chapitres est de fournir à des praticiens, gestionnaires et consultants, des outils opérationnels pour concevoir et mener le changement.

PLUS PRÉCISÉMENT...

Le **chapitre 2** brosse un tableau général, en insistant sur les grandes conclusions que la littérature traditionnelle semble proposer pour la compréhension du changement organisationnel d'ordre stratégique. Ces conclusions sont présentées aussi sous la forme d'un modèle simple, qui servira à structurer les développements des chapitres suivants.

Le **chapitre 3** se focalise sur le contexte et ses effets sur le changement stratégique. La relation de l'organisation avec son environnement est à la source de sa capacité de changement. Le chapitre est consacré à la présentation didactique de ce que nous savons sur cette relation. L'accent est mis sur le développement d'un cadre conceptuel intégrateur et facile à utiliser par des praticiens.

Les **chapitres 4 et 5** traitent des dirigeants. D'abord, le chapitre 4 examine les caractéristiques démographiques des dirigeants, telles que l'âge, le sexe, la formation, l'expérience, l'origine sociale, etc., et leurs effets sur la capacité de changement. Les résultats de la recherche seront synthétisés et utilisés pour le développement d'un instrument de diagnostic sur la capacité de changement. Le chapitre 5 fera la même chose en examinant les caractéristiques psychologiques, telles que le besoin de réalisation, la localisation de contrôle, etc.

Le **chapitre 6** met l'accent sur les relations entre la culture et le leadership, d'une part, et le changement, d'autre part. Les résultats des chercheurs, tels qu'ils ressortent de la littérature, ainsi que des illustrations mèneront ici à l'élaboration d'un outil de diagnostic qui serait utilisable par les praticiens dans leur appréciation de la capacité de changement.

Le **chapitre 7** vise les questions de structure et de changement stratégique. La structure est ici non seulement la structure organisationnelle proprement dite, mais aussi la structure au sens du noyau fondamental de l'organisation ; elle comprend donc tous les arrangements structurels et les stimulants matériels et non matériels. Ce chapitre est plus volumineux que les autres compte tenu de l'imposante bibliographie sur le sujet. L'outil qui en résulte est aussi plus élaboré et plus opérationnel.

Le **chapitre 8** est consacré aux questions humaines liées au changement stratégique. On s'intéressera aux comportements des personnes qui vivent ou subissent le changement ainsi qu'aux conditions qui accroissent ou diminuent la résistance au changement. Quelques illustrations seront proposées pour soutenir le cadre de diagnostic proposé.

Chacun des chapitres 2 à 8 sera accompagné d'une note instrumentale devant guider les praticiens dans la réalisation d'un diagnostic sur la capacité de changement stratégique. L'utilisation de ces notes sera intégrée par les éléments fournis dans le **chapitre 9.** Ce chapitre suggérera que le changement organisationnel d'ordre stratégique est le résultat d'une synthèse complexe des effets de chacun des facteurs mentionnés dans les chapitres précédents. En particulier, ce chapitre proposera les prolongements nécessaires à la conduite du changement. Une partie du chapitre est aussi consacrée au changement radical.

Finalement, le **chapitre 10** est une conclusion générale, une réflexion sur le changement et ses difficultés, et sur l'importance d'une approche systématique pour vaincre la peur de l'incertitude et pour accroître les chances de succès d'un changement organisationnel d'ordre stratégique.

Chacun des chapitres 3 à 8 peut être lu séparément. Cela est approprié si le lecteur est à la recherche rapide d'information sur les effets d'un facteur important sur la capacité de changement stratégique. La compréhension de la théorie générale du changement stratégique que prône ce livre nécessite cependant une lecture attentive des chapitres 2 et 9. Ces chapitres présentent une synthèse originale sur le changement organisationnel d'ordre stratégique. Ces deux chapitres peuvent aussi être lus séparément et ne nécessitent pas, pour être compris, la lecture des autres chapitres.

Les références bibliographiques ont, en général, été incluses dans le corps du texte, mais une liste utile est fournie à la fin du livre pour le praticien plus préoccupé par les «soubassements théoriques». Celui-ci pourrait d'ailleurs consulter avec profit la synthèse de la littérature sur le changement préparée par Hafsi et Fabi (1997), mentionnée plus haut.

Table des matières

PRÉFACE

VIVRE AVEC LE CHANGEMENT   **11**

La structure du livre   17

CHAPITRE 1

COMPRENDRE LE CHANGEMENT   **29**

1.1   La mort d'un symbole : Hydro-Québec   33

1.2   Une faim inassouvie : Culinar   37

1.3   « *Making change : the only way to stay the same* » : le magazine *The New Yorker*   40

1.4   La capacité de changement   42

CHAPITRE 2

DES CONSIDÉRATIONS GÉNÉRALES SUR LE CHANGEMENT STRATÉGIQUE   **45**

2.1   La gestion d'une organisation : une consultation auprès de grands théoriciens   48

     2.1.1   Barnard et la théorie de la coopération   50

     2.1.2   La prise de décision en situation de complexité   52

     2.1.3   Le fonctionnement organisationnel   55

     2.1.4   La direction et le leadership   57

2.2   Vers un modèle du changement stratégique   60

     2.2.1   Les propositions de base   60

     2.2.2   L'effet de la complexité   63

     2.2.3   Apprécier le niveau de complexité   65

ANNEXE 1

L'évaluation du niveau de complexité   67

CHAPITRE 3

LE CONTEXTE COMME DÉTERMINANT DU CHANGEMENT   **75**

3.1   L'environnement et le changement : quelques modèles   82

3.2   La performance et le changement   93

ANNEXE 2

L'évaluation de l'effet combiné des variables environnementales 97

CHAPITRE 4

**LES CARACTÉRISTIQUES DÉMOGRAPHIQUES DES
DIRIGEANTS COMME DÉTERMINANTS DU CHANGEMENT** **107**

4.1   Les dirigeants dans les organisations et le changement   111

4.2   Les caractéristiques démographiques des dirigeants :
une spécification   116

    4.2.1 Le cadre d'accueil   116

    4.2.2 La période formative   116

    4.2.3 Le développement professionnel   117

    4.2.4 La carrière de dirigeant   117

4.3   Les caractéristiques démographiques et leurs relations
avec le changement organisationnel d'ordre stratégique :
un examen des résultats de recherche   119

    4.3.1 Les variables d'accueil   119

    4.3.2 Les variables de formation   122

    4.3.3 Les variables de développement professionnel   125

    4.3.4 Les variables de carrière du dirigeant   126

4.4   L'évaluation de l'effet combiné des variables démographiques 128

    4.4.1 L'évaluation   128

    4.4.2 L'interprétation des résultats   131

4.5   Conclusion   133

ANNEXE 3

L'évaluation de l'effet des variables démographiques   135

CHAPITRE 5

**LES CARACTÉRISTIQUES PSYCHOLOGIQUES DES
DIRIGEANTS : NATURE ET EFFETS SUR LA CAPACITÉ
DE CHANGEMENT STRATÉGIQUE** **143**

5.1   Les dirigeants à travers la littérature : un réexamen   148

5.2   Les caractéristiques psychologiques et leurs effets sur
la capacité de changer : description et discussion   152

     5.2.1   Le leadership transformationnel   152

     5.2.2   La philosophie de gestion participative   156

     5.2.3   L'attitude à l'égard du changement   157

     5.2.4   Le lieu de contrôle   158

     5.2.5   La complexité cognitive et la capacité d'apprentissage   160

     5.2.6   Le besoin d'accomplissement et la motivation
au travail   162

5.3   L'évaluation de l'effet combiné des variables psychologiques   163

ANNEXE 4

Les indicateurs comportementaux relatifs au leadership
transformationnel   167

ANNEXE 5

Le degré effectif de participation des subordonnés   171

ANNEXE 6

L'échelle de mesure de l'attitude des dirigeants à l'égard
du changement   175

ANNEXE 7

Les indicateurs relatifs à diverses habiletés de gestion reflétant
le niveau de complexité cognitive des cadres supérieurs   179

ANNEXE 8

La motivation au travail   183

CHAPITRE 6

LA STRUCTURE COMME DÉTERMINANT DU CHANGEMENT **187**

6.1   La structure : quelques définitions   191

6.2   La structure et l'innovation   196

     6.2.1   L'entreprise innovatrice   196

     6.2.2   De l'innovation à sa diffusion   200

6.3   La structure et le changement organisationnel   202

        6.3.1 Le changement organisationnel comme rupture   202

        6.3.2 Le changement organisationnel comme évolution   204

ANNEXE 9

L'évaluation de l'effet combiné des variables structurelles   207

        L'analyse configurationnelle   209

        L'analyse interactionnelle   213

CHAPITRE 7

LA CULTURE COMME DÉTERMINANT DU CHANGEMENT   **217**

7.1   Qu'est-ce que la culture organisationnelle ?   223

7.2   La culture et le changement   227

        7.2.1 Le changement culturel apparent   228

        7.2.2 La révolution culturelle   229

        7.2.3 L'incrémentalisme culturel   232

        7.2.4 L'influence des sous-cultures sur le changement   235

ANNEXE 10

L'évaluation de l'effet combiné des variables culturelles   237

CHAPITRE 8

LES DIMENSIONS HUMAINES DU CHANGEMENT   **245**

8.1   Le comportement des personnes : quelques repères   249

        8.1.1 Skinner et le comportement conditionné   250

        8.1.2 Le comportement comme résultat d'une démarche
              consciente   252

        8.1.3 La motivation et le comportement des personnes au travail 256

        8.1.4 La frustration et le comportement   259

8.2   Le changement et le comportement des personnes   260

ANNEXE 11

L'évaluation de la capacité de changer du potentiel humain
de l'organisation   265

CHAPITRE 9

**VERS UNE APPRÉCIATION GLOBALE DE LA CAPACITÉ
DE CHANGEMENT D'UNE ORGANISATION**   **274**

9.1   Les théories évolutionnistes   276

9.2   Les théories empiriques, processuelles et configurationnelles 280

9.3 Vers une synthèse 284

9.4 La synthèse en pratique 288

9.5 Conclusion 293

CHAPITRE 10
LE CHANGEMENT, C'EST LA VIE **295**

10.1 Comprendre l'action collective : l'importance d'une
        démarche systématique 299

10.2 Le changement progressif et le changement radical 303

10.3 Le changement est la gestion 308

LE MOT DE LA FIN **313**

BIBLIOGRAPHIE SÉLECTIONNÉE **317**

Chapitre 1

COMPRENDRE LE CHANGEMENT

Lorsque Lee Iacocca est arrivé chez Chrysler en 1979, l'entreprise ago-
nisait. Toute l'Amérique pensait que rien ne pourrait plus sauver la
vénérable entreprise, et même les politiciens ne cherchaient plus qu'à
réduire les souffrances qui pourraient résulter de la faillite de l'entreprise. À l'intérieur de l'entreprise, tout le monde était démoralisé et la
fermeture n'était plus seulement une possibilité parmi d'autres mais la
prochaine étape.

Dans de telles conditions, toutes les actions de changement sont
légitimes. Lorsque le patient est mourant ou en danger de mort, on ne
se pose généralement plus la question de la légitimité d'une opération
de la dernière chance. Si elle est techniquement faisable, on a tendance
à la tenter. Iacocca a eu les mains très libres pour faire tout ce qui était
nécessaire afin de sauver l'entreprise. Lorsqu'il a renvoyé 33 de ses
35 vice-présidents ou lorsqu'il a fermé des dizaines d'usines, personne
ne se demandait si c'était justifié.

Le cas Iacocca n'est certes pas isolé. Du redressement de Massey-Fergu-
son, par Jim Rice, dans les années 70, aux décisions du budget du gouvernement du Canada en 1995, la même logique de la nécessité justi-
fie les changements, même les plus importants. Chaque fois qu'il y a
consensus sur l'importance du danger pour une organisation, ou même
pour un pays, les décisions les plus graves et les plus douloureuses sont
légitimes. C'est d'ailleurs pour cela que beaucoup de dirigeants sont
tentés de « laisser les choses pourrir » avant d'agir. Mais, bien heureuse-
ment, les situations de crise grave ou de danger ne sont ni fréquentes ni
souhaitables. Et, même dans ces situations, il faut se poser des questions difficiles sur ce qu'il est approprié de faire, sur ce qu'on peut faire,
sur ce qui peut être acceptable pour les personnes concernées, sur la
relation entre ce qu'on fait et la survie de l'organisation.

Le simple bon sens indiquerait que le changement le plus souhaitable
est souvent celui qui évite la crise, donc celui qui intervient même
lorsqu'il y a ambiguïté sur sa justification. On pourrait même dire que
les dirigeants n'ont leur raison d'être dans les organisations que parce
qu'ils sont capables d'amener les membres d'une organisation à faire ce
qu'ils ne feraient pas par eux-mêmes. Dans les situations de stabilité,

comme dans les situations de turbulence, le changement est nécessaire et les dirigeants ont comme premier rôle de le rendre réalisable et de le conduire.

Provoquer et mener le changement, alors que l'organisation ne semble pas en danger, est la pire des épreuves pour les gestionnaires. Les difficultés sont multiples. D'abord, « de demain nul n'est certain ». Quand on veut changer, on est forcé de déterminer des directions dans lesquelles l'organisation doit aller. Si les responsables disposaient d'une boule de cristal pour prédire le futur, ils seraient plus à l'aise avec les décisions difficiles. Malheureusement, ils doivent prendre leurs décisions malgré l'incertitude des événements futurs. Ils doivent donc vivre avec le stress et l'inquiétude découlant du fait qu'ils ne savent jamais si leurs décisions sont vraiment appropriées.

Ensuite, même si les responsables se sentent à l'aise avec leurs décisions et sont convaincus qu'elles sont appropriées compte tenu de l'avenir et des actions des concurrents, il n'en demeure pas moins qu'ils doivent convaincre les membres de l'organisation et recevoir leur approbation. Rien n'est plus difficile que de vaincre la résistance naturelle aux grands changements. Personne n'est prêt à vivre des situations de souffrance, matérielles ou non, au nom d'un avenir hypothétique, « surtout si le présent n'est pas si mal que cela ». C'est dur aussi pour les dirigeants eux-mêmes d'avoir d'abord à forcer des personnes récalcitrantes au changement, puis à vivre avec les souffrances qui en découlent.

Finalement, même si les dirigeants et les membres de l'organisation sont tous convaincus, le succès du changement dépend beaucoup, comme nous le discuterons plus tard, d'arrangements pratiques de nature organisationnelle, qui sont difficiles à concevoir et pour lesquels l'expérimentation et la prudence sont de mise. Aller vite en la matière peut résulter en la mise en place de dispositions qui sont antinomiques avec les directions qu'on souhaite prendre.

Tout nous pousse à attendre la crise pour changer. Nous le savons, mais si nous voulions éviter la crise et entreprendre le changement, nous risquerions de mal faire parce que nous ne savons pas comment prévoir l'avenir ni comment créer des organisations capables de réaliser le changement ou de lui faire face. C'est pour cela que la plupart des organisations ont beaucoup de mal à changer. C'est sans doute aussi pour cela que la véritable crise que le monde connaît actuellement est une crise de gestion et plus particulièrement de gestion du changement. Prenons quelques exemples.

1.1 LA MORT D'UN SYMBOLE : HYDRO-QUÉBEC [1]

Produit d'une nationalisation de plusieurs entreprises de l'industrie par le gouvernement du Québec en 1963, Hydro-Québec est rapidement devenue l'une des entreprises les plus admirées au Québec. Elle avait contre toute attente réussi l'intégration d'un grand nombre d'entreprises de cultures et de valeurs différentes, voire antagonistes. De plus, elle était devenue un symbole de réussite technologique et professionnelle.

Les réussites d'Hydro-Québec se récitaient comme un chapelet. Elles étaient de nature technique, économique, sociale, culturelle et politique. Sur le plan technique, les jeunes ingénieurs de l'entreprise avaient non seulement atteint des performances équivalentes à celles des grands pays occidentaux, mais ils avaient réussi, dans certains cas, des prouesses uniques. Ils construisaient les barrages les plus grands au monde, ils arrivaient à dominer une nature qui semblait toute-puissante, ils inventaient des formes de transport de l'électricité révolutionnaires. L'Institut de recherche en électricité du Québec, l'IREQ, acquiert d'ailleurs rapidement une renommée mondiale. Grâce à HQ, le Québec surprend et impressionne.

Sur le plan économique, les succès étaient considérables. Les profits de l'entreprise étaient importants et croissaient régulièrement. Hydro-Québec s'est révélée aussi un moteur puissant pour le développement de « la Belle Province ». De nombreuses entreprises se sont créées et développées dans son giron. Les domaines de la construction et de l'ingénierie ont acquis une maîtrise qui permit aux entreprises du Québec d'obtenir de grands succès à l'échelle internationale. En

---

1. Hydro-Québec (HQ) est l'entreprise de production et de distribution d'électricité de la province de Québec, au Canada.

matière de génération hydroélectrique, les entreprises du Québec avaient même un avantage compétitif considérable découlant du savoir-faire accumulé.

Sur le plan social, HQ était l'un des plus gros employeurs au Canada. Mais surtout, l'entreprise avait contribué à l'équilibre du développement de la Belle Province en organisant ses achats et ses investissements de sorte que l'ensemble des régions de la province puissent en profiter. De plus, et c'est là un facteur à la fois économique et social, HQ avait réussi à fournir à ses clients l'électricité à un prix qui est resté l'un des plus bas en Amérique du Nord. À titre d'exemple, jusqu'en 1990, les utilisateurs de New York payaient environ cinq fois le prix payé par les utilisateurs québécois.

Sur le plan culturel, HQ a fait faire à la langue française un pas décisif en démontrant qu'on pouvait l'utiliser, en Amérique du Nord, comme langue de travail, à la fois pour les activités de gestion et pour les activités techniques. Hydro-Québec a été une grande université pour les ingénieurs francophones. Elle a aussi contribué à renforcer la valeur et la renommée de l'École polytechnique de Montréal.

Finalement, sur le plan politique, HQ a fait figure de proue pour l'émergence d'une élite nouvelle au Québec, capable de prendre en main les leviers économiques du pays et de renforcer le pouvoir politique des francophones.

Tous ces succès et bien d'autres ont fait de cette entreprise un véritable symbole au Québec. Elle représentait ce que la société québécoise avait de meilleur. Pourtant, HQ, bien qu'admirée par les gouvernants, qui tiraient profit de son rayonnement et de ses moyens, était aussi perçue comme une menace. La population donnait à HQ une légitimité propre, différente de celle du gouvernement. Elle admirait plus l'entreprise que les gouvernants, ce qui semblait leur faire ombrage. Il y eut, en conséquence, toujours une certaine volonté de « prendre le contrôle » de ce qui apparaissait comme « un État dans l'État ».

Hydro-Québec a été gérée jusqu'en 1978 par des commissaires nommés pour de longues périodes et donc insensibles aux pressions gouvernementales. En 1978, les commissaires ont été remplacés par un conseil d'administration nommé et révoqué à loisir par le gouvernement. Le gouvernement ne souhaitait cependant pas donner l'impression de vouloir se substituer aux gestionnaires de l'entreprise. La crise que le pays, et le monde occidental dans son ensemble, a vécue au début de la décennie 1980, a été un déclencheur des actions qui ont été entreprises pour reprendre le contrôle de la société d'État.

Un nouveau président, Guy Coulombe, fut nommé en 1981. Fonctionnaire prestigieux, il avait été secrétaire du Conseil du Trésor, puis secrétaire du gouvernement, le premier fonctionnaire de la province. Il était reconnu pour ses qualités de gestionnaire du secteur public. Lorsque Coulombe est arrivé à la tête de l'entreprise, celle-ci était au sommet de sa performance avec des profits records d'environ 800 millions de dollars.

Guy Coulombe était convaincu que l'entreprise était en crise latente. En effet, la crise de l'énergie était à présent évidente. Elle entraînait des mesures d'économie telles qu'on pouvait s'attendre à des diminutions de la demande d'énergie. Pourtant, l'hypothèse d'avenir à la base du fonctionnement de l'entreprise restait la même : une croissance régulière, de l'ordre de 7 %, de la demande d'électricité. Coulombe s'apercevait que l'entreprise continuait à investir et à dépenser, alors que bientôt ses recettes allaient chuter. Comme l'entreprise était très endettée, pour les besoins de la construction, et que les taux d'intérêt étaient très élevés, il lui semblait que le résultat serait catastrophique.

Pour Coulombe, il était alors évident qu'il fallait changer. La nature du changement pouvait être rationalisée de toutes sortes de façons, mais concrètement il était évident qu'il fallait en tout premier lieu arrêter les constructions et réorganiser l'entreprise de façon qu'elle se préoccupe plus de la commercialisation de l'électricité que de sa production. Coulombe n'avait jamais imaginé toutes les conséquences qu'entraînerait un tel changement.

D'abord, l'image que l'entreprise avait d'elle-même était celle d'une entreprise de développement, de construction de grands ouvrages, alors que Coulombe voulait en faire «un marchand d'électricité». Cela signifiait, pour beaucoup de personnes, «devenir une utilité plate» au lieu d'être ce symbole héroïque du développement québécois. Personne n'était vraiment excité à l'idée de faire d'HQ une entreprise comme les autres. Par ailleurs, le changement supposait qu'on réduise l'importance de ce qui était auparavant le cœur de l'entreprise, ses centres de pouvoir principaux : les services qui faisaient le développement, la vice-présidence Équipement. On devrait dorénavant donner de l'importance à ce qui avait toujours été insignifiant : la commercialisation.

Sur le plan général, toute l'entreprise semblait prête au changement. Au cours de la première année, Coulombe a rencontré environ 12 000 des 18 000 employés de l'entreprise lors d'assemblées d'information et de discussion. Le message qu'il recevait était que le changement était souhaité par le plus grand nombre. Cependant, Coulombe n'avait jamais parlé de ce que le changement signifierait concrètement. Par conséquent, lorsque la contraction du groupe Équipement a été entreprise et que les coûts matériels et symboliques sont devenus clairs, tout le monde a reculé et résisté. Plus la résistance se faisait forte et plus les dirigeants se sentaient obligés de maintenir la pression, considérant qu'il suffisait d'être cohérents pour que les employés finissent par suivre.

En fait, ils n'ont pas suivi. Ils ont perçu le changement comme une agression insupportable, comme la remise en cause de tout ce que l'entreprise avait réussi de mieux. De membres motivés d'une grande institution qu'ils étaient, les employés d'HQ se sont vus devenir les employés impersonnels, et peu considérés, d'une entreprise comme les autres. Ils se sont d'ailleurs comportés comme tels. Ils ont condamné toutes les actions importantes menées par Coulombe et, dans les faits, ont refusé de collaborer au changement.

C'est ainsi qu'Hydro-Québec a perdu ce caractère unique, qui en faisait l'admiration de tous, pour devenir une entreprise peu respectée, à l'intérieur comme à l'extérieur, où se multipliaient les problèmes opérationnels et les dérangements causés à la clientèle. L'ironie du sort est que Coulombe n'a pas réussi à réduire sensiblement et de manière durable le personnel de l'entreprise ni les frais généraux de l'entreprise, ses objectifs principaux. De plus, ses prévisions de chute de la demande ne se sont pas matérialisées étant donné les actions de marketing qu'il a engendrées. Ainsi, tout le branle-bas de combat, qui a duré plus de six ans et qui a épuisé tout le monde, y compris Coulombe, a été perçu comme un exercice futile et même destructeur.

Voilà une situation où le changement majeur n'a pas amélioré la situation de l'entreprise mais l'a détériorée. Coulombe était tellement convaincu que ses idées étaient dans l'intérêt, à long terme, de l'entreprise et de ses employés qu'il ne s'est jamais préoccupé de savoir quelle était la capacité de l'entreprise de changer de manière aussi importante. En examinant les caractéristiques les plus évidentes d'Hydro-Québec, on peut facilement conclure que cette entreprise était incapable de changer au moment où Coulombe a entrepris le changement fondamental de 1982. Il aurait dû concentrer ses efforts à accroître cette capacité plutôt que sur le changement lui-même.

1.2 UNE FAIM INASSOUVIE : CULINAR

Culinar était, à la fin des années 1980, une entreprise de fabrication et de commercialisation de produits alimentaires. Ses principaux produits étaient des petits gâteaux, les célèbres Vachon, des biscuits et des craquelins de toutes sortes ainsi que des produits divers mais marginaux, comme des soupes, des fromages, des bonbons, etc. Culinar était le résultat de la fusion entre les Gâteaux Vachon et la division alimentaire d'Imasco, le géant de la cigarette au Canada. Les principaux concurrents de Culinar étaient Nabisco, une multinationale, et Weston, un fabricant canadien dont la taille et la présence sur la plupart des marchés, sauf au Québec, étaient supérieures à celles de Culinar.

En 1990, la direction de Culinar commanda une étude détaillée de son environnement concurrentiel à Monitor, la société de consultants créée par Michael Porter, l'un des gourous de l'analyse stratégique des industries. Le travail de Porter et de ses collègues était très détaillé et précis. Il montrait entre autres ce qui suit :

a)   Pour ce qui est des petits gâteaux, Culinar était dans une position solide. Il y avait peu de gros concurrents et aucun n'avait une taille vraiment nationale, probablement à cause des difficultés de conservation à long terme des produits. Culinar possédait même un savoir-faire important qui permettait l'expansion de l'entreprise vers les autres provinces du Canada.

b)   Quant aux biscuits et aux craquelins, la situation était totalement différente. D'abord, il y avait des concurrents forts et dynamiques. En particulier, Nabisco dominait avec une part de marché presque quatre fois supérieure à celle de Culinar et un pouvoir de dépenser, pour le marketing et le développement de produits, bien au-delà des capacités de Culinar. La conclusion de l'étude de Monitor était que, dans ce secteur, la réussite était conditionnée par les facteurs classiques d'économies d'échelle et de pouvoir financier. Pour bien faire, Culinar devait soit accroître ses parts de marché en devenant un acteur national plutôt que régional, soit se différencier en se concentrant sur un type de produits.

La tradition de Culinar était dominée par Vachon, une entreprise dans laquelle les valeurs de qualité et d'artisanat étaient particulièrement fortes. L'autre aspect de la culture Culinar lui venait de la tradition des Aliments Imasco, une tradition de réduction des coûts et de recherche d'efficacité dans les activités. La partie la plus étoffée de l'étude de Monitor, celle sur les craquelins et les biscuits, suggérait que Culinar se concentre sur les plus prometteurs des produits de l'industrie et essaie de dominer, ce qui incidemment était la stratégie de Nabisco. Pour réaliser cela, il fallait faire notamment des acquisitions et des désinvestissements ciblés.

Les dirigeants de Culinar entreprirent alors de mettre en œuvre cette partie de la recommandation, qui leur paraissait la plus évidente et la plus facile à faire. Ils firent une acquisition importante en Ontario et élaborèrent une stratégie de marché énergique pour enlever des parts de marché à Nabisco. Le seul élément qui a été négligé, par l'étude de Monitor comme par les dirigeants de Culinar, c'est la capacité de Nabisco de réagir.

La réaction de Nabisco a été dévastatrice. Ses produits, mieux connus et mieux appréciés du grand public, étaient préférés en général. La situation de Culinar est devenue catastrophique lorsque Nabisco a décidé de combiner publicité et diminution des prix, ce qu'elle avait l'habitude de faire. L'augmentation des coûts, combinée à la chute de revenus, créa une situation particulièrement difficile. De plus, Culinar, après de vains efforts pour faire une acquisition importante en Europe de l'Est ou en Espagne ou au Mexique et croyant réaliser une opération intéressante, fit l'acquisition d'une entreprise américaine de New York; ce fut « la goutte d'eau qui fit déborder le vase ». L'entreprise acquise était en situation de faillite et demandait beaucoup plus de ressources de gestion que celles dont Culinar disposait.

Au même moment, Culinar a eu l'occasion de faire une série d'acquisitions d'entreprises de qualité dans le domaine des produits de santé. Les entreprises à acquérir étaient généralement petites et dispersées dans toute l'Amérique du Nord. Ce secteur était plutôt artisanal et requérait pour son développement une construction quasi entrepreneuriale. Il était aussi avantageusement compatible avec les traditions Vachon et probablement plus à la mesure des capacités gestionnaires de l'entreprise, mais les dirigeants en décidèrent autrement. Le résultat, c'est que Culinar fut obligée de battre en retraite en essayant de vendre toutes les activités autres que les gâteaux Vachon. La plupart des dirigeants ont quitté l'entreprise et celle-ci a été en mauvaise posture pour longtemps.

Les dirigeants de Culinar n'ont jamais été vraiment capables de concevoir la nouvelle stratégie. Ils se sont simplement laissé impressionner par l'étude Monitor et ont tenté d'en concrétiser les projections sans se préoccuper vraiment de savoir si l'entreprise avait les capacités nécessaires pour effectuer un tel changement. Avec le bénéfice du recul, on s'aperçoit bien que Culinar aurait mieux réussi une transformation qui aurait mis l'accent sur la qualité des produits et la différenciation. C'était plus compatible avec les ressources et les valeurs des employés et des dirigeants qu'une stratégie de coûts et d'économies d'échelle.

1.3 « MAKING CHANGE : THE ONLY WAY TO STAY THE SAME » : LE MAGAZINE THE NEW YORKER

The New Yorker est l'un des magazines les plus remarquables en Amérique du Nord. Il a fêté son 70e anniversaire en février 1995. Toutes ces années ont été marquées par un succès constant et rare. Ciblant une clientèle d'intellectuels curieux, cultivés et attachés aux valeurs les plus sûres de leur époque, le magazine a été capable de répondre à ces besoins de manière tout à fait exceptionnelle, entraînant une fidélité incomparable et jamais enregistrée nulle part ailleurs au monde.

Lorsqu'on demande aux lecteurs du *New Yorker* ce qui les frappe le plus dans leur magazine préféré, ils mentionnent souvent le fait qu'il reste le même et constitue ainsi une sorte de phare dans un monde qui semble instable. Beaucoup d'abonnés écrivent régulièrement au rédacteur en chef pour le féliciter d'avoir été capable de préserver ce qui leur paraît essentiel : « l'inaltérable identité du *New Yorker* ».

Pourtant, tous les rédacteurs qui se sont succédé affirment que ce qu'ils ont toujours fait a justement été de modifier constamment les caractéristiques du *New Yorker*. Dans un domaine comme l'édition, la recherche du nouveau est toujours une préoccupation des responsables. En particulier, le second rédacteur en chef, William Shawn, qui a occupé ce poste pendant 35 ans de 1952 à 1987, a entrepris des changements considérables, dans le contenu comme dans la forme, mais il avait compris que ces changements n'étaient réalisables que s'ils apparaissaient insignifiants à son organisation, à ses abonnés et à ses collaborateurs de toutes sortes (Gill, 1995) :

> *Shawn constantly took chance, but his way of doing so was reliably gentle and circumspect. Harold Ross, the founding editor, had been a melodramatist, reacting to any changes imposed on him by crises in the outside world — the Depression, the Second World War — with an air of panic that was a feature of his self-created theatre of the absurd. Shawn, both as Ross's trusted*

deputy and as his illustrious successor, would respond to a crisis,
global or local, by saying softly, «We must stand back from it[2].»

Shawn avait une compréhension intime de ses abonnés et de ses écrivains et journalistes. Il maintenait une image physique stable tout en modifiant profondément le comportement et le contenu du magazine. C'est ainsi que le *New Yorker* a été toujours à la pointe des grands combats et des grands progrès intellectuels en Amérique. Par exemple, certains articles, comme «Hiroshima» de John Hersey, «Silent Spring» de Carson ou «The Fire Next Time» de James Balwin[3], ont provoqué un émoi considérable non seulement par leur contenu, mais aussi parce qu'ils étaient publiés par le *New Yorker*. Le magazine «conservateur» était devenu «tranquillement» le défenseur des grandes causes, du Vietnam au Watergate, et s'était même rapproché de manière périlleuse de ce qu'on aurait pu considérer comme du militantisme, un comportement pourtant jugé inadéquat pour ce genre de magazine. Mais Shawn considérait que «des objectifs moraux élevés» étaient importants pour la survie du magazine.

Shawn savait pourtant combien le changement était inquiétant, surtout pour «sa famille» intellectuelle (Gill, 1995) :

A staff member recalls that when he told Shawn of having read
somewhere (wrongly but never mind) that the Chinese charac-
ter for «change» was the same as the one for «opportunity».
Shawn replied «With us the equivalent would be «fear», and by
«us» he appeared to mean not only the makers of the magazine,
but its readers as well[4].

---

2. Shawn prenait constamment des risques, mais sa façon de faire était constamment douce et prudente. Harold Ross, le rédacteur fondateur, était mélodramatique, réagissant à tout changement que lui imposaient les crises extérieures — la Dépression, la Deuxième Guerre mondiale — avec un air de panique qui était un élément de son propre théâtre de l'absurde. Shawn, à la fois comme un second qui avait la confiance de Ross et son illustre successeur, répondait à la crise, globale ou locale, en disant à voix basse : « Nous devons nous éloigner. »

3. Le premier critiquait la décision de faire exploser une bombe atomique contre la population civile, le second décrivait les ravages de l'industrie sur l'environnement et le troisième évoquait et justifiait la colère des Noirs américains contre les Blancs. Chacun de ces articles, remarquablement écrit, a eu un très grand retentissement aux États-Unis et dans le monde.

4. Un membre du personnel se rappelle que, lorsqu'il avait lu quelque part (c'était faux mais qu'importe) que le mot chinois pour «changement» était le même que celui pour «opportunité», Shawn aurait répondu : «Chez nous l'équivalent serait "peur."» Et par «nous» il semblait entendre non seulement les rédacteurs du magazine mais aussi les lecteurs.

Comme l'exprimait Brendan Gill avec une grande sagesse, les dirigeants avaient compris que «faire des changements, c'est la seule façon de rester le même». Ils avaient aussi compris que, pour les faire, il fallait que l'organisation en soit capable ou qu'elle soit préparée.

1.4 LA CAPACITÉ DE CHANGEMENT

Personne ne songerait à construire une maison sans s'assurer de disposer des matériaux et du savoir-faire nécessaires. Pourtant, tous les jours, des dirigeants entreprennent des changements sans se préoccuper de savoir si l'organisation qu'ils gèrent est prête pour cela. Les statistiques sur les problèmes engendrés par le changement ne sont pas nombreuses, mais il apparaît cependant que, mis à part les changements de crise, ceux pour lesquels on est forcément prêt à tout, les autres changements stratégiques sont toujours problématiques (Chandler, 1962 ; Hafsi et Fabi, 1992 ; Cascio, 1993).

Lorsque la capacité de changement d'une organisation est grande, le changement continu est possible et souvent réalisé. On pourrait dire que c'était le cas pour le *New Yorker*. Lorsque la capacité de changement est nulle, il est évident que le changement ne peut avoir lieu. L'organisation meurt en rejetant la nécessité du changement. On a ainsi vu des entreprises disparaître parce que les syndicats et les gestionnaires n'étaient pas capables de se faire confiance et de se parler de manière ouverte. Ce fut le cas en 1995 à Montréal pour Irving Samuel, un producteur de vêtements haut de gamme. Lorsque l'entreprise disparaît, chaque individu est surpris et fâché, mais un tel résultat montre bien que les capacités d'action collective avaient réellement disparu.

Lorsque la capacité de changement est faible, le changement a tendance à ne se faire qu'en période de crise. C'est le cas des industries où la rigidité du système de production est grande, comme l'industrie automobile. Nous avons été témoins, et continuons à l'être, des problèmes importants que cette industrie connaît pour s'ajuster à un monde plus dynamique. Le changement continu ou évolutif est donc associé à une grande capacité de changement.

La capacité de changement semble être une qualité mystérieuse pour la plupart des gestionnaires. On s'évertue alors à développer toutes sortes de théories, psychologiques, sociologiques, politiques et autres, pour expliquer la difficulté qu'il y a à changer. Sans mettre en cause ces théories et pour faciliter la compréhension, il est utile cependant de revenir à des questions fondamentales sur le fonctionnement organisationnel.

« Une organisation est un système de coopération », disait Barnard (1938). Il n'y a pas d'organisation sans la volonté de coopérer des membres de l'organisation. Tout le talent des gestionnaires est justement de susciter et d'accroître cette volonté. Le désir de coopérer d'une personne est lié d'une part aux besoins de la personne et d'autre part au rapport entre les bénéfices qu'elle retire de la relation de coopération et les coûts qu'elle lui impose.

Barnard nous avait aussi avertis que la coopération ne peut être qu'influencée. C'est la personne qui coopère qui décide de le faire. On ne décrète pas la coopération, quels que soient les moyens dont on dispose. Pourtant, on peut la susciter en utilisant trois grands types de moyens :

1)   les arrangements structurels, destinés à ordonner l'action ;
2)   des stimulants matériels ou non, destinés à encourager l'effort ;
3)   des mécanismes de persuasion, destinés à donner un sens à la coopération.

L'utilisation de ces outils est très situationnelle. Même si l'on connaît leurs effets généraux, les effets particuliers réels combinés dépendent tellement de la situation et des personnes engagées que peu de propositions générales peuvent être formulées. Les gestionnaires expérimentent souvent et apprennent beaucoup par essais et erreurs, pour le maintien de la coopération. Cette expérimentation est l'un des moyens les plus puissants pour comprendre et maintenir la capacité de changement d'une organisation. En d'autres termes, la capacité de changement d'une organisation correspond essentiellement à la capacité de ses dirigeants à maintenir le niveau de coopération qui lui permet de s'adapter à son environnement.

Pour que l'expérimentation soit appropriée, il est important que l'expérimentateur connaisse et comprenne convenablement la nature des ingrédients et leurs effets, à la fois en isolation et en interaction. Les ingrédients ont été clairement énoncés par Barnard, même si cela a été fait de manière plutôt générale. Si l'on voulait les articuler de manière plus détaillée, on pourrait mentionner :

i. Dans les arrangements structurels
   — la structure proprement dite, c'est-à-dire les mécanismes qui permettent la division et la répartition des tâches, puis leur coordination ;
   — les systèmes de gestion, qui animent et donnent vie à la structure, tels que la planification et la programmation des objectifs, la mesure de la performance, le contrôle de la réalisation des objectifs ;
   — le système de décision et notamment d'allocation des ressources.

ii. En matière de stimulation matérielle
   — les systèmes formels de rémunération ;
   — les systèmes d'intéressement aux résultats ;
   — les autres bénéfices attachés à la fonction.

iii. En matière de persuasion
   — les énoncés des finalités de l'organisation (énoncé de mission, vision, credo, etc.) ;
   — les systèmes de communication ;
   — les systèmes de formation ;
   — la culture et ses manifestations, telles que la socialisation et les reconnaissances sociales et professionnelles de la contribution.

À ces trois grands groupes d'instruments de gestion il faut bien entendu ajouter le leadership qui les actionne et dans lequel on peut inclure, en nous inspirant de Selznick (1957) :
   — le recrutement et la formation des élites ;
   — la protection des élites ;
   — le développement de systèmes de valeurs appropriés.

Chapitre 2

DES CONSIDÉRATIONS GÉNÉRALES SUR LE CHANGEMENT STRATÉGIQUE

Toutes les recherches sur la gestion générale et le management stratégique portent en fait sur le changement stratégique. Gérer une organisation consiste, pour l'essentiel, à déterminer ou modifier les objectifs et à déterminer ou modifier les mécanismes de gestion qui permettent d'atteindre ces objectifs. Pour déterminer ou modifier les objectifs, on fait appel à un cadre conceptuel qu'on appelle habituellement *le concept de stratégie*.

Le concept de stratégie est un cadre d'analyse qui permet de structurer à la fois la détermination ou la modification des objectifs et leur mise en œuvre. La détermination des objectifs est basée sur une quadruple analyse :

1. La première vise à déterminer les exigences et les occasions offertes par l'environnement.
2. La deuxième permet de mieux apprécier les capacités, les forces et les faiblesses de l'organisation.
3. La troisième est une appréciation ou une évaluation des considérations supérieures et des valeurs, dont il faut tenir compte dans la détermination des objectifs.
4. La quatrième analyse est une appréciation des considérations éthiques et sociétales que les dirigeants de l'organisation estiment suffisamment importantes pour en tenir compte dans la détermination des objectifs.

La combinaison cohérente, mais souvent unique, des résultats de ces quatre analyses aboutit à la formulation des buts de l'organisation.

La mise en œuvre de la stratégie, qui correspond à la réalisation des objectifs, est presque complètement déterminée par les mécanismes de fonctionnement de l'organisation, comme la structure, les systèmes, le leadership, etc. Tout changement dans la vie des membres de l'organisation se manifeste par une modification de l'idée qu'on se fait de l'organisation, soit une expression intellectuelle ou idéologique, et concrètement par une modification des mécanismes de gestion.

La structure même du cadre d'analyse montre que les changements dans l'un des éléments de l'analyse — l'environnement, les capacités ou les incapacités de l'organisation, les valeurs des dirigeants et les choix éthiques et de société — , dans les mécanismes de gestion ou dans le leadership constituent l'essentiel des changements auxquels sont confrontés les organisations et leurs membres.

Le cadre offert par le concept de stratégie est suffisamment exhaustif pour que, en prenant en considération les éléments qui le constituent, on puisse faire le tour de tous les facteurs qui déterminent les changements importants dans une organisation. C'est pour cela que, comme nous le verrons plus tard, toute la littérature sur le changement tourne autour des grands facteurs que comporte le concept de stratégie. Par conséquent, il est important de commencer cette investigation par un survol des théories générales pertinentes à la gestion. Ce survol fera l'objet de ce chapitre et aboutira à un modèle préliminaire sur les déterminants du changement organisationnel d'ordre stratégique.

2.1 LA GESTION D'UNE ORGANISATION : UNE CONSULTATION AUPRÈS DE GRANDS THÉORICIENS

Au cours des années 1930, à Cambridge, au Massachusetts, il y eut un grand débat, entre universitaires et praticiens, sur les grands problèmes de la gestion des organisations, en particulier celles qui posaient le plus de difficultés : les appareils de l'État (fédéral ou local) et les grandes entreprises. Ce débat était centré autour de l'importance des personnes et de leur gestion dans le fonctionnement des organisations. À cette époque, la théorie dominante était la théorie du management scientifique de Taylor. En simplifiant, on pourrait dire que Taylor soutenait que les employés d'une organisation sont à la fois des contributeurs et des perturbateurs dans le système de production. Pour rendre leur contribution constructive, il fallait l'organiser de manière précise. On devait, selon lui, considérer les employés comme des rouages dans le fonctionnement de l'organisation. Il fallait donc d'une part construire le système de façon à ce qu'il les intègre de manière convenable et d'autre part les discipliner, par le bâton et la carotte, de façon à ce qu'ils ne constituent pas une incertitude dans le fonctionnement de l'organisation.

Une multitude d'études ont alors été entreprises pour parfaire le « système homme-machines » afin qu'il fonctionne de manière efficace et sans accroc. L'une de celles qui a le plus attiré l'attention a été l'étude de la productivité des employés d'une usine de la société Western Electric, la filiale de production la plus importante du groupe Bell, qui était située à Hawthorne. Le projet Hawthorne visait à mieux comprendre la relation entre le cadre de travail et la productivité des ouvriers de cette usine. On cherchait à vérifier l'hypothèse suivante : des personnes qui travaillent dans de bonnes conditions de confort, telles que le meilleur éclairage possible, le meilleur contrôle de la température, etc., sont plus productives. Un groupe de professeurs de l'université Harvard, notamment de l'école d'administration de cette université, avait été chargé du suivi de l'étude.

Alors que l'étude allait bon train et que certains résultats semblaient confirmer les hypothèses, on commença à avoir des résultats contre-intuitifs. Ainsi, à partir d'un certain moment, lorsqu'on modifiait les éclairages, on s'apercevait que la productivité ne changeait pas du tout et pouvait même évoluer de manière contraire à la prévision. On fit alors appel à un grand penseur, Elton Mayo, pour aider à donner du sens aux observations. Mayo était un éclectique, un peu médecin et un peu psychologue, d'origine australienne. Il « logeait » à la Harvard Business School, mais il restait un peu à l'écart de ses autres collègues, qui le traitaient avec méfiance.

Avec l'aide d'assistants qui sont devenus mondialement connus, comme Roethlisberger, Mayo a apporté une contribution fondamentale à la compréhension des organisations. Il tourna en particulier l'attention des chercheurs vers des facteurs qui étaient jusque-là ignorés, comme la socialisation, les phénomènes de groupes et, en général, « les facteurs humains ». On s'apercevait par exemple que, dans le groupe de la salle des câblages (Wiring room), la productivité était essentiellement liée au fonctionnement du groupe, les conditions jouant certes un rôle, mais généralement d'irritant plutôt que de motivateur.

La démonstration exerça une influence exceptionnelle sur la réflexion universitaire, comme sur les pratiques de gestion. Un véritable mouvement intellectuel vit le jour, regroupant professeurs et chercheurs de disciplines diverses, notamment en sociologie, en psychologie et en économie, mais aussi quelques praticiens, dont le plus connu fut Chester Barnard, alors président du New Jersey Bell. Les universitaires se sont évertués à l'époque à énoncer les règles de développement d'une science plus souple, plus adaptée à la nature des activités et du comportement humain, ouvrant la voie à un développement conceptuel plus grand en gestion, tandis que les praticiens contribuèrent de manière décisive à la formulation du contenu d'une théorie de l'organisation, qui domine encore le domaine de la gestion générale et de la stratégie d'entreprise. C'est Barnard, l'enfant chéri par tous les intellectuels de l'époque, qui en proposa l'énoncé le plus séduisant et qui est revenu aujourd'hui à l'ordre du jour. Ce mouvement intellectuel a marqué de manière indélébile le développement de la théorie de la gestion moderne.

2.1.1 BARNARD ET LA THÉORIE DE LA COOPÉRATION

Comme nous l'avons indiqué au chapitre 1, Barnard, dans un livre remarquable intitulé *The functions of the executive* («Les tâches du dirigeant»), fit la proposition suivante : une organisation n'est rien d'autre qu'un système de coopération et comporte des personnes qui acceptent de coopérer. «S'il n'y a pas de coopération, il n'y a pas d'organisation», disait Barnard. Pour qu'il y ait coopération, il faut que la personne qui coopère juge que la contribution qu'elle apporte est en équilibre avec la compensation qu'elle reçoit. Barnard insistait sur le fait que c'est la personne qui coopère qui détermine s'il y a équilibre. Dans ce cas, elle coopère, autrement elle ne coopère pas. Cette théorie fut appelée «la théorie de l'échange».

Continuant sur sa lancée, l'auteur indique que la tâche principale du dirigeant est d'assurer et de maintenir la coopération des membres de l'organisation. Pour cela, il dispose de deux grands types d'outils :

(1)   les stimulants ou les récompenses;
(2)   la persuasion.

Les stimulants peuvent être tangibles, comme la rémunération et ses différentes composantes, ou intangibles, comme les reconnaissances sociales ou de groupe. La persuasion vise à convaincre les employés ou les membres que les objectifs de l'organisation ont de la valeur en soi et qu'ils méritent l'effort qu'ils consacrent à leur réalisation.

Attention, disait Barnard, aucune organisation ne pourrait raisonnablement et économiquement obtenir la coopération des personnes sur la base des stimulants seuls, les appétits des personnes pour les choses matérielles étant insatiables. C'est pour cela que la persuasion est inévitable. Pour survivre, toute organisation a besoin «d'embarquer» ses membres sur une base idéelle ou idéologique.

La théorie de la coopération a des conséquences importantes pour le changement. Si une organisation est vraiment un système de coopération, alors le changement est une menace pour l'équilibre établi et donc une remise en cause des bases sur lesquelles la coopération a été construite. Au fond, le changement, surtout s'il est important, correspond à «la destruction» de l'organisation, puis à sa «reconstruction». Ce processus de «destruction-reconstruction» est, selon Barnard, un processus continuel. Les bases de la coopération sont constamment remises en cause par la vie et par la dynamique des relations organisationnelles; elles doivent être constamment remises à jour. Le rôle du dirigeant est justement de veiller à cela.

Barnard suggère alors que le dirigeant ait des tâches très précises, notamment :

(1)	veiller à la clarté de la finalité de l'organisation ;
(2)	maintenir le système de communication qui permet la compréhension par tous de cette finalité et des décisions qui la soutiennent ;
(3)	gérer l'équilibre délicat de stimulants et de persuasion qui permettent la continuité et le renouvellement de la coopération des membres de l'organisation. La tâche des dirigeants est dès lors très délicate. Elle est décisive pour la continuité de la coopération. En particulier, pour assurer cette tâche, les dirigeants

doivent inspirer confiance et respect, et pour cela ils doivent être le symbole et la personnification de valeurs morales et éthiques élevées, dont la précarité et la délicatesse augmentent à mesure que le niveau de responsabilité s'accroît. Ainsi, plus l'organisation est complexe et plus la coopération est difficile à assurer, plus le rôle des dirigeants est critique.

Barnard a ainsi ouvert la voie à des recherches et à des réflexions riches, qui se sont exprimées depuis la fin de la Deuxième Guerre mondiale jusqu'à nos jours. Dans cette longue voie de recherche pour la compréhension du fonctionnement des organisations, il y a eu des contributions marquantes. Nous n'avons pas la prétention d'être exhaustifs, mais plutôt suggestifs, en ne mentionnant que quelques-unes d'entre elles dans la section qui suit.

2.1.2 LA PRISE DE DÉCISION EN SITUATION DE COMPLEXITÉ

Barnard avait déjà décrit de manière convaincante les processus de prise de décision dans les organisations complexes. Herbert Simon, un politologue, va plus loin et propose une description plus opérationnelle. En affirmant, comme son illustre prédécesseur, que l'organisation permet d'accroître la rationalité des personnes en suscitant leur collaboration, Simon décrit comment on peut concrètement susciter cette collaboration. En particulier, une personne peut être amenée à accroître la qualité de ses décisions, à condition qu'on comprenne les limites qui réduisent ses capacités à être rationnelle et qu'on utilise des instruments qui permettent de réduire ces limites. Simon offre alors un modèle qui permet de faire cela.

Dans la prise de décision, les limites des personnes sont principalement liées à :

1.   Leurs connaissances (pertinentes à la tâche) ;
2.   Leurs habitudes et réflexes et leur savoir-faire ;
3.   Leurs valeurs, conceptions et finalités propres.

Pour réduire ces limites et faciliter le travail en commun, la gestion utilise des processus de formation (pour améliorer les connaissances et le savoir-faire), des processus de communication (pour contrer les réflexes et les habitudes) et des processus d'autorité (pour imposer les décisions qui ont été prises par d'autres acteurs dans l'organisation). Tous les talents de gestion des organisations sont liés à la compréhension de ces phénomènes et à la construction d'une organisation qui soit la plus rationnelle possible. Cependant, Simon nous rappelle que la rationalité des personnes et donc des organisations demeure limitée. On peut seulement espérer faire au mieux.

Simon a aussi participé à une recherche encore plus intéressante sur le comportement des firmes ; celle-ci a été signée par son collègue et ami J. March, un théoricien de l'organisation, et l'économiste R. Cyert. Ce travail a fait l'effet d'une bombe, puisqu'il montrait que le comportement des entreprises, surtout lorsqu'elles atteignent un niveau de complexité élevé, était dominé par une dynamique interne, organisationnelle, plutôt que par la dynamique économique, décrite par les économistes. Le fonctionnement de l'organisation, soit la dynamique de la prise de décision, ressemble à la prise de décision d'une personne, et l'utilisation des théorisations de la psychologie cognitive a permis de décrire un processus convaincant dont les éléments sont :

▸ une quasi-résolution des conflits, autrement dit les conflits ne sont jamais résolus complètement ou de manière définitive ; il y a plutôt rationalité locale, attention séquentielle aux buts et des règles de décision « acceptables » plutôt qu'optimales ;

▸ un évitement de l'incertitude, par la préférence pour un horizon à court terme et pour un environnement négocié ;

▸ une recherche de solutions simples, biaisées et orientées vers les problèmes ; aucune innovation n'est généralement tentée ;

▸ un accent sur l'apprentissage organisationnel, par l'adaptation des buts et l'adaptation des procédures opératoires standards, notamment des règles d'attention et de recherche de solutions.

Dans cette théorie, le fonctionnement de l'organisation est dominé par les règles et procédures. Tout changement implique d'abord un changement des «routines». Il ne peut y avoir de changement sans cela.

Braybrooke et Lindblom, tous deux des politologues, prennent l'exemple de la prise de décision dans une grande démocratie, comme les États-Unis, pour montrer que, dans les systèmes complexes, la prise de décision la plus raisonnable est celle qui implique une simplification considérable. Ces auteurs proposent alors l'incrémentalisme comme instrument principal de cette simplification. Au lieu de prendre de grandes décisions, les grands systèmes ont plutôt tendance à prendre une multitude de petites décisions qui se veulent cumulatives, mais qui en fait sont surtout acceptables pour les multitudes d'intérêts qui sont en jeu. L'«incrémentalisme disjoint» n'est pas plus aberrant que la «prise de décision synoptique» qui prétend à une rationalité parfaite et est en fait impossible. Ce qui est souhaitable, c'est une décision dans laquelle les différents intérêts sont pris en considération, même si la décision est moins que parfaite. Il vaut mieux, selon Braybrooke et Lindblom, des décisions imparfaites qu'une destruction par immobilisme, confrontation et recherche de la perfection. Dans un livre récent, Simon suggérait que la raison pour laquelle des décisions disjointes et apparemment non ordonnées peuvent être satisfaisantes est que nous vivons dans «un monde presque vide», c'est-à-dire dans lequel la synchronisation n'a pas besoin d'être complète.

Allison, un politologue, et Bower, un chercheur en gestion générale, ont étudié quant à eux des situations décisionnelles réelles. Allison a décrit la prise de décision qui pouvait expliquer les résultats de la crise de Cuba et est arrivé à la conclusion que, pour comprendre, il fallait admettre que trois logiques étaient en action dans toutes les grandes décisions : une logique rationnelle, qui cherche à expliquer les décisions en référence aux grands objectifs énoncés par les grands acteurs gouvernementaux ; une logique organisationnelle, qui reconnaît, comme l'indiquaient les auteurs mentionnés précédemment, les limites à la rationalité et notamment les limites qu'impose le fonctionnement des appareils et des structures ; une logique interpersonnelle ou politique. C'est cependant Bower qui, en étudiant la prise de décision d'allocation des ressources dans les grandes entreprises diversifiées, révéla comment ces trois logiques étaient en action.

Ce sont les directeurs en contact avec le marché et la technologie qui élaborent la stratégie, au sens traditionnel, c'est-à-dire le choix des produits, des marchés et des technologies qui déterminent le caractère de l'organisation. Ce sont les dirigeants au sommet qui suivent et ajustent le cadre organisationnel et les règles du jeu. Enfin, ce sont les gestionnaires intermédiaires qui font la négociation, la traduction, le jeu interpersonnel et donc politique. Les dirigeants au niveau stratégique proposent des idées qui sont choisies par les dirigeants intermédiaires sur la base de leurs connaissances techniques et de leurs savoir-faire interpersonnels, de façon à ce que leur crédibilité par rapport au sommet soit la plus élevée possible.

Les trois logiques, stratégique, donc rationnelle, organisationnelle et interpersonnelle, donc politique, sont en interaction constante et s'alimentent mutuellement. Le jeu de réconciliation interpersonnelle, par exemple, influe sur les règles du jeu en suggérant les modifications qui ont le plus de chance de produire les comportements souhaités. Le jeu stratégique est bien sûr influencé par les règles du jeu et par le jeu interpersonnel. À ce niveau, les dirigeants proposent ce qui peut le plus les mettre en valeur, compte tenu des règles en cours et des prédispositions de leurs dirigeants « politiques », mais en retour les choix stratégiques finissent par donner une configuration technico-économique de l'organisation qui ne peut être ignorée par les dirigeants au sommet.

Ainsi, le changement est produit par les choix stratégiques qui se font à la base. Cependant, ces choix sont influencés et ultimement « produits » par le contexte, un effet de l'environnement et des actions de nature administrative au sommet, et par la gestion du processus interpersonnel qui permet d'ajuster constamment les objectifs et les comportements.

2.1.3 LE FONCTIONNEMENT ORGANISATIONNEL

Weber, un sociologue, a été l'un des précurseurs de la théorie de l'organisation formelle. Pour lui, la bureaucratie est une forme avancée d'organisation. Elle remplace en effet la gestion informelle et aléatoire, sans règles valables pour tous, aussi un peu arbitraire et népotique, par une gestion basée sur la compétence et la clarté des règles. Le choix et la récompense des dirigeants sont basés sur la compétence et le mérite plutôt que sur la relation avec les dirigeants.

Crozier, un autre sociologue, dans son fameux livre sur le phénomène bureaucratique, apporte cependant une clarification fondamentale sur la dynamique de fonctionnement des bureaucraties avec sa théorie du pouvoir. Il affirme que le pouvoir est une caractéristique des relations que les personnes entretiennent entre elles ou avec l'organisation. Lorsqu'un acteur contrôle une incertitude ou permet de régler une incertitude d'une autre personne ou de l'organisation, il a du pouvoir sur elle. C'est sur cette base-là que Crozier explique le fonctionnement des grandes bureaucraties paragouvernementales. Crozier suggère aussi que la bureaucratie, notamment à la française, malgré ses apparences oppressives, permet de protéger l'intégrité des différentes catégories de personnel.

Le plus grand problème de la bureaucratie, selon Crozier, est son incapacité de changer. Pour changer, il faut d'abord comprendre les raisons de la résistance au changement et offrir notamment une solution de remplacement à la protection qu'offre la bureaucratie. Dans un livre plus récent, Crozier mentionne qu'on ne peut changer la société par décret, réaffirmant ainsi plutôt ses préférences que ses découvertes anciennes.

C'est avec les tenants de la théorie de la contingence, Paul Lawrence et Jay Lorsch, d'une part, et James. D. Thompson, d'autre part, que la théorie du fonctionnement organisationnel a connu ses développements les plus décisifs. Lawrence et Lorsch ont montré, après avoir fait une étude empirique d'industries différentes et connaissant des dynamiques environnementales variées, que chaque type d'environnement exigeait des formes organisationnelles appropriées. Ainsi, les environnements stables amenaient des structures plus centralisées, tandis que les environnements plus dynamiques engendraient des structures plus organiques.

C'est cependant J. D. Thompson qui a articulé la théorie de la contingence de la manière la plus complète et la plus convaincante. Les pièces fondamentales de la construction de la théorie de Thompson sont la technologie et l'environnement. Le fonctionnement d'une technologie nécessite une connaissance parfaite des relations de cause à effet, donc un système fermé. Pourtant, aucune organisation réelle n'est un système fermé. L'œuvre de gestion consiste alors à protéger le noyau technologique d'un système ouvert en mettant au point des protections ou des « amortisseurs » qui donnent leur forme aux structures qu'adoptent les organisations.

Dans sa remarquable synthèse, semblable par son importance à celle de Barnard, Thompson démontre que tous les mécanismes de gestion, et pas seulement la structure proprement dite, sont touchés par la nécessité d'isoler et de protéger le fonctionnement de la technologie des perturbations provoquées par la dynamique de l'environnement. Finalement, il conclut naturellement que le rôle des dirigeants est alors de réaliser le coalignement des éléments organisationnels, y compris les personnes organisées en coalition, la technologie et les structures les plus appropriées, avec l'environnement pertinent à la tâche, et d'en faire un domaine viable. Le paradoxe de ce coalignement est qu'il essaie de concilier à la fois la recherche d'une plus grande certitude avec la recherche de plus de flexibilité. Le changement le plus approprié est celui qui permet de réaliser les nouveaux alignements sans mettre en cause l'intégrité du noyau technologique.

2.1.4 LA DIRECTION ET LE LEADERSHIP

Selznick, un sociologue des organisations, a eu un écho important avec ses études sur le leadership en administration des organisations. D'abord, Selznick considère que le leadership est intimement lié à la protection des valeurs critiques qui dominent l'organisation. Lorsque l'organisation n'a pas de valeurs ou lorsque les valeurs ne sont pas menacées, alors les décisions qui dominent sont des décisions de routine et l'organisation peut survivre sans leadership. Il va même jusqu'à proposer de faire la distinction entre l'organisation, un instrument plus mécanique et de nature technique, où seules les décisions de routine importent, et l'institution, infusée de valeurs.

L'institution a une personnalité, qui lui donne son caractère distinctif. Cette personnalité est un produit historique, intègre, fonctionnel et dynamique. Celui-ci résulte de l'acceptation des engagements irréversibles qui progressivement construisent le caractère. Ces engagements se retrouvent notamment dans :

1) le recrutement,
2) la formation,
3) les actions de construction de l'organisation,
4) les relations avec d'autres organisations.

Ainsi, les fonctions du leadership sont :

i. la définition du rôle et de la mission institutionnelle;
ii. la personnification de la finalité de l'institution;
iii. la défense de l'intégrité institutionnelle;
iv. la mise en ordre des conflits internes.

Selznick précise ensuite la nature de ces responsabilités et insiste sur l'importance de la constitution et de la protection des élites. Il met l'accent sur les dangers de l'utopie et de l'opportunisme. En passant du management administratif au leadership institutionnel, le dirigeant devient un homme d'État.

Andrews, un auteur de gestion générale, a puisé son inspiration du rôle du dirigeant dans le travail de Selznick. Le dirigeant d'Andrews ressemble beaucoup à celui de Selznick et de ce fait on a l'impression que le seul dirigeant qui a grâce aux yeux d'Andrews est un dirigeant-homme d'État. En particulier, il lui attribue les rôles suivants :

i. architecte de la finalité de l'organisation;
ii. leader de l'organisation, veillant donc au suivi des résultats et au règlement des conflits;
iii. leader personnel, soit celui qui, par son comportement, inspire et montre le chemin.

Pour jouer ces rôles, et pour faire face à la complexité, le leader d'Andrews a besoin d'un instrument de mise en ordre qui est le concept de stratégie.

Finalement, Zaleznik, un psychanalyste et professeur de comportement dans l'organisation, rappelle que le leader est aussi une personne. Il propose de s'intéresser non seulement aux rôles et aux tâches qu'elle doit accomplir, mais aussi à la dynamique psychologique des personnes qui jouent ces rôles. La dynamique psychologique aide à mieux comprendre les dépassements et les pathologies qui apparaissent dans les comportements.

En particulier, Zaleznik utilise des concepts psychanalytiques pour repenser les dilemmes du leadership et les difficultés qu'engendre la direction des personnes. Ainsi, les conflits propres au dirigeant jouent un rôle critique dans son comportement. Parmi ces conflits, on retrouve l'anxiété de statut, qui vient de l'isolement du pouvoir et qui se manifeste par la peur de représailles, la peur d'être considéré comme un usurpateur, de ne pas être aimé. Il y a aussi l'anxiété de compétition, causée notamment par la peur de l'échec et parfois aussi, comme ce fut le cas pour Macbeth, par la peur du succès. Le leader ne peut échapper à ces types d'anxiété. C'est pour cela que le dirigeant doit gérer ses conflits personnels.

Les déséquilibres du dirigeant sont aggravés par les déséquilibres qu'engendre la subordination et qu'on retrouve inévitablement chez les subordonnés. La compréhension de la dynamique qui mène à des comportements impulsifs, compulsifs, masochistes ou retirés permet d'éviter les confrontations qui résonnent avec les déséquilibres inévitables de la situation de subordonné.

De manière générale, Zaleznik nous incite à prêter attention aux émotions et à la vie interne des personnes qui font partie du duo dirigeant-dirigé. Faute de cela, on peut se trouver face à des comportements et à des pathologies qui seraient autrement incompréhensibles et surtout difficiles à régler.

Les dirigeants influent de manière décisive sur le changement. L'équilibre psychologique des dirigeants, comme l'accent qu'ils mettent sur les valeurs plutôt que sur la supervision opérationnelle, peut faire la différence entre un processus équilibré, avec une adaptation plus grande à des situations nouvelles, et des déchirements que provoquent des différences de vues et de valeurs non réconciliées.

2.2 VERS UN MODÈLE DU CHANGEMENT STRATÉGIQUE

2.2.1 LES PROPOSITIONS DE BASE

La littérature classique met en évidence cinq grands facteurs qui viennent influencer la capacité de changement (voir Hafsi et Fabi, 1996) :

1. L'environnement
2. La culture
3. La structure
4. La finalité de l'organisation
5. Ses dirigeants

Les trois premiers sont des facteurs plutôt déterministes. Ils contraignent le comportement de l'organisation et ont tendance à le rendre plus prévisible. En général, l'organisation n'a qu'un effet limité, à court terme, sur son environnement et sa culture. Lorsque l'organisation devient plus complexe, elle est aussi considérablement contrainte par sa structure. Bien que celle-ci puisse être modifiée à loisir par les dirigeants, les relations de cause à effet échappent largement à leur compréhension. Par contre, la finalité ainsi que la nature et les caractéristiques du leadership ont un caractère plus volontariste. Au lieu de contraindre, elles auraient plutôt tendance à stimuler l'action vers une direction choisie.

L'environnement est fait non seulement des événements proprement dits mais aussi des normes qui s'imposent à l'organisation. Ainsi, le comportement des concurrents détermine le niveau de performance qui est considéré comme acceptable. De même, les préoccupations de la société et les pressions qu'exercent les multiples groupes qui la représentent deviennent progressivement des normes qui s'imposent à l'organisation.

La culture est un produit historique, qui est fait de normes et de pratiques éprouvées, qui permet aux membres de l'organisation de se comprendre les uns les autres et donc de converger de manière économique. Faite de croyances et de valeurs, la culture est souvent profondément enracinée et de ce fait difficile à modifier, du moins à court terme. Elle est ainsi à la source des forces mais aussi des faiblesses de l'organisation.

La structure représente l'ensemble des mécanismes de fonctionnement de l'organisation, allant des règles de répartition des tâches, à celles qui permettent leur coordination, en passant par les règles de récompense et de punition, d'évaluation et de contrôle, de formation et de comportement formel au sein de l'organisation. Lorsque l'organisation devient très complexe, la construction est tellement difficile à saisir que ses ajustements, même lorsqu'ils sont annoncés à grande pompe, n'ont qu'un effet superficiel sur le fonctionnement réel. En d'autres termes, la structure est aussi dans la tête et dans les cœurs (Hafsi, 1995).

La finalité est le guide de l'organisation. C'est une orientation qui indique en termes généraux la direction dans laquelle l'organisation doit aller. Elle permet aux membres de préciser leur identité au sein de l'organisation et donc de fonctionner sans avoir besoin de balises précises. Cela est particulièrement important lorsque le niveau de complexité empêche l'énoncé de règles ou d'objectifs clairement définis. Il s'agit d'un énoncé général mais suffisamment distinctif pour ne pas être un énoncé creux, une lapalissade valable pour toutes les organisations. La différence entre finalité et culture est que la première est surtout attachée à la direction que prend ou doit prendre l'organisation, tandis que la seconde est surtout attachée aux valeurs et aux pratiques qui font le comportement quotidien des membres de l'organisation.

Finalement, les dirigeants sont le facteur le plus dynamique de l'organisation. Ils ont toujours le désir de mettre celle-ci à leur main. Ils ont tendance à rejeter le déterminisme qu'imposent l'environnement et la pesanteur de la culture et des structures, en tentant de les transformer. La structure est souvent modifiée pour les besoins du changement, mais beaucoup de théories soutiennent que, lorsqu'on prend le temps nécessaire, on peut aussi transformer l'environnement et la culture.

Tous ces facteurs jouent un rôle crucial dans le comportement des membres de l'organisation. Ces facteurs peuvent accroître la volonté de changer, soit le «stress», ou la résistance au changement, soit «l'inertie». Ainsi, un environnement dynamique révèle les comportements qui sont valorisés et les normes qui sont utilisées pour l'évaluation. Selon le comportement actuel des membres de l'organisation, il peut susciter le désir de changer pour s'adapter ou, au contraire, encourager la stabilité. En particulier, lorsque les attentes de l'environnement sont ambiguës, la tendance à la stabilité sera grande. De même, certains changements peuvent être compatibles avec la culture et peuvent être réalisés sans difficulté, tandis que d'autres sont perçus comme une remise en cause intolérable. Finalement, structure et finalité encouragent ou découragent les comportements qui sont en accord ou en contradiction avec leur logique propre. Cependant, ces divers facteurs sont en interaction et doivent être cohérents entre eux. Ainsi, la structure engendre les comportements souhaités lorsqu'elle est claire et compatible avec la culture, la finalité et la nature de l'environnement.

On peut considérer qu'inertie et stress agissent comme des stocks. L'équilibre entre ces stocks détermine la capacité de changement. Lorsque le stress est grand, on peut dire que la tendance est à accepter le changement et à le réaliser. Lorsque l'inertie est grande, la capacité de changer est faible et toute tentative de changement se butera à des barrières qui en rendront le coût prohibitif. Lorsque le stress est suffisamment grand, l'organisation est prête au changement. L'art du changement consiste aussi à créer un stress suffisant pour que le stock d'inertie soit contrebalancé.

Ces considérations peuvent être énoncées sous forme de propositions :

▶ *Proposition 1*
L'environnement, la culture et la structure ont des effets importants, lesquels sont souvent difficiles à contrôler par les dirigeants, sur la volonté de changement (stress) ou la résistance au changement (inertie).

▶ **Proposition 2**
   La finalité et le leadership peuvent modifier la volonté de
   changement ou la résistance.

▶ **Proposition 3**
   L'équilibre entre la volonté de changement et la résistance
   détermine la capacité de changer d'une organisation.

2.2.2 L'EFFET DE LA COMPLEXITÉ

Une question importante est de savoir quel poids donner à chacun de ces
ensembles de facteurs. Les recherches indiquent que ces différents éléments
ne jouent pas un rôle semblable tout au long de la vie d'une organisation
(Greiner, 1973). Ainsi, lorsqu'une organisation est jeune et petite, on peut
facilement imaginer que la structure puisse jouer un rôle moins important
que la finalité ou le leadership. Cependant, avec le temps et selon la taille
de l'organisation, la structure et la culture deviennent des facteurs critiques
qui conditionnent le comportement interne. L'environnement joue un rôle
important tout au long de la vie de l'organisation, mais il est beaucoup plus
contraignant lorsque l'organisation est de grande taille que lorsqu'elle est
petite et facilement capable de changer de forme et même de contenu.

On peut donc affirmer que la complexité introduit une différence. Dans
une organisation simple, les caractéristiques du leadership sont dominantes
et les questions de structure et de culture sont embryonnaires, comme
l'indique la littérature de gestion stratégique (Schendel et Hofer, 1979 ;
Andrews, 1987 ; Chandler, 1962). Mintzberg (1981) a appelé cela un mode
de gestion entrepreneurial. Lorsque l'organisation grossit et que sa
complexité augmente, elle passe par une phase dans laquelle la structuration et les valeurs culturelles prennent une grande importance au détriment
du leadership qui devient plus collectif. Mintzberg (1981) a appelé cela un
mode de gestion par planification. Finalement, lorsque l'organisation

atteint des niveaux de complexité élevés, le leadership joue alors un rôle crucial, mais structure et culture continuent à être importantes. C'est ce qui correspondrait au mode adaptatif de Mintzberg (1981).

On peut donc avancer que les facteurs de changement évoluent en *J* inversé selon la complexité de l'organisation; cette évolution est représentée dans la figure 1 et résumée dans les propositions qui suivent :

 Proposition 4
Lorsque l'organisation est simple, les caractéristiques du leadership et la finalité de l'organisation constituent les facteurs clés de la capacité de changement. Elles accroissent soit la résistance, soit la volonté de changement de l'organisation, selon le cas.

 Proposition 5
Lorsque l'organisation est de complexité moyenne, la culture et la structure deviennent les facteurs clés de la capacité de changement. Elles peuvent accroître soit la résistance, soit la volonté de changement de l'organisation, selon le cas.

 Proposition 6
Lorsque l'organisation atteint un niveau de complexité élevé, structure, culture, finalité et leadership jouent, tous les quatre, un rôle important dans la détermination de la capacité de changement de l'organisation, la finalité et le leadership ayant toutefois un rôle crucial.

 Proposition 7
L'environnement joue toujours un rôle important dans la capacité de changement de l'organisation, mais ce rôle est surtout critique lorsque le niveau de complexité est élevé et que la capacité de changer rapidement diminue.

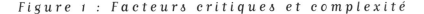

Figure 1 : Facteurs critiques et complexité

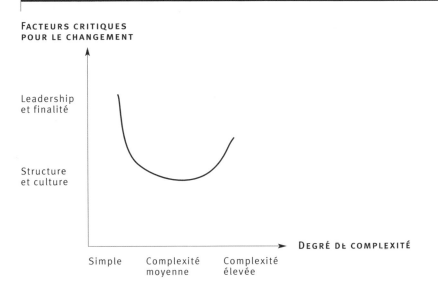

Compte tenu du rôle particulier que jouent environnement, structure, culture, finalité et leadership dans la détermination de la capacité de changement, ce livre est structuré de manière à préciser leur rôle et à fournir les outils qui permettent de comprendre leurs effets sur la résistance au changement ou la volonté de changement de l'organisation. Cependant, il est important dès à présent de porter un jugement sur le niveau de complexité de l'organisation.

2.2.3 APPRÉCIER LE NIVEAU DE COMPLEXITÉ

Les définitions de la complexité sont nombreuses. Les plus sophistiquées auraient tendance à mettre l'accent sur la capacité des dirigeants à comprendre les dynamiques de fonctionnement de l'organisation, ou les relations de cause à effet, et à articuler des orientations qui aient du sens pour les personnes clés de l'organisation. Il est clair que plus les technologies et les marchés sont nombreux et différents, plus ils sont en interaction et plus les dynamiques organisationnelles sont difficiles à prévoir. Elles sont essentiellement non linéaires et difficiles à apprécier. En conséquence, le test de l'annexe 1 pourrait servir de base à l'évaluation du niveau de complexité. Ce test permet de déterminer si la complexité est faible, moyenne ou élevée. Les limites proposées sont indicatives et on peut les modifier en prenant en considération l'expérience des gestionnaires et la qualité des systèmes d'information. On pourrait même dire que, pour obtenir les scores les plus valables, il faille tenir compte des caractéristiques propres à chaque organisation.

{ Annexe 1 }

L'ÉVALUATION DU NIVEAU DE COMPLEXITÉ

A. Répondre aux questions suivantes et calculer le score final en multipliant les scores de chaque question[5]. Le score minimal est 1. Le score maximal est 6,912. (Voir les exemples à la fin du questionnaire.)

1. Les activités de l'organisation impliquent l'utilisation :
    a) d'une seule technologie (1)
    b) de deux à cinq technologies différentes (2)
    c) de plus de cinq technologies (3)

L'appréciation de la variété de technologies a ici à voir avec le corpus de connaissances nécessaire à la compréhension de la technologie et avec le nombre de groupes touchés à l'intérieur de l'organisation. Une technologie dans cette définition est automatiquement rattachée à un groupe précis. Ainsi, on parlera de la technologie du raffinage du pétrole, bien que dans les raffineries de pétrole on utilise beaucoup de technologies différentes, parce que les ingénieurs reçoivent une formation générale dans le raffinage plutôt que dans chacune des technologies qui entrent dans les processus. Par contre, les sociétés de génie qui construisent des raffineries se spécialisent beaucoup plus et pour elles le raffinage n'est que la combinaison d'une série de technologies spécialisées. Dans ces sociétés, à chacune de ces technologies spécialisées correspondent des groupes de spécialistes. Si vous avez du mal à dégager des technologies différentes ou même à comprendre la question, le score devrait être 1.

2. Les activités de l'organisation couvrent :
    a) un seul produit-marché (1)
    b) de deux à cinq produits-marchés (2)
    c) plus de cinq produits-marchés (3)

Les produits-marchés doivent plutôt être considérés comme des lignes de produits-marchés. En quelque sorte, on ne peut parler de produits-marchés différents que s'il existe des groupes de personnes différents pour s'en occuper.

---

5. Ainsi, si on a un score 2 à la question 1 et un score 3 à la question 2, le cumul est 6, et ainsi de suite.

3. **Les technologies utilisées sont en interaction :**
    a)   faible (1)
    b)   moyenne (1,5)
    c)   forte (2)

L'interaction entre les technologies n'est pertinente que si elle entraîne des actions séparées de coordination des interactions générées. Ainsi, dans la société GE, il y a des produits qui nécessitent des technologies différentes, elles-mêmes produites par des divisions différentes ; on les appelle « systèmes ». Ce genre d'interactions requiert des contributions d'organisations différentes mais aussi la conception de l'interaction, de façon à créer un produit différent. Une interaction purement intellectuelle entre technologies n'a pas vraiment d'effet pour les besoins de l'évaluation proposée ici. Si vous avez du mal à définir les interactions concernant votre entreprise, votre score est probablement 1.

4. **Les produits-marchés utilisés sont en interaction :**
    a)   faible (1)
    b)   moyenne (1,5)
    c)   forte (2)

Comme pour les technologies, les interactions entre produits-marchés ne sont importantes que si elles requièrent des actions de coordination importantes. C'est lorsque les interactions compliquent le fonctionnement de l'organisation en forçant la sophistication des règles et procédures qu'elles deviennent importantes. Si vous avez du mal à préciser les interactions ou à comprendre la question, votre score est probablement 1.

5. **Les employés de l'organisation sont autonomes :**
    a)   dans la définition de leurs activités (2)
    b)   dans leurs interactions avec les clients (2)

Les scores sont cumulatifs. Si les employés ne sont pas autonomes, le score est (1).

L'autonomie vient souvent de la spécialisation des savoir-faire. Ainsi, un médecin est autonome vis-à-vis de sa clientèle, même dans un hôpital.

Même chose pour un professeur, un comptable ou un avocat. L'autonomie vient aussi de la concomitance de la proximité de l'employé avec le client et de l'éloignement du centre de l'organisation de ce client.

6. **Les produits et services de l'organisation sont réalisés sur mesure :**
    a) moins de 10 % du volume d'activité (1)
    b) de 10 % à 30 % du volume d'activité (1,5)
    c) plus de 30 % du volume d'activité (2)

La réalisation sur mesure ne signifie pas toujours que le produit n'a ni parties ni aspects standardisés. L'adaptation du produit à des situations particulières ou l'intensité du service peut aussi créer le même effet.

7. **Proportion des employés qui ont une formation universitaire :**
    a) moins de 10 % (1)
    b) de 10 % à 50 % (2)
    c) plus de 50 % (3)

Ici, on ne parle vraiment que du noyau opérationnel, selon la définition de Mintzberg (1978), c'est-à-dire les personnes engagées dans la réalisation de la mission principale de l'organisation. Ainsi, comme une cafétéria dans une université ne fait pas partie de la mission principale de l'université, elle serait exclue de ce décompte.

8. **La propriété de l'entreprise est :**
    a) privée (1)
    b) publique et dispersée (1,5)
    c) publique et concentrée (2)
    d) sous le contrôle du secteur public (4)

Une organisation publique est ici une organisation dont la propriété appartient au public en général par le biais d'actions vendues librement sur le marché. Cela ne doit pas être confondu avec le secteur public, propriété de l'État.

9.   Le nombre d'employés est :
    a)   faible (1), inférieur à 200
    b)   moyen (1,5), de 200 à 5 000
    c)   élevé (2), plus de 5 000

B.   Le niveau de complexité est :
    ▸   faible si le score est inférieur ou égal à 10
    ▸   moyen si le score est supérieur à 10 et inférieur à 500
    ▸   élevé à partir de 500 (avec un score minimal de 6,912)

C.   Exemples

Prenons l'exemple de trois entreprises évaluées intuitivement de complexité différente pour apprécier le questionnaire proposé.

1.   L'entreprise Mediasoft Telecom de Montréal est une petite entreprise n'ayant qu'une dizaine d'employés. Elle utilise des technologies de vidéotexte et audiotexte, vend ses trois grands types de produits au Canada et un peu partout dans le monde. Les technologies et les marchés ne sont pas en interaction importante, et les employés ne sont pas autonomes. Certains ont une formation universitaire, mais leur nombre reste inférieur à la moitié. Les produits sont standards, mais ils requièrent une adaptation sur mesure ; quant à la propriété, elle est privée, ce qui explique la cote proposée.

2.   La Banque de Montréal est une grande entreprise qui a plus de 5 000 employés. Elle utilise un grand nombre de technologies différentes, vend un grand nombre de produits à des clientèles très différentes, à la fois au Canada et dans plusieurs pays. Les technologies et les marchés sont en interaction importante, et les employés ne sont pas vraiment autonomes, sauf dans certains cas, dans la relation avec la clientèle. Le nombre d'employés ayant une formation universitaire est très grand, mais en proportion, il reste en dessous de 50 %. Finalement, l'entreprise est publique avec un actionnariat dispersé. Cela en fait une entreprise de complexité moyenne à élevée.

3. Hydro-Québec est une grande entreprise qui compte plus de 5 000 employés. Elle utilise un grand nombre de technologies différentes, qui sont en interaction importante. Elle vend à des clientèles différentes, à la fois au Québec et à l'extérieur du Québec, et ces marchés sont en interaction. Les employés sont assez autonomes, surtout lorsque leur niveau de responsabilité dépasse les premiers niveaux de supervision. Le nombre d'employés ayant une formation universitaire est très grand, mais en proportion, il reste en dessous de 50 %. Finalement, l'entreprise appartient à l'État et a une relation très étroite avec celui-ci. Cela en fait une entreprise complexe. Le niveau de complexité est élevé, mais reste bien moins élevé que celui d'organisations à la fois plus grandes et plus diffuses comme GE ou GM.

Tableau A : Évaluation de la complexité de quelques organisations

CRITÈRES D'ÉVALUATION	MEDIASOFT TELECOM	BANQUE DE MONTRÉAL	HYDRO-QUÉBEC
Nombre de technologies	2 points	3 points	3 points
Nombre de produits-marchés	2,0	3,0	3,0
Interaction des technologies	1,0	2,0	2,0
Interaction des produits-marchés	1,0	1,5	1,5
Autonomie des employés	1,0	2,0	2,0
Produits sur mesure	1,5	1,5	1,5
Proportion d'universitaires	2,0	2,0	2,0
Propriété	1,0	1,5	4,0
Nombre d'employés	1,0	2,0	2,0
Total (multiplicatif)	**12,0**	**486**	**1 296**

Chapitre 3

LE CONTEXTE
COMME DÉTERMINANT
DU CHANGEMENT

Dès les années 1960, les théoriciens de la contingence (Thompson, 1967 ; Lawrence et Lorsch, 1969) nous rappelaient que les organisations sont des systèmes ouverts, fortement influencés par leur environnement. Or, depuis le début des années 1980, il ne se passe pas un jour sans qu'on nous rappelle, statistiques et anecdotes à l'appui, que nous vivons des moments de grande turbulence. Presque sans exception, tous les *best-sellers* en gestion affirment qu'il y a une accélération et une multiplication des changements dans l'environnement. Certains auteurs, notamment Huber et Glick (1993), affirment que l'efficacité accrue des technologies de l'information et de transport, qui a rendu possible la mondialisation de l'économie et qui accélère le rythme de changement technologique, est responsable de cette transformation.

Il est clair que la mondialisation a des conséquences importantes parce qu'elle change les règles du jeu qui touchent autant les stratégies des firmes multinationales et nationales que les politiques des gouvernements (Demers et Hafsi, 1993). Ainsi, la mondialisation semble avoir entraîné une nouvelle vague de fusions-acquisitions. Les entreprises se regroupent pour atteindre une taille leur permettant d'occuper une position favorable à l'échelle internationale. Le cas de SNC-Lavalin est un bon exemple de ce type de changement.

Au début des années 1990, Lavalin, première société de génie du Canada avec ses 3 850 employés et ses revenus de 413 millions de dollars, reconnue pour son esprit entrepreneurial et son dynamisme, se retrouve aux prises avec de sérieuses difficultés financières. Après une diversification malheureuse dans les secteurs de la pétrochimie et de l'aéronautique, l'entreprise est acculée à la faillite et cherche un partenaire. SNC, sa principale concurrente au Canada, avec ses 2 315 employés et ses revenus de 233 millions, craint que Lavalin ne soit acquise par un gros joueur étranger. Bien que SNC sorte à peine d'une période de redressement qui l'a forcée à adopter une gestion davantage axée sur le contrôle et la prudence, la direction décide, avec l'accord du gouvernement, de fusionner avec son éternelle rivale. La « grande alliance du génie » est annoncée officiellement le 12 août 1991. Dans un journal d'entreprise paru le 19 août, cette fusion est présentée ainsi aux employés par le pdg de SNC, Guy Saint-Pierre :

> « *En alliant les forces des deux plus grandes sociétés d'ingénierie du Canada, Lavalin inc. et SNC inc., une grande firme est née : SNC-LAVALIN inc. Par la taille de notre équipe, un peu plus de 6 000 personnes, nous formons une société capable de se mesurer aux géants américains et européens de l'ingénierie-construction. Il nous reste maintenant à réaliser avec succès notre alliance afin de pouvoir les concurrencer par la qualité de nos prestations.* »

> (*Alliance,* vol. 1, n° 1, p. 1)

Au lendemain de la fusion, Guy Saint-Pierre, maintenant pdg de SNC-Lavalin, prévoit des revenus d'environ un milliard de dollars pour 1992. D'après *Engineering News Review,* SNC-Lavalin se place au 12ᵉ rang des firmes internationales de génie-conseil pour 1992. La fusion permet donc aux deux entreprises de devenir un joueur plus solide, capable de tirer son épingle du jeu dans un contexte de mondialisation. En effet, dans le marché mondial des mégaprojets, ceux qui intéressent les grands joueurs comme SNC-Lavalin, les clients exigent, dans un contexte de diminution de la demande, des contrats clés en main. Ce type de projet implique que les sociétés de génie doivent dorénavant prendre en charge le financement du projet. Il faut donc avoir les reins solides financièrement pour être concurrentiel sur ce marché et la taille devient un atout important. Ce changement des règles du jeu est d'autant plus significatif lorsque l'on sait que les concurrents les plus importants du secteur, le géant américain Fluor Daniel par exemple, ont des chiffres d'affaires jusqu'à 10 fois supérieurs à ceux de SNC-Lavalin. Ce sont ces changements dans l'environnement qui ont amené SNC à entreprendre ce changement très risqué : la fusion de deux entreprises de services avec des cultures différentes.

Dans le domaine des télécommunications, la déréglementation du marché de l'interurbain, entre autres, a forcé Bell Canada à entreprendre le changement le plus important que l'entreprise ait connu de sa longue histoire. La décision du CRTC de libéraliser le marché de l'interurbain, permettant à des entreprises comme Sprint et Unitel (maintenant AT&T Canada) de concurrencer Bell Canada, a été pour l'entreprise le déclencheur du changement. En effet, le marché de l'interurbain étant le plus profitable pour Bell Canada (toute hausse de tarifs sur le marché local étant vue d'un mauvais œil par la population et les politiciens), toute perte importante de parts de ce marché lucratif réduisait considérablement la profitabilité de l'entreprise. S'ajoutait à cela la menace de l'entrée sur le marché local des entreprises de câblodistribution, rendue possible, entre autres, par l'évolution de la technologie. Dans ces conditions, la direction annonçait, au printemps 1995, son intention d'entreprendre un changement radical. Entre autres, on a transformé l'équipe de direction, allant chercher des dirigeants de l'extérieur ; une restructuration de fond en comble a été entreprise et une réduction de 10 000 postes sur une période de 3 ans a été annoncée. Comme le souligne le journal d'entreprise *Bell News* de mars 1995, la diminution des coûts est un objectif essentiel :

> *Business transformation will enable us to substantially reduce our cost structure while finding better ways to serve the customer. This means rooting out duplication, radically redesigning our processes and systems... It also means pushing accountability down, giving employees greater control over their work and, where possible, eliminating layers of management.*

Plus encore, comme ce fut le cas lors du démantèlement d'AT&T au début des années 1980 (Tunstall, 1985), ce changement vise à transformer un monopole axé sur la stabilité et la protection de son infrastructure technique en un concurrent innovateur et proche du client.

Par ailleurs, les facteurs contextuels qui ont des conséquences autres qu'économiques jouent un rôle de plus en plus important dans la destinée des entreprises. Par exemple, la controverse autour du projet hydroélectrique Grande-Baleine illustre bien ce phénomène. Après avoir annoncé le devancement du mégaprojet, Hydro-Québec a dû faire face à une bataille judiciaire et médiatique qui a entaché sa réputation et qui risque d'avoir des conséquences importantes pour sa stratégie de développement futur.

À la fin des années 1980, après l'arrivée au pouvoir de Robert Bourassa, premier ministre libéral qui avait fait du développement d'un mégaprojet hydroélectrique dans le Nord québécois le cœur de son programme électoral, Hydro-Québec annonce son intention d'entreprendre le projet Grande-Baleine. À la suite de la signature, en 1989, d'une entente concernant d'importants contrats d'exportation d'électricité en Nouvelle-Angleterre, notamment avec la New York Power Authority, Hydro-Québec prévoit devancer la construction de ce complexe hydroélectrique comprenant trois centrales d'une puissance totale de 3 168 mégawatts. Toutefois, les Cris se mobilisent pour empêcher la réalisation du projet, faisant valoir qu'il détruit leurs terres et leur mode de vie ancestraux. La bataille prend de l'ampleur à l'été 1991, d'abord sur le front juridique avec, notamment, une requête à la Cour fédérale pour forcer le fédéral à intervenir dans le dossier ; ensuite, s'associant aux groupes écologistes comme Greenpeace, le Sierra Club et la société Audubon, les Cris lancent une vaste campagne de relations publiques aux États-Unis. Leurs pressions font en sorte que la New York Power Authority, en août 1991, reporte d'un an la date limite de résiliation du contrat, à cause de questions liées aux études environnementales. D'après le gouvernement québécois, ce sont plutôt des questions liées à l'évolution de la demande qui auraient motivé ce report. Le premier ministre Bourassa réaffirme, devant des représentants de la Coalition en faveur de la réalisation du projet Grande-Baleine (Conseil du patronat, FTQ, Manufacturiers du Québec, etc.), l'intention du gouvernement de mener à bien le projet.

En octobre 1991, les Cris et leurs alliés reviennent à la charge avec la parution, dans le quotidien *New York Times*, d'une annonce intitulée « Catastrophe at James Bay : Destroying a Wilderness the Size of France ». Ils multiplient les manifestations et le lobbying. Finalement, en mars 1992, le gouverneur de l'État de New York, Mario Cuomo, annonce l'annulation du contrat d'importation d'électricité de 17 milliards de dollars qui le liait à Hydro-Québec. Hydro-Québec est alors critiquée pour la faiblesse de sa réaction à cette crise ; on lui reproche entre autres d'avoir sous-estimé ses adversaires et de n'avoir pas utilisé les moyens nécessaires pour répondre à leurs attaques. En novembre 1994, Jacques Parizeau, premier ministre et chef du Parti québécois, annonce l'ajournement du projet pour une période indéterminée, à cause de la baisse de la demande.

Comme le soulignent Jean et Lafrance, de l'INRS-Énergie et Matériaux, dans un mémoire soumis au Débat public sur l'énergie au Québec (1995), tous ces nouveaux éléments contextuels remettent en cause les orientations de l'entreprise.

> *À la recrudescence de l'opposition autochtone et environ-nementaliste locale s'est ajouté le renforcement des contraintes externes [...].*

> *Cette situation justifierait, selon certains, que le gouvernement abandonne la logique du développement extensif de l'hydroélectricité, spécialement la mise en chantier de mégapro-jets, et de concentrer tout l'effort sur un schéma différent.*

Dans ce cas, divers groupes de pression (autochtones, écologistes, ingénieurs, entrepreneurs, syndicats, etc.) et les gouvernements provincial, fédéral et de certains États de la Nouvelle-Angleterre ont mis à l'ordre du jour un ensemble de considérations qui dépassent largement les strictes considérations économiques et qui forcent Hydro-Québec à repenser sa mission.

Le contexte d'un changement est composé de tous les éléments qui ont trait à la décision de changer. Ils permettent de répondre à la question : pourquoi changer ? Les éléments contextuels qui déterminent le changement ne sont pas seulement liés à l'environnement externe. Entre autres, la culture, la structure, les caractéristiques des dirigeants et les dimensions humaines de l'organisation font partie du contexte pertinent pour la décision de changement. L'effet de ces composantes internes de l'organisation sera d'ailleurs discuté dans les chapitres suivants. Dans ce chapitre, nous nous concentrons sur l'environnement externe et sur un élément contextuel particulier, la performance de l'entreprise, parce qu'ils jouent un rôle particulièrement déterminant comme sources de changement dans les organisations (Huber et Glick, 1993). En effet, c'est souvent à cause de ses répercussions négatives sur la performance organisationnelle que les dirigeants interprètent un changement dans l'environnement comme une raison suffisante pour changer.

Dans le but de mettre de l'ordre dans la multitude d'éléments qui composent l'environnement, différents modèles ont été élaborés ; nous les présentons dans la première partie de ce chapitre. Nous décrivons les principales dimensions de l'environnement qui sont mises en évidence dans ces modèles et discutons du lien entre environnement et changement organisationnel qu'ils suggèrent. Dans la partie suivante, nous traiterons de la performance et de son effet sur le changement organisationnel.

3.1 L'ENVIRONNEMENT ET LE CHANGEMENT : QUELQUES MODÈLES

Il existe plusieurs modèles qui proposent des conceptions de l'environnement, de sa dynamique et de son effet sur les organisations. Les modèles les plus importants pour notre propos sont les suivants : l'approche de la structure industrielle, la théorie de la contingence, l'écologie des populations, la théorie de la dépendance des ressources, la théorie institutionnelle et la théorie cognitive.

Un des modèles les plus influents nous vient de l'économie industrielle et a été popularisé par Porter (1980). Le modèle structure-conduite-performance est basé sur l'argument que la structure d'un secteur industriel, notamment son degré de concentration (distribution des parts de marché) et l'existence de barrières à l'entrée (économies d'échelle, intégration verticale, etc.), détermine la performance des firmes, leur conduite étant contrainte par les variables structurelles. La stratégie devient alors une question d'efficacité et non de choix ; il s'agit de bien réaliser la stratégie qui nous est dictée par la structure de marché.

Ce modèle offre un cadre puissant pour comprendre la rivalité dans l'industrie. Telle que Porter (1980) l'a reconceptualisée, la dynamique concurrentielle est le résultat de l'interaction entre cinq forces qui sont à l'origine des menaces et des occasions que présente l'environnement. Ces forces sont dans l'industrie les acteurs actuels ou potentiels qui, collectivement, déterminent l'intensité de la rivalité dans le secteur. Il s'agit des concurrents directs, des fournisseurs, des clients, des entrants potentiels et des fabricants de produits substituts.

Les caractéristiques générales de l'environnement (degré de concentration, cycle de vie du produit, taille de l'industrie) sont prises en considération par le biais de leur influence sur les cinq forces. Par exemple, l'augmentation de la concentration (% des parts de marché détenues par les plus grandes firmes) dans une industrie signale le renforcement de barrières à l'entrée (telles que les économies d'échelle, les capitaux requis, le réseau de distribution, etc.); de même, la maturation d'un produit a des conséquences sur l'intensité de la rivalité en réduisant la marge de manœuvre des concurrents directs.

Dans cette perspective, tout changement dans les cinq forces qui a un effet sur le degré de rivalité et sur le positionnement relatif d'une firme dans l'industrie sera une source potentielle de changement, soit directement, parce que les dirigeants l'auront prévu et auront réagi en conséquence, soit indirectement, parce qu'il modifiera la performance de l'organisation. Si l'on se reporte à l'exemple de SNC-Lavalin mentionné au début de ce chapitre, on constate que c'est, entre autres, l'augmentation des barrières à l'entrée (capacités financières), qui nuisait au positionnement de l'entreprise, ainsi que l'intensification de la rivalité causée par la diminution de la demande qui ont incité SNC à fusionner avec Lavalin.

Pour évaluer l'environnement, Porter (1980) propose un cadre d'analyse formel (voir chapitre 3 de son livre) qui amène à répondre aux questions suivantes :

▸   **Au sujet des concurrents :** Quelle est la stratégie des concurrents? Comment va-t-elle évoluer compte tenu de l'évolution des produits, des marchés, de leur position relative par rapport aux autres concurrents en matière de coût et de différenciation? La concurrence sera-t-elle plus ou moins vive?

▸   **Au sujet des fournisseurs :** Quel est leur pouvoir sur l'entreprise? Leur produit constitue-t-il un élément critique de notre offre à cause de son prix (% du coût de revient), à cause de sa rareté, à cause des standards de qualité, etc.?

▸   **Au sujet des clients :** Quel est leur pouvoir sur l'entreprise? Un client représente-t-il une part importante de notre chiffre d'affaires? Ses coûts de transfert sont-ils élevés? Notre produit lui offre-t-il des caractéristiques uniques (en matière de prix ou de valeur ajoutée)?

▶ **Au sujet des barrières à l'entrée** : Les barrières à l'entrée (capitaux, expertise, réseau de distribution, image de marque, etc.) sont-elles élevées dans notre industrie? Y a-t-il des entreprises qui pourraient les franchir?

▶ **Au sujet des produits substituts** : Quel est le rapport prix / performance des produits qui pourraient remplacer les nôtres? Y a-t-il de nouveaux développements technologiques qui pourraient être une menace pour notre industrie?

Par rapport à l'effet de l'environnement sur la capacité de changer d'une organisation, on pourrait résumer le modèle de Porter de la façon suivante :

Proposition 1
Tout changement dans la structure concurrentielle d'une industrie (par exemple, accroissement du niveau d'intensité de la rivalité, de l'importance des barrières à l'entrée, du pouvoir des fournisseurs ou des clients et de l'attrait des produits substituts) accroît la pression pour le changement.

Ce cadre est très populaire auprès des gestionnaires, à cause de sa simplicité et de son utilité pour mettre de l'ordre dans une grande quantité de renseignements sur l'environnement. Toutefois, il se limite à l'analyse de l'environnement industriel et néglige l'importance d'autres acteurs, par exemple les gouvernements et les groupes de pression, de même que d'autres dimensions, comme le changement technologique, qui peuvent être la source de changements importants.

La théorie de la contingence propose une vision plus large de l'environnement. Ainsi, Thompson (1967) voit l'environnement comme un système hiérarchisé. Il distingue l'«environnement-tâche», qui inclut toutes les organisations influant directement sur la formulation des objectifs d'une entreprise et leur atteinte, de l'environnement général, qui englobe tout ce qui est au-delà de l'«environnement-tâche».

Les théoriciens de la contingence mettent l'accent sur l'environnement comme faisant naître de l'incertitude, associée particulièrement au changement technologique, à l'instabilité et à l'hétérogénéité environnementales. Ils distinguent les environnements stables et relativement homogènes des environnements dynamiques et hétérogènes. Ils suggèrent que l'adaptation à l'environnement nécessite des modifications aux arrangements internes. Ainsi, selon Lawrence et Lorsch (1967), un environnement stable et homogène exige que l'organisation mette l'accent sur l'efficience et la standardisation, alors qu'un environnement instable et hétérogène favorise la flexibilité et l'innovation.

Pour reprendre l'exemple de Bell, ce monopole habitué à évoluer dans un environnement homogène et prévisible avait mis au point une structure centralisée et lourde mettant l'accent sur la protection de son infrastructure technologique. Les changements récents, tant sur les plans technologique que réglementaire, qui favorisent l'entrée de nouveaux joueurs ont augmenté l'hétérogénéité et l'instabilité de l'environnement. Devant cette situation, Bell Canada tente de se donner plus de souplesse et de se structurer pour tenir compte de cette nouvelle incertitude dans son environnement.

Les conclusions que l'on peut tirer de ce modèle présentant l'effet de l'environnement sur la capacité de changer d'une organisation peuvent être formulées de la façon suivante :

▸ *Proposition 2*
Tout accroissement dans le degré d'incertitude environnementale (par exemple, accroissement de la turbulence et de l'hétérogénéité) accroît la pression pour le changement.

Les théoriciens de l'écologie des populations conçoivent plutôt l'environnement comme un ensemble de niches écologiques. Dans un tel modèle, emprunté à la biologie, l'environnement est conçu comme un écosystème, c'est-à-dire un milieu naturel où vivent et se reproduisent des espèces (ou populations d'organisations) en compétition les unes avec les autres pour la maîtrise des ressources qui permettent leur survie. Cette théorie met donc l'accent sur l'environnement en tant que système d'allocation de ressources, une niche écologique étant une combinaison de ressources capable de supporter une espèce (ou une population d'organisations) particulière.

La sélection naturelle, un autre concept emprunté à la biologie, est le mécanisme par lequel les espèces évoluent. Les formes mieux adaptées survivent, car elles réussissent à se procurer les ressources nécessaires, et les autres meurent. Dans une telle perspective, les organisations n'ont pas beaucoup de marge de manœuvre. Pour survivre, une organisation doit s'adapter constamment aux variations dans sa niche écologique.

Parfois, cependant, une mutation survient : l'apparition d'une nouvelle forme organisationnelle qui change la distribution des ressources entre les espèces qui coexistaient jusque-là dans l'écosystème. Dans ce cas, l'organisation qui ne réussit pas à changer radicalement est condamnée à mourir. Or, dans la majorité des cas, c'est ce qui arrive, selon les auteurs de ce courant, car les changements qui remettent en cause le cœur de l'organisation seraient très difficilement réalisables. Les changements radicaux mèneraient plus souvent qu'autrement à la mort de l'entreprise.

Aldrich (1979), un des principaux auteurs de cette approche, propose six dimensions qui peuvent être utiles pour décrire l'environnement organisationnel parce qu'elles exercent une influence sur l'accès aux ressources. À la stabilité (degré d'incertitude) et à l'hétérogénéité déjà mentionnées par les auteurs de la théorie de la contingence, il ajoute la capacité de l'environnement (le niveau relatif de ressources disponibles pour chaque entreprise), la concentration (la distribution plus ou moins uniforme de ces ressources), le consensus (le degré d'entente ou de controverse au sujet de la place occupée par chaque entreprise dans le secteur) et la turbulence (le degré d'interdépendance entre les composantes de l'environnement). Ainsi, l'effet d'un environnement instable et hétérogène dont la turbulence augmente, à cause de l'accroissement de l'interdépendance entre les acteurs, devient plus complexe à gérer. L'ampleur du changement dans les différentes dimensions retenues par Aldrich permet d'évaluer si l'environnement connaît des variations ou des mutations.

L'évolution du secteur des pharmacies au Québec est un exemple intéressant de mutation qui permet d'illustrer ces différentes dimensions de l'environnement. Pendant longtemps, le secteur des pharmacies était relativement stable. Il s'agissait d'une industrie fragmentée où survivait un grand nombre de petits établissements indépendants. Toutefois, certaines variations dans l'environnement, comme la prise en charge par les entreprises pharmaceutiques de la fabrication des médicaments et la concurrence exercée par les grands magasins dans la vente des produits cosmétiques et parapharmaceutiques, entraînaient la diminution des ressources disponibles pour les pharmacies traditionnelles. Arrive alors Jean Coutu qui, en créant une nouvelle forme organisationnelle, la pharmacie-escompte, va révolutionner le secteur.

En mettant l'accent sur la vente de produits parapharmaceutiques à bon marché, ce gestionnaire augmente l'achalandage et la profitabilité de ses pharmacies. Il prend de l'expansion en utilisant le franchisage, qui réduit la mise de fonds nécessaire et permet de respecter la loi qui exige qu'un pharmacien soit propriétaire d'une pharmacie. Pendant plus de 20 ans, le secteur des pharmacies connaît une bonne croissance. Les chaînes viennent à occuper la plus grande part du marché (à la fin des années 1980, les Pharmacies Jean Coutu détiennent à elles seules plus de 50 % du marché québécois), forçant les pharmaciens indépendants à se regrouper, c'est-à-dire à adopter une nouvelle forme organisationnelle, ou à mourir.

La mutation occasionnée par l'arrivée d'une nouvelle forme organisationnelle a donc augmenté considérablement la capacité de l'environnement (la croissance de la demande ayant augmenté l'ensemble des ressources disponibles) et sa concentration (les parts de marché étant maintenant distribuées entre quelques gros joueurs). Cependant, l'hétérogénéité grandissante (l'arrivée des grands magasins et des clubs-entrepôts) et la plus grande turbulence (il y a plus d'interdépendance : si l'un des joueurs bouge, les autres doivent réagir très rapidement) ont rendu l'équilibre de l'écosystème plus fragile et les organisations plus vulnérables à toute variation subséquente.

De ce modèle on retient donc les propositions suivantes concernant l'effet de l'environnement sur la capacité de changer de l'organisation :

▶ *Proposition 3A*
Une variation dans l'environnement accroît la pression pour un changement mineur.

▶ *Proposition 3B*
Une mutation dans l'environnement accroît la pression pour un changement radical.

La théorie de la dépendance des ressources met plutôt l'accent sur le caractère politique de l'environnement organisationnel. Comme les théoriciens de l'écologie des populations, les théoriciens de la dépendance des ressources (Pfeffer et Salancik, 1978) voient l'environnement comme un contexte de ressources. Toutefois, selon eux, au lieu du principe de la sélection naturelle, c'est le degré de contrôle des organisations sur l'environnement qui est déterminant pour leur survie. Ils émettent l'hypothèse que les gestionnaires peuvent adapter leurs réponses en fonction des exigences de l'environnement. Ils décrivent l'environnement en termes de munificence (disponibilité ou rareté de ressources critiques), de concentration (distribution du pouvoir plus ou moins large) et d'interdépendance (nombre et structure des liens entre organisations), soit des dimensions comparables à celles qu'utilise la théorie de l'écologie des populations. Pfeffer et Salancik (1978) offrent aux gestionnaires un cadre d'analyse pour évaluer l'environnement qui inclut :

▶ la détermination des groupes importants (ceux qui ont le contrôle sur les ressources importantes pour l'entreprise);
▶ l'évaluation de l'importance relative de chacun;
▶ la détermination des critères par lesquels chaque groupe évalue l'entreprise;
▶ l'analyse de l'effet de différentes options stratégiques sur ces groupes.

Freeman (1984), un des principaux théoriciens de la théorie des meneurs d'enjeu (« stakeholders »), une variante de la théorie de la dépendance, conçoit l'environnement d'une organisation comme étant composé du réseau d'organisations (incluant des groupes de pression, des agences gouvernementales, etc.) interdépendantes qui ont une influence plus ou moins grande sur ses buts, ses ressources et son image. Cette approche, qui met l'accent sur l'ensemble des buts plus ou moins compatibles et sur la distribution du pouvoir entre les différents acteurs concernés, suggère l'interaction entre les membres du réseau pour arriver à une solution négociée.

Le dossier Grande-Baleine présenté plus tôt est un bon exemple d'un contexte qui se prête bien à ce type d'analyse. Hydro-Québec est au centre d'une controverse qui oppose diverses coalitions : les écologistes et les autochtones d'un côté, les syndicats, les ingénieurs et le gouvernement de l'autre. La société d'État doit trouver des moyens pour manœuvrer dans ce contexte où il y a une rareté de ressources critiques, où la distribution du pouvoir est mouvante et difficile à saisir et où l'interdépendance est de plus en plus grande. Alors que, traditionnellement, le pouvoir était, pour l'essentiel, partagé entre Hydro-Québec et le gouvernement du Québec, ce qui donnait à Hydro-Québec une grande autonomie, maintenant les acteurs sont beaucoup plus nombreux et la distribution du pouvoir beaucoup plus diffuse. En se regroupant, les opposants au projet Grande-Baleine ont su mobiliser beaucoup de pouvoir et de ressources, ce qui a mis Hydro-Québec dans une position de grande vulnérabilité.

Comme on peut le constater, selon cette approche, la compréhension de l'environnement repose sur la détermination des acteurs importants dans le champ interorganisationnel et sur la connaissance de leurs actions et réactions potentielles pour s'adapter de façon à avoir accès aux ressources nécessaires. En termes de conséquences sur la capacité de changer d'une organisation, la principale conclusion que l'on peut tirer de cette perspective est la suivante :

> ◗ *Proposition 4*
> Un changement dans la distribution du pouvoir dans l'environ-
> nement organisationnel accroît la pression pour le changement.

Le cas de Grande-Baleine met aussi en évidence l'importance grandissante de la légitimité sociale pour la survie des entreprises dans le
monde actuel. Or, la théorie institutionnelle définit l'environnement
comme une arène où les entreprises rivalisent pour renforcer leur
légitimité. Des auteurs comme Meyer et Rowan (1977) et DiMaggio et
Powell (1983) affirment que les organisations subissent les pressions
des forces institutionnelles (les gouvernements, les associations secto-
rielles, les universités, les consultants, etc.) pour se conformer aux
normes établies afin de préserver leur légitimité. Le mécanisme de
changement en œuvre ici est l'imitation.

Par exemple, la popularisation de nouvelles normes associées à une plus
grande efficacité expliquerait la convergence dans les types de changement que mettent en branle les organisations dans les années 1990.
Ainsi, la norme ISO 9000, l'aplanissement des structures, la qualité
totale, la réingénierie des processus font partie des changements à la
mode. Les entreprises les adoptent volontairement parce qu'elles leur
donnent la légitimité associée aux pratiques reconnues socialement. Or,
la légitimité est importante pour la survie d'une organisation et peut
être une source de succès, si l'entreprise l'utilise de façon proactive.
Ainsi, Anita Reddick, fondatrice de Le Body Shop, a su tirer profit des
nouvelles normes sociales en créant une gamme de produits de beauté
naturels et en s'associant aux causes écologiques ; elle s'est ainsi assuré
une bonne image et une publicité peu coûteuse qui font son succès.

On peut donc retenir de la perspective institutionnelle la proposition
suivante quant à la capacité de changer d'une organisation :

▶ *Proposition 5*
Tout changement des normes institutionnelles accroît la pression pour le changement.

Tous les modèles que nous avons vus jusqu'à présent conçoivent l'environnement comme une réalité objective et mettent en évidence un ensemble de dimensions qui permettent de le caractériser. Toutefois, la majorité des auteurs mentionnent qu'ultimement c'est la façon dont les gestionnaires interprètent ce qui se passe dans l'environnement qui détermine leur action.

Le **modèle cognitif de l'environnement** (Weick, 1969 ; Dutton et Jackson, 1987) prend comme point de départ cette observation et conçoit celui-ci comme une carte mentale, c'est-à-dire comme l'ensemble des concepts qui donnent forme à l'interprétation que font les dirigeants de leur environnement.

Dans cette perspective, l'environnement n'existe pas en soi, il est construit. Un changement de l'environnement est vécu comme une incohérence entre ce que le gestionnaire prévoit, d'après son interprétation, et ce qui se passe réellement. Cette incohérence engendre une réinterprétation, donc un changement dans la carte mentale qui va guider l'action. Le maintien d'une carte mentale dépend donc plus de sa capacité d'expliquer ce qui arrive que de sa validité.

Ainsi, à la fin des années 1980, Biotech (Côté, 1990), une entreprise ayant connu du succès dans la conception et la distribution d'appareils de traitement de l'air, comme les purificateurs et les humidificateurs, connaît des problèmes de rentabilité. Pour son président-fondateur, M. Beaupré, il ne fait aucun doute que c'est la R&D et la qualité qui ont fait le succès de ses produits, alors que son vice-président, M. Laberge, prétend plutôt que la distribution est l'avantage distinctif de Biotech. Les deux hommes se sont donc chacun créé une carte mentale différente qui leur a permis d'expliquer le succès passé de l'entreprise. Devant les problèmes actuels, ils proposent donc des solutions différentes, ce qui les amène à confronter leurs interprétations et à les remettre en cause.

Selon Dutton et Jackson (1987), l'interprétation qui est faite de l'environnement en tant que source de menaces ou d'opportunités a une influence considérable sur l'action organisationnelle qui sera soit défensive, soit offensive. Ainsi, ces auteurs suggèrent qu'un environnement considéré comme menaçant donnera lieu à des changements internes (liés aux structures, aux systèmes, aux personnes) de grande ampleur. Par contre, un environnement défini comme une source d'opportunités engendrera des changements dirigés vers l'externe (par exemple, le développement de nouveaux produits et de nouveaux marchés), de type incrémental, visant à augmenter les revenus. D'ailleurs, la perception d'une crise actuelle ou anticipée est un des stimuli les plus forts au changement radical (Allaire et Firsirotu, 1985 ; Hafsi et Demers, 1989 ; Tushman et Romanelli, 1985).

Les conclusions que l'on tire de ce modèle nous amènent à faire les propositions suivantes :

▶ *Proposition 6*
Un changement dans l'interprétation que font les dirigeants de l'environnement accroît la pression pour le changement.

▶ *Proposition 7*
La perception d'une crise est une des pressions les plus fortes pour le changement organisationnel.

Reger et autres (1994) suggèrent, par ailleurs, que si l'écart entre ce qu'exige l'environnement et ce dont est capable l'entreprise est trop important, donc si le changement nécessaire est perçu comme trop radical, cela peut décourager les employés et augmenter la résistance au changement. Par contre, si l'écart est perçu comme peu significatif, la volonté de changement sera également réduite, car les coûts du changement seront perçus comme supérieurs aux bénéfices escomptés. Il faut donc que les dirigeants gèrent la perception de crise pour s'assurer qu'elle n'est pas paralysante. Cette dernière observation nous amène à suggérer la proposition qui suit :

▶ *Proposition 8*
La perception d'une crise trop importante peut augmenter l'inertie organisationnelle.

Mais qu'arrive-t-il si les dirigeants ne perçoivent pas ou perçoivent mal les changements dans l'environnement ? La performance de l'organisation finira par en souffrir et cette baisse de performance forcera une réinterprétation de l'environnement.

Les dirigeants peuvent donc utiliser les grilles fournies par les modèles précédents, telles qu'elles sont présentées dans le questionnaire à la fin du chapitre, pour mettre à l'épreuve leur carte mentale de l'environnement et ainsi tenter de prévoir les changements environnementaux avant que la performance de l'entreprise n'en souffre.

Toutefois, si les dirigeants ne perçoivent pas les changements environnementaux ou n'y réagissent pas, l'effet sur la performance devient le facteur contextuel le plus important dans la décision de changer.

3.2 LA PERFORMANCE ET LE CHANGEMENT

Rien n'attire aussi rapidement et brutalement l'attention des gestionnaires qu'une baisse significative et inattendue de la performance de leur organisation. Bien qu'il puisse être vrai que les gestionnaires surveillent leur environnement pour y déceler les menaces et les opportunités, ils font également — et peut-être de façon plus systématique — le suivi de la performance de leur organisation.

(Huber et Glick, 1993, p.218)

Un écart important entre la performance actuelle et la performance désirée pousse les dirigeants à trouver des solutions qui entraînent généralement des changements organisationnels. Cependant, comme le mentionnent Meyer, Goes et Brooks (1993), il y a plusieurs façons différentes de mesurer la performance et elles n'ont pas toutes le même effet sur le changement organisationnel. Ces auteurs ont trouvé, dans leur étude d'hôpitaux privés de la région de San Francisco, qu'une faible performance par rapport aux concurrents constituait une pression plus forte pour la réorientation stratégique qu'une baisse de performance par rapport aux années antérieures. En effet, une baisse de performance peut toujours s'expliquer par des facteurs conjoncturels indépendants de la volonté de l'entreprise, mais ceux-ci touchent généralement toutes les organisations d'un secteur. Cependant, quand une entreprise perd du terrain par rapport à ses concurrents, cela envoie un signal clair qu'elle est en difficulté.

Dans une étude récente de plus d'une centaine d'entreprises, Huber et Glick (1993) ont trouvé que des changements de performance, qu'ils soient positifs ou négatifs, étaient associés au changement organisationnel. Mais contrairement au changement associé à la baisse de performance, le changement organisationnel associé à l'amélioration de la performance peut s'expliquer par la disponibilité de ressources excédentaires (*slack resources*) pour apporter des changements vus comme risqués mais souhaitables. Les hausses de performance entraînent des changements externes liés au développement de produits et de marchés, alors que les baisses de performance, en plus des changements externes, engendrent aussi des restructurations majeures. En effet, les restructurations, parce qu'elles impliquent généralement le déplacement de personnes, des coupures de postes, des désinvestissements, sont très coûteuses pour les individus et seule une situation de crise, généralement justifiée par une baisse substantielle de la performance, permet de légitimer de tels changements.

D'ailleurs, Meyer et autres (1993) ont trouvé que, même si une réorientation stratégique majeure améliorait la performance des entreprises dont la performance était médiocre, c'était plutôt le contraire pour les entreprises déjà performantes.

Les résultats de ces études nous amènent donc à faire les propositions suivantes :

 Proposition 9
Un changement significatif dans la performance d'une organisation, qu'il soit positif ou négatif, accroît la pression pour le changement.

 Proposition 9A
Un déclin dans la performance d'une organisation relativement à ses concurrents constitue une pression plus forte pour le changement organisationnel qu'une baisse par rapport à sa performance antérieure.

Ce chapitre sur les éléments contextuels nous a permis de mettre en évidence un grand nombre de facteurs à considérer pour le gestionnaire qui veut évaluer la capacité de changer de son organisation. Dans la section qui suit, nous résumons et mettons sous la forme d'un questionnaire l'ensemble de ces dimensions. Ensuite, nous donnons quelques indications sur la façon de les interpréter pour arriver à évaluer le contexte auquel fait face l'organisation.

L'ÉVALUATION DE L'EFFET COMBINÉ DES VARIABLES ENVIRONNEMENTALES

L'ensemble des dimensions prises en considération par les différents modèles de l'environnement peuvent être regroupées, pour plus de simplicité, sous trois grands thèmes : l'instabilité, la rivalité et la complexité environnementales.

L'instabilité porte sur la fréquence et l'importance des changements dans l'environnement. La rivalité fait référence au niveau de ressources disponibles dans l'environnement et à l'attrait du secteur industriel, tandis que la complexité environnementale renvoie à la diversité et à l'interdépendance entre les différents éléments de l'environnement. Des augmentations de l'instabilité, de la rivalité et de la complexité environnementales sont des stimuli au changement organisationnel. Naturellement, ces trois grands types de changements de l'environnement ne sont pas indépendants. Ainsi, la complexité environnementale a un effet sur la stabilité environnementale. Si l'environnement est plus diversifié et interdépendant, les changements deviennent plus fréquents et difficiles à prévoir à cause de l'hétérogénéité. De même, la rivalité peut augmenter l'instabilité et vice-versa. Enfin, un petit changement dans un des éléments peut provoquer une réaction en chaîne à cause de cette interdépendance. Dans les pages qui suivent, nous présentons quelques questions visant à analyser ces grandes dimensions et ainsi à mieux comprendre l'évolution de l'environnement. Nous avons, pour chaque variable dont la définition pouvait être ambiguë, donné quelques exemples. Après les questions, nous proposons un mode d'évaluation des résultats. Pour plus de commodité, on pourrait constituer un questionnaire unique regroupant toutes les questions et les échelles qui facilitent les réponses.

Il est important que tous les membres de l'équipe de direction participent à cet exercice. En effet, il pourrait y avoir des différences importantes dans la compréhension qu'ont les membres de la direction d'une entreprise de la situation dans l'environnement. De plus, il serait intéressant de faire faire cette même analyse par des gens étrangers à l'organisation (par exemple, des analystes ou des partenaires) pour voir si leur analyse de la situation concorde avec celle faite à l'interne.

1. L'instabilité[6]

a) Quel est le niveau d'instabilité dans votre environnement politique et réglementaire (par exemple, changements au cadre réglementaire, nouvelles lois, changements de gouvernement dans les pays où vous évoluez)?
☐ faible ☐ modéré ☐ élevé

b) Quel est le niveau d'instabilité dans votre environnement industriel et professionnel (par exemple, nouvelles normes de publicité, de formation, de certification, etc.)?
☐ faible ☐ modéré ☐ élevé

c) Quel est le niveau d'instabilité dans votre environnement socio-culturel (par exemple, nouveaux groupes de pression)?
☐ faible ☐ modéré ☐ élevé

d) Quel est le niveau d'instabilité dans votre environnement technologique?
☐ faible ☐ modéré ☐ élevé

2. La rivalité

a) Quel est le niveau de ressources disponibles[7]?
☐ insuffisant ☐ adéquat ☐ abondant

b) Quel est le niveau de rivalité[8] dans votre industrie?
☐ faible ☐ modéré ☐ élevé

---

6. Une façon d'évaluer le niveau d'instabilité de l'environnement est de dresser une liste des principaux changements prévisibles et d'évaluer pour chacun son effet sur l'environnement. Le nombre et l'ampleur des changements augmentent l'instabilité environnementale. Pour chaque type d'environnement, un série d'exemples est donnée.

7. Vous pouvez faire une grille où vous mettrez en ordonnée les différents types de ressources, par exemple ressources financières, ressources humaines, ressources techniques, etc., et en abscisse le niveau des ressources : insuffisant, adéquat, abondant.

8. Le niveau de rivalité sera élevé, entre autres, si les concurrents sont en grand nombre ou de force équivalente, s'il y a une baisse de la demande, une surcapacité de production, une standardisation des produits, des coûts fixes élevés.

c) Quel est le pouvoir de négociation des clients[9] ?
☐ faible ☐ modéré ☐ élevé

d) Quel est le pouvoir de négociation des fournisseurs[10] ?
☐ faible ☐ modéré ☐ élevé

e) Les produits substituts[11] représentent-ils une menace ?
☐ faible ☐ modéré ☐ élevé

f) Quel est le niveau des barrières à l'entrée[12] ?
☐ faible ☐ modéré ☐ élevé

3. La complexité

Cette section permet d'évaluer l'hétérogénéité ainsi que le degré d'interdépendance dans l'environnement.

a) Quelle est la taille de votre réseau d'associés et d'interlocuteurs[13] par rapport à celle de vos concurrents ?
☐ faible ☐ moyenne ☐ grande

b) Quel est le degré d'hétérogénéité (en termes de taille, de culture, de régime de propriété, de domaines d'activité, etc.) de vos associés et de vos interlocuteurs par rapport à celui de vos concurrents ?
☐ faible ☐ moyen ☐ grand

c) Quel est le degré d'interdépendance entre vos associés et interlocuteurs et vous-même ?
☐ faible ☐ moyen ☐ grand

---

9. Le pouvoir de négociation des clients sera élevé, entre autres, s'ils sont de grande taille, s'ils sont peu nombreux, si leurs coûts de transfert sont bas, s'il y a menace d'intégration en amont.
10. Le pouvoir de négociation des fournisseurs sera élevé à cause, entre autres, de la rareté des matières premières et de son importance pour votre produit, de la grande taille des fournisseurs, s'il y a menace d'intégration en aval.
11. Les produits substituts sont plus menaçants lorsqu'ils deviennent plus concurrentiels, soit parce que leur prix baisse ou que leur valeur ajoutée augmente par rapport à vos produits.
12. Les principales barrières sont : les besoins en capitaux, les brevets, la réputation et l'image de marque, les économies d'échelle ou d'envergure, l'accès aux réseaux de distribution et le savoir-faire.
13. Dressez une liste de vos différents associés et interlocuteurs : partenaires dans des alliances, actionnaires, créditeurs, associations professionnelles et industrielles, membres de grappes industrielles, agences gouvernementales, institutions d'enseignement et de recherche, consultants, médias, syndicats, groupes de pression, consommateurs, communautés, organismes de charité, organismes culturels, contacts, etc.

4. L'effet des différentes variables environnementales sur votre entreprise

Cette dernière section examine l'évaluation qui est faite de la situation de l'entreprise compte tenu de l'analyse de l'environnement. Elle cherche également à prendre en considération le caractère subjectif des interprétations de la situation environnementale.

a) Vous diriez que les membres de l'équipe de direction évaluent l'évolution future de l'environnement comme :
☐ défavorable ☐ acceptable ☐ favorable

b) Vous diriez que les autres membres de l'entreprise évaluent l'évolution future de l'environnement comme :
☐ défavorable ☐ acceptable ☐ favorable

5. L'évaluation de l'effet des variables liées à la performance

Comme on l'a vu précédemment, il y a différentes façons de mesurer la performance ; nous suggérons ici un certain nombre de critères à prendre en considération. Comme pour l'évaluation de l'environnement, il est préférable que tous les membres de l'équipe de direction fassent cet exercice. De plus, il peut être souhaitable de demander l'avis de personnes à l'extérieur de l'entreprise en ce qui concerne leur évaluation de la performance, particulièrement pour les indicateurs plus subjectifs.

a) Quelle est l'évolution de votre bénéfice net sur l'avoir ?
☐ en baisse ☐ stable ☐ en croissance

b) Quelle est l'évolution de votre bénéfice net sur les ventes ?
☐ en baisse ☐ stable ☐ en croissance

c) Quelle est l'évolution de vos ventes ?
☐ en baisse ☐ stable ☐ en croissance

d) Quelle est l'évolution de votre part de marché ?
☐ en baisse ☐ stable ☐ en croissance

e)   Comment votre performance financière se compare-t-elle à celle de vos concurrents ?
    ☐ inférieure   ☐ égale   ☐ supérieure

f)   Comment votre performance se compare-t-elle à celle de vos trois ou quatre concurrents les plus importants, en ce qui concerne les facteurs clés de succès [14] de votre industrie ?
    ☐ inférieure   ☐ égale   ☐ supérieure

g)   Comment évaluez-vous la performance globale de votre entreprise ?
    ☐ faible   ☐ acceptable   ☐ bonne

h)   Quelle est l'attitude des membres de l'équipe de direction par rapport à l'avenir de l'entreprise ?
    ☐ pessimiste   ☐ ambivalente ☐ optimiste

i)   Quelle est l'attitude des autres cadres et des employés de l'entreprise par rapport à l'avenir de l'entreprise ?
    ☐ pessimiste   ☐ ambivalente ☐ optimiste

Le but de cet exercice de diagnostic est de mieux cerner les facteurs contextuels qui déterminent le changement et d'en comprendre l'évolution. Naturellement, ces questions donnent de la place à beaucoup d'interprétations différentes et l'effet cumulatif des différents éléments considérés n'est pas évident. Dans les pages qui suivent, nous vous suggérons une base de pondération que vous devriez ajuster aux circonstances particulières de votre entreprise et de son secteur.

L'interprétation des résultats

Comme il s'agit de porter un jugement sur le stress ou l'inertie qui influe sur la capacité de changer de l'organisation, les résultats de ce questionnaire visent à évaluer le niveau de stress provenant des facteurs contextuels. Il va sans dire qu'il ne faut pas s'attendre à réaliser une

---

14. Voici quelques exemples de facteurs clés de succès : qualité du produit et du service, leadership technologique et innovation, leadership de coût et de production, marketing et image de marque. Naturellement, vous devez adapter cette liste pour inclure les facteurs les plus critiques de votre secteur.

analyse quantitative précise. Il s'agit plutôt de découvrir les tendances et d'essayer de rendre compte de leur intensité.

Si nous reprenons le questionnaire précédent, les réponses aux questions seraient évaluées comme ci-dessous. Il faut noter que la pondération a été faite pour donner plus d'importance aux variables associées à la performance qui seraient les plus déterminantes pour augmenter le niveau de stress, donc la capacité de changer.

Questions

1. **L'instabilité**

a) b) c) d)	faible	4 pts
	modéré	2 pts
	élevé	0 pt

   Additionner les résultats (max. 16 pts)

2. **La rivalité**

a)	insuffisant	0 pt
	adéquat	2 pts
	abondant	4 pts
b) c) d) e)	faible	4 pts
	modéré	2 pts
	élevé	0 pt
f)	faible	0 pt
	modéré	2 pts
	élevé	4 pts

   Additionner les résultats (max. 24 pts)

3. **La complexité**

a) b) c)	faible	4 pts
	moyen	2 pts
	grand	0 pt

   Additionner les résultats (max. 12 pts)

4. L'effet des variables environnementales

a) *b*)	défavorable	0 pt
	acceptable	5 pts
	favorable	10 pts

Additionner les résultats (max. 20 pts)

5. La performance

a) *b*) *c*) *d*)	en baisse	0 pts
	stable	10 pts
	en croissance	5 pts*

Additionner les résultats (max. 40 pts)

e) *f*)	inférieure	0 pt
	égale	5 pts
	supérieure	20 pts

Additionner les résultats (max. 40 pts)

g)	faible	0 pt
	acceptable	20 pts
	bonne	10 pts*

Additionner les résultats (max. 20 pts)

h) *i*)	pessimiste	10 pts
	ambivalente	5 pt
	optimiste	0 pts

Additionner les résultats (max. 20 pts)

Les questions des sections 1 à 3 vous permettent d'évaluer le degré d'instabilité, de rivalité et de complexité dans votre environnement, l'hypothèse étant que ces facteurs augmentent la pression pour le changement. Comme la pression se fera d'autant plus sentir si ces changements de l'environnement sont perçus comme étant défavorables à l'entreprise, les questions de la section 4 prennent en considération l'effet de l'évolution de l'environnement sur l'entreprise tel que le perçoivent ses membres.

Les questions de la section 5 permettent d'établir un diagnostic de la performance de l'entreprise, l'hypothèse étant qu'une mauvaise performance,

---

* On a vu qu'une bonne performance peut entraîner certains types de changements.

surtout par rapport aux concurrents, augmentera la pression pour le changement. L'évaluation devrait donner des chiffres se situant au maximum à 192, ce qui correspond à une très forte inertie organisationnelle, tandis que le minimum (0) correspond à une forte pression des facteurs contextuels, donc à une augmentation du stress organisationnel. Il faut encore insister sur le fait que ces chiffres n'ont aucune valeur en soi ; ils n'indiquent qu'une tendance générale. De plus, c'est dans la discussion de l'interprétation des mesures de ces facteurs contextuels que se crée la capacité de changer, bien plus que dans leur valeur objective.

LES CARACTÉRISTIQUES DÉMOGRAPHIQUES DES DIRIGEANTS COMME DÉTERMINANTS DU CHANGEMENT

Les dirigeants sont nécessaires, nul ne saurait le contester, même si l'on a souvent du mal à apprécier l'importance de leur apport. Pour qui réfléchit au changement et à la détermination de son apparition, l'être particulier qui préside aux destinées de l'organisation est à la fois prévisible et imprévisible. On peut facilement dire qu'il est imprévisible dans ses actions précises, mais probablement prévisible dans les patterns qui ressortent de ses comportements au cours d'une longue période. Ce sont donc ces patterns qui vont nous intéresser dans ce chapitre et le suivant.

Les patterns sont clairement reliés à la fois à des déterminants visibles, ou plutôt faciles à apprécier et à mesurer, et à des déterminants plus ambigus ou plus difficiles à apprécier et à mesurer. Ces deux catégories de déterminants peuvent être considérées l'une comme celle des déterminants démographiques et l'autre comme celle des déterminants psychologiques. Les déterminants démographiques sont la préoccupation de ce chapitre. Les déterminants psychologiques seront examinés au chapitre suivant.

Par déterminants démographiques on entend généralement des facteurs qui caractérisent le cheminement de vie visible des individus depuis leur naissance. Ainsi, la naissance, ou plus exactement le cadre socio-économique dans lequel ils naissent, leur sexe, leur race ou ethnie dans un cadre particulier, leur religion, leur éducation, leurs expériences pertinentes, notamment leurs expériences en matière managériale et en matière de gestion du changement, leur ancienneté dans l'activité poursuivie ou ancienneté au poste, l'ancienneté dans la firme en question et peut-être aussi des caractéristiques physiques, telles que la taille, l'apparence, les handicaps, ont été examinés dans la littérature sur le changement.

Que la vie des dirigeants, notamment leurs expériences et leurs caractéristiques visibles, soit importante, il n'y a là rien de surprenant. En effet, expériences et caractéristiques visibles révèlent surtout ce qui est acquis dans la vie, par opposition à ce qui est hérité. En fait, on peut même dire que ces expériences et caractéristiques révèlent plus que cela, en « modifiant les manifestations » de ce qui est hérité, notamment en donnant leurs formes définitives aux caractéristiques psychologiques. Ceci est en quelque sorte un avertissement. Les caractéristiques démographiques et psychologiques ne sont pas vraiment indépendantes. Elles sont intimement liées et s'influencent mutuellement. Dans ce livre, nous ne les séparons que pour les besoins de l'analyse. Nous traitons en fait d'un seul phénomène fondamental, soit le comportement des dirigeants par rapport au changement. Les expériences et les caractéristiques démographiques, comme les caractéristiques psychologiques, ne sont que des manifestations révélatrices de ce comportement.

Les expériences et les caractéristiques démographiques sont constamment utilisées dans la vie quotidienne. Nous avons tous tendance à porter des jugements, notamment à propos de la capacité des personnes à répondre aux exigences d'une activité, sur la base d'un curriculum vitæ, ce qui est l'expression formalisée des expériences et des caractéristiques démographiques. Nous le faisons généralement en nous fondant sur les enseignements de l'expérience plus ou moins formalisée des utilisateurs, rarement à partir de résultats de recherches établis. Dans ce chapitre, nous mettons l'accent sur une seule prévision, le comportement par rapport au changement, et basons nos affirmations sur les résultats de recherches récentes. Celles-ci ne sont pas très nombreuses et les relations ne sont pas des certitudes, mais elles ont le mérite d'exister et de constituer des bases crédibles sur lesquelles asseoir les jugements.

Le problème des expériences et des caractéristiques démographiques est leur représentativité. En effet, quelles sont les caractéristiques les plus pertinentes? Que révèlent-elles du comportement des dirigeants? Ce sont des questions cruciales, pour lesquelles il n'existe pas vraiment de réponses. Les recherches ont cependant porté sur certaines caractéristiques et ont suggéré qu'il faille se contenter d'associations générales plutôt que de relations causales très précises. Cela est cependant tout à fait acceptable et intéressant pour ceux qui sont à la recherche de facteurs capables d'aider à prévoir les comportements par rapport au changement. En particulier, on peut améliorer la capacité de prévoir en comparant les associations découvertes pour différentes caractéristiques. En effet, lorsque toutes les caractéristiques ou la plupart d'entre elles indiquent une association, on peut être plus à l'aise avec la prévision qui en résulte. Au contraire, lorsque les associations sont contradictoires, la part du jugement doit être plus grande.

Dans ce chapitre, nous répertorions avec le plus de précision possible les résultats des recherches réalisées à ce jour. Le chapitre commence avec une analyse générale du rôle des dirigeants tel qu'il est apprécié dans la littérature. Ensuite, nous recensons et décortiquons une à une les expériences et les caractéristiques des dirigeants en donnant des exemples et en élaborant des questions qui permettent de les évaluer dans des organisations réelles. Le chapitre s'achève avec la proposition d'un questionnaire d'évaluation des expériences et des caractéristiques démographiques et de leurs effets sur la capacité de changement d'une organisation.

4.1 LES DIRIGEANTS DANS LES ORGANISATIONS ET LE CHANGEMENT [15]

Pour mieux situer l'importance des facteurs démographiques, il est utile de revenir aux travaux sur le rôle et l'importance des dirigeants dans le fonctionnement des organisations. Barnard (1938) a proposé dans sa théorie de la coopération le fait que le dirigeant joue un rôle central dans cette théorie : il veille à faciliter la coopération et à la protéger lorsqu'elle existe. De manière plus précise, Barnard mentionne trois rôles centraux des dirigeants :

a) définir et formuler la raison d'être, la finalité de l'organisation ;
b) mettre en place un système de communication, condition nécessaire à la coopération ;
c) promouvoir la réalisation des efforts essentiels à la continuité et à l'intégrité de l'organisation.

Plus simplement, Barnard définit le leadership comme « le pouvoir, chez certains individus, d'inspirer à leurs collaborateurs des décisions

---

15. Dans cette section, nous sommes redevables pour certaines expressions à Suzanne Taschereau et à Lachemi Siagh, qui ont été les étudiants de Taïeb Hafsi lors d'un séminaire sur les déterminants du changement stratégique, tenu au cours de l'année 1995.

personnelles coopératives ». Un rôle simple à exprimer mais difficile à réaliser parce qu'il suppose la réconciliation de forces paradoxales, comme la liberté individuelle et le contrôle organisationnel, les intérêts individuels ou de groupe et les intérêts d'ensemble de l'organisation, les exigences du court terme et du long terme. Cette richesse amène Barnard à insister sur l'importance du rôle du leader à assurer l'équilibre requis entre ces forces, notamment à réaliser suffisamment de convergence pour l'efficacité et suffisamment de divergence pour l'innovation et donc la flexibilité. Cela suggère que « la fête du leadership » soit dans la capacité de gérer le changement sans basculer dans un extrême ou l'autre. Il est difficile de mettre en doute que ce savoir-faire soit souvent le résultat de l'expérience et, en général, du cheminement du dirigeant que les caractéristiques démographiques permettent de saisir.

Un peu plus tard, Selznick (1957) a insisté sur la capacité des dirigeants à inspirer les autres :

> Le leader institutionnel est surtout un expert dans la promotion et la protection des valeurs (organisationnelles) [...]. Des personnes créatives sont nécessaires — plus dans certaines circonstances que dans d'autres — pour transformer un groupe d'hommes neutres, en une élite engagée. Ces personnes sont appelées leaders et leur profession est la politique.
>
> (p. 28 et p. 61)

Selznick a en général révélé et précisé le rôle du leader. Pour lui, le leader n'est vraiment utile que lorsque les valeurs critiques de l'organisation sont à concevoir ou à protéger. C'est ainsi que le leader devient important dans les périodes de formation et dans les périodes de remise en question. Il doit plus précisément définir la mission et la raison d'être institutionnelle, et défendre l'intégrité institutionnelle. Cette dernière suppose le maintien des valeurs et de la compétence distinctive ainsi que la gestion des conflits internes. Finalement, le leader doit veiller à l'intériorisation et à l'approfondissement de la finalité institutionnelle. De ce fait, une direction responsable implique un mélange d'engagement, de compréhension et de détermination, qui fait que le leader conduit l'organisation le long d'une ligne étroite entre opportunisme et utopie, et assure l'intégrité de la personnalité organisationnelle par l'adoption et la pratique de principes directeurs. Cela requiert une attitude attentive aux changements et à la nécessité de l'adaptation. Ainsi :

> *L'art du leader créatif est l'art de la construction institutionnelle, le malaxage des matériaux humains et technologiques pour façonner un organisme porteur de valeurs nouvelles et durables... Cela requiert une stratégie du changement qui veille à l'acquisition de nouvelles capacités qui correspondent aux besoins et aspirations réellement ressentis par l'institution.*

(p. 152 et p. 154)

Là aussi, il est difficile d'imaginer que ces qualités soient innées. La compréhension de l'organisation et de la dynamique subtile du comportement des personnes peut probablement être aidée par un don inné, mais elle exige souvent un apprentissage long et difficile, qui est révélé par la nature des expériences vécues et des caractéristiques personnelles et familiales des dirigeants, caractéristiques qui sont observables et parfois mesurables.

Plus récemment, Bartlett et Ghoshal (1994) ont préconisé le retour à la perspective barnardienne et selznickienne du leadership. Ils voient dans la gestion du contexte interne (les arrangements organisationnels qui influencent le comportement des personnes) la responsabilité centrale du dirigeant. Donner forme au contexte qui influence le comportement des personnes clés de l'organisation est au cœur du processus de gestion d'une entreprise. C'est le contexte qui freine ou encourage l'émergence de l'initiative, de la coopération et de l'apprentissage dans les comportements quotidiens des personnes de l'organisation. C'est en ce sens là que, conformément à la « théorie de la firme basée sur les ressources », le contexte (incluant la culture) apparaît comme une ressource difficile à imiter et donc l'un des mécanismes les plus puissants pour forger la compétence distinctive, pour la développer et pour la protéger.

Ces auteurs vont cependant plus loin dans leur effort de définition et de précision du contexte. Ils y voient quatre dimensions constitutives, capables de susciter le désir de coopérer et donc l'adaptation nécessaire :

1. *La **discipline**,* c'est-à-dire la définition de normes claires, de cycles de réponse (*feed-back*) courts et des sanctions cohérentes.
2. *L'**étirement**,* qui permet l'établissement d'ambitions partagées, l'émergence d'action collective et le développement de signification personnelle dans la tâche de redressement.
3. *La **confiance**,* qui est l'un des facteurs les plus importants dans le contexte et qui permet une perception d'une plus grande justice et équité dans le processus de décision de l'entreprise, un plus grand niveau d'engagement dans les activités centrales et un accroissement d'ensemble du niveau de compétence personnelle à travers l'organisation.
4. *Le **soutien**,* pour les initiatives et l'entrepreneurship à des niveaux inférieurs, par une plus grande disponibilité de ressources, une plus grande autonomie et plus d'aide, toutes destinées à donner un sentiment de maîtrise et d'engagement aux membres de l'organisation.

Il y a peu de divergence dans la littérature spécialisée. Le leadership semble jouer un rôle crucial dans le changement organisationnel en raison de son influence sur la culture, les valeurs, la finalité et les formes organisationnelles. Les leaders ont comme tâche de vendre des idées, des valeurs, des engagements, ce qui montre l'importance des interactions qu'ils ont avec les membres et des influences mutuelles. Le leadership apparaît alors comme une tâche d'éducation, de stimulation et d'acceptation du changement. Il contribue à redéfinir des significations et à susciter des engagements. Cependant, il ne faut pas percevoir les leaders comme étant des courtiers dont le seul rôle est de réfléchir et de réconcilier les intérêts des autres. Ce sont des acteurs politiques décisifs qui interviennent dans le processus à leur propre compte pour influencer et donner forme aux activités et débats organisationnels. C'est peut-être cela qui faisait dire à Gandhi : « Nous devons être nous-mêmes le changement que nous souhaitons voir se produire dans le monde. » Bennis (1989) ne pouvait alors s'empêcher de conseiller :

> *Les personnes en autorité doivent faire plus que jouer avec les mécanismes (organisationnels) et utiliser leurs muscles (politiques et organisationnels). Ils doivent avoir une vision*

entrepreneuriale; ils doivent être des éducateurs; ils doivent être des architectes sociaux, étudiant et donnant forme à ce qu'on appelle « la culture du travail », prêtant attention aux valeurs et normes de l'organisation et à la façon dont elles sont transmises aux individus, et modifiant ces valeurs et normes chaque fois que nécessaire; ils doivent faciliter la compréhension et la participation.

(p. 23)

De son côté, Schein (1985) affirme que « la fonction centrale, voire la fonction unique, du leadership est la manipulation de la culture » (p. 317). Lorsque celle-ci devient dysfonctionnelle, le leadership est alors nécessaire pour encourager tant le « désapprentissage » de certaines hypothèses culturelles que l'apprentissage de nouvelles hypothèses. Cet effort conscient de destruction pour la survie rend le leadership encore plus important bien que plus difficile à définir.

Le leadership a aussi une grande conscience du niveau de développement du groupe et de l'organisation. Les problèmes émotifs et pratiques changent avec le stade de développement de l'organisation. Cerner les problèmes à chaque étape et aider à les résoudre est la clé de la survie et donc du leadership. Pour cela, fournir la stabilité temporaire et les encouragements émotifs pendant que les réponses sont conçues est une tâche de première importance.

Comme nous l'avons suggéré dans la discussion des contributions de Barnard et de Selznick, les travaux de recherche sur le sujet montrent que les caractéristiques du leadership sont aussi un produit de la trajectoire de vie du leader. L'environnement dans lequel le leader est né ainsi que bien d'autres dimensions qui décrivent son développement, son éducation, ses expériences, ses connaissances particulières de la situation visée, son âge, etc., ont un effet important sur son comportement et sa volonté, voire son savoir-faire, quant à la conduite du changement (Hambrick et Mason, 1984). Dans les sections qui suivent, nous allons préciser les éléments qui sont utiles pour porter un jugement, puis, à l'aide des résultats de recherche récents, nous allons apprécier l'effet de ces éléments et les méthodes qui permettent de prévoir ces effets.

4.2 LES CARACTÉRISTIQUES DÉMOGRAPHIQUES DES DIRIGEANTS : UNE SPÉCIFICATION

Lorsque l'on s'intéresse à la vie d'une personne et à ce qui a pu l'influencer, on peut citer de nombreuses dimensions.

4.2.1 LE CADRE D'ACCUEIL

Il faut mentionner d'abord le cadre dans lequel le dirigeant est venu à la vie, c'est-à-dire les conditions sociales dans lesquelles il a vécu, notamment le revenu et l'éducation de ses parents. On pourrait aussi penser à des caractéristiques de la famille et de la culture, comme le nombre de frères et sœurs, la religion des parents, le lieu de vie des premières années, etc. Même s'il est raisonnable de penser que ces facteurs sont tous très importants pour le comportement futur de la personne, ils n'ont pas tous fait l'objet d'étude dans les recherches sur les dirigeants. Comme nous le verrons, très peu de ces caractéristiques sont examinées, probablement parce que, selon la croyance populaire, elles auraient tendance à donner un biais déterministe à l'évaluation ou parce que la connaissance de relations d'association, toujours imparfaites, peut avoir un effet discriminatoire intolérable pour une société qui met l'accent sur les droits et libertés de l'individu. Ainsi, les personnes nées de parents pauvres pourraient apparaître comme étant moins bien préparées que les personnes provenant d'un mileu aisé, ce qui est une conclusion inacceptable pour les sociétés du monde occidental actuel, qui cherchent à accorder l'égalité des chances.

4.2.2 LA PÉRIODE FORMATIVE

Le caractère d'une personne se bâtit aussi à partir des expériences de jeunesse et surtout en réponse à la formation formelle ou informelle qui est reçue. La formation formelle vient de l'école et peut être appréciée par l'éducation, notamment sa nature et sa durée. La formation informelle vient encore une fois du cadre familial et des « expériences formatives », notamment la participation à des activités socio-économiques particulières, comme le scoutisme, les responsabilités dans des organisations étudiantes, les initiatives spéciales ou originales,

comme la création d'entreprise, la participation à des activités béné-
voles ou, en général, à des activités sociopolitiques marquantes. Là
aussi, la recherche est plutôt simpliste et basée sur ce qui est facile à
évaluer, comme l'importance et la nature de l'éducation.

4.2.3 LE DÉVELOPPEMENT PROFESSIONNEL

La carrière professionnelle, notamment le nombre et la variété des
emplois et des expériences, tient une place importante dans le développement professionnel du dirigeant. En particulier, cette période et ces
expériences permettent au dirigeant de mûrir et de perfectionner son
jugement en matière de compréhension du fonctionnement des organisations. C'est au cours de cette phase qu'on passe d'une compréhension
simple, linéaire, naïve, mais souvent satisfaisante pour les esprits techni-
co-analytiques qui sont formés dans nos universités, des relations entre
personnes et de la vie dans l'organisation, à une compréhension des
nuances et des paradoxes qui caractérisent la vraie vie. On peut aussi
apprécier la richesse de la carrière professionnelle en évaluant les expériences internationales et les situations de gestion en milieu socialement et ethniquement diversifié. Peu d'études sont suffisamment
précises pour donner une vue complète sur cette phase. La plupart des
chercheurs se contentent d'indicateurs relativement faciles à mesurer.

4.2.4 LA CARRIÈRE DE DIRIGEANT

Les expériences de direction dans les organisations viennent enfin
couronner la trajectoire managériale de la personne. La nature des
directions et leur durée, la nature des industries expérimentées et leurs
caractéristiques, les grandes réalisations ou les grands problèmes
rencontrés, les expériences de changement vécues, avec leurs résultats,
sont parmi les grands éléments dignes d'être appréciés et généralement
relativement faciles à recenser. Cela est bien sûr complété par l'âge du
dirigeant et par la durée totale des expériences de direction. La
recherche en cette matière a été relativement plus féconde. Les expériences, notamment avec le changement, ont souvent été confrontées à
l'attitude à l'égard du changement.

Ainsi, les grands indicateurs pourraient être les suivants :

1.   Revenu des parents
2.   Éducation du père (notamment dernier diplôme obtenu et spécialité)
3.   Éducation de la mère (idem)
4.   Emploi du père (selon nomenclature à définir)
5.   Emploi de la mère (idem)
6.   Religion du père
7.   Religion de la mère
8.   Lieu de naissance du père
9.   Lieu de naissance de la mère
10. Lieu de naissance du dirigeant
11. Expérience d'immigration des parents
12. Proximité de la famille élargie, notamment les grands-parents
13. Éducation primaire (lieu, durée, diplômes)
14. Éducation secondaire (idem)
15. Éducation universitaire (idem)
16. Activités associatives, notamment :
     —   Scoutisme (durée et responsabilités)
     —   Mouvement étudiant (idem)
     —   Autres
17. Entrepreneurship, notamment :
     —   Création d'entreprise
     —   Initiatives particulières ou spéciales
     —   Activités sociopolitiques
     —   Activités à titre de bénévole
18. Emplois depuis le dernier diplôme, avec notamment l'industrie, l'entreprise, la durée et les responsabilités
19. Promotions, distinctions ou récompenses importantes
20. Sanctions, notamment renvois ou faillites
21. Emplois internationaux (pays, durée)
22. Emplois dans environnements multiethniques (nature, durée)
23. Emplois dans environnements défavorisés (nature, durée)
24. Emplois dans des pays en transition, tels que les ex-pays soviétiques, les pays en développement (pays et durée)
25. Salaire au premier emploi

26. Salaire immédiatement avant la première responsabilité de direction générale
27. Responsabilités de direction générale en précisant :
    — Industrie
    — Entreprise
    — Autonomie stratégique
    — Nature des problèmes qui se sont présentés (selon canevas, par exemple en matière de personnel, de marketing, d'opérations, de finance)
28. Expériences de changement, en précisant notamment :
    — Nature (selon canevas à établir)
    — Responsabilités
    — Résultats
29. Âge

Peu d'études examinent toutes ces dimensions. Les plus importantes d'entre elles sont cependant recensées et examinées, de manière séparée, par la littérature. Nous allons maintenant présenter les résultats de ces études. Le détail des études n'est pas abordé. Seuls les résultats sont expliqués. Les lecteurs intéressés par la littérature peuvent se référer au livre de Hafsi et Fabi (1997) sur le sujet.

4.3 LES CARACTÉRISTIQUES DÉMOGRAPHIQUES ET LEURS RELATIONS AVEC LE CHANGEMENT ORGANISATIONNEL D'ORDRE STRATÉGIQUE : UN EXAMEN DES RÉSULTATS DE RECHERCHE

Nous reprenons ici les différentes caractéristiques mentionnées plus haut, notamment les grandes catégories de variables démographiques, et présentons les résultats.

4.3.1 LES VARIABLES D'ACCUEIL

Des dirigeants qui ont des origines sociales modestes ont tendance à être plus entreprenants et à accepter le changement plus facilement. Un exemple intéressant est celui du fameux dirigeant de la société Daewoo, Kim Woo Choong (Aguilar, 1988). La guerre civile et la misère qui sévissaient lors de sa naissance et des premières années de sa vie l'ont marqué de manière définitive et pourraient expliquer pourquoi ce personnage extraordinaire n'a pas cessé d'emmener son entreprise dans des domaines nouveaux et a réussi à en faire un conglomérat à grand succès. On pourrait aussi citer les comportements, pour le moins aventureux, largement publicisés par la littérature professionnelle et didactique du couple Agee-Cunningham, qui a bouleversé Bendix au début des années 1980. L'histoire de Mary Cunningham, qui était d'origine irlandaise catholique et qui a été l'acteur principal de l'affaire, montre les difficultés de ses premières années (Sloan, 1983) :

> *She is the child of a broken home, her parents divorced when she was about five. She was raised in Hanover, New Hampshire, where Msgr. William Nolan, then the parish priest, now the catholic chaplain at Dartmouth, was her guardian and surrogate father* [16].

(p. 98)

En général, les études à caractère psychanalytique de grands leaders (Lapierre, 1993) montrent bien la relation entre les difficultés des premières années et le comportement plus tard. Le désir de changer le monde vient souvent d'une certaine insatisfaction avec celui qu'on a vécu. Il ne faut cependant pas associer trop rapidement des « difficultés d'accueil » avec des mesures de type revenu ou éducation. La psychanalyse est probablement plus proche de la vérité en associant les difficultés à des perceptions ou chocs psychologiques difficiles à discerner et surtout pouvant toucher des personnes qui jouissent d'un revenu familial élevé.

Malheureusement, la recherche systématique et quantitative a besoin d'indicateurs ; les résultats, même s'ils sont intuitivement acceptables puisqu'ils indiquent une tendance, doivent donc être pris avec un grain de sel, et non comme des indicateurs assurés du comportement. En effet, il est facile de citer de nombreux exemples qui contredisent la

---

16. Elle est l'enfant d'une famille brisée. Ses parents ont divorcé lorsqu'elle avait six ans. Elle fut élevée à Hanover, au New Hampshire, où monseigneur William Nolan, qui était alors le prêtre de la paroisse et à présent l'aumônier catholique à Dartmouth, fut son protecteur et père de substitution.

relation origines sociales, modestes ou confortables, avec comportement en matière de changement. Le général De Gaulle, Winston Churchill ou même Karl Marx, qui sont tous d'origine bourgeoise et qui ont contribué à la réalisation de grands changements, ne sont pas des exemples négligeables. Les mesures qui sont utilisées sont donc sujettes à discussion et à controverse. Considérons-les cependant comme des indicateurs utiles, bien que non décisifs.

Les mesures d'origines sociales, elles-mêmes, posent des problèmes. Qu'est-ce qui mesure le mieux les origines sociales : le revenu des parents ? leur éducation ? leur emploi ? leur religion ? le fait qu'ils aient émigré ? la présence d'une famille élargie substantielle ? ou une combinaison de toutes ces dimensions ? La réponse est difficile à trouver, ce qui met en cause la validité même de l'idée que les origines sociales sont associées au comportement en matière de changement. Les chercheurs ont eu tendance à choisir la facilité et notamment à ne se préoccuper que du revenu, facilement mesurable et généralement facilement disponible. Pour notre part, nous suggérons que l'idée que les origines sociales sont un indicateur du comportement en matière de changement est intéressante et probablement soutenue par les études psychosociologiques sur le comportement des personnes. Il reste cependant préférable de parler de cadre d'accueil plutôt que d'origines sociales. Ce cadre d'accueil est semblable à ce dont parlent les psychanalystes et comporte des dimensions qui ne peuvent se réduire à la richesse ou à la pauvreté des parents. C'est pour cela que nous proposerons plutôt une mesure qui sera une combinaison des facteurs mentionnés plus haut. Nous corrigerons alors notre énoncé de départ de la manière suivante :

▶ *Proposition 1*
Des dirigeants qui ont eu un accueil difficile dans la vie, bien que non nécessairement étouffant, auraient tendance à entreprendre des changements facilement et à faire que ces changements soient majeurs et radicaux.

4.3.2 LES VARIABLES DE FORMATION

Les variables de formation sont relativement simples. Elles tournent toutes autour de l'éducation formelle que la personne a reçue. La nature et la durée des études, éventuellement la qualité de ces études, sont des dimensions importantes. La littérature qui traite du changement ne met cependant l'accent que sur la durée de cette formation, supposant naturellement que la durée est associée au niveau scolaire atteint. Cela dit, on pourrait faire la proposition de départ suivante:

«L'éducation est associée à une tendance à ne pas entreprendre de changement ou à y résister; autrement dit, plus une personne est éduquée, plus elle aurait tendance à ne pas entreprendre de changement ou à y résister.»

Ce résultat est bien trop simpliste pour être pris à la lettre. Nul ne songerait à défendre que la qualité des études, notamment la qualité de l'école fréquentée, a un effet substantiel sur le comportement. De même, la nature des études, c'est-à-dire le domaine dans lequel il y a spécialisation, joue un rôle important dans le comportement des personnes à l'égard du changement, puisque, au-delà de l'acquisition de connaissances et de savoir-faire, la formation vient modifier les croyances à propos du monde et notre compréhension de celui-ci. Elle va donc affecter de manière décisive l'attitude par rapport à la vie.

De manière plus précise, les jeunes Anglais qui sortent de Eton ou de l'une des grandes écoles secondaires prestigieuses en Angleterre, même si les connaissances qu'ils ont acquises sont comparables à celles que d'autres jeunes ont apprises dans les autres écoles, ont aussi acquis une confiance en soi, une conscience de leurs capacités, une compréhension de la société dans laquelle ils vivent et un désir de réaliser de grandes choses, peut-être même de dimension nationale. Ces jeunes ne peuvent donc être comparés à ceux qui passent par des écoles «ordinaires». Cela n'exclut cependant pas que, dans les écoles «ordinaires», des individus exceptionnels puissent aussi émerger et s'imposer, mais cela est le résultat de facteurs qui ne sont peut-être pas éducationnels.

On pourrait dire la même chose des personnes qui obtiennent leurs diplômes d'études universitaires de centres d'éducation prestigieux, Oxford et Cambridge en Angleterre, l'École polytechnique ou les HEC en France, Harvard ou Princeton aux États-Unis, l'Universidad de los Andes en Colombie, l'Université américaine au Caire, etc. : elles sont destinées à devenir les leaders des différents secteurs d'activité dans leurs pays. La conscience de cette attente et une certaine autopréparation délibérée à l'excellence qui fait le leadership auraient alors plus tendance, en moyenne, à engendrer des comportements confiants et un désir de réaliser des choses qui peuvent être favorables à l'initiative et au changement.

À l'opposé, on peut prendre la situation d'étudiants qui, tout au long de leurs études, ne rencontrent que les difficultés du fonctionnement bureaucratique d'organisations universitaires qui n'ont ni les ressources ni, en apparence, le désir de leur donner une préparation appropriée, comme c'est souvent le cas dans les pays du tiers monde ou dans le « tiers monde interne » des pays développés ; si dans leurs efforts de changer cela, ils ne font face qu'à des échecs, il est probable qu'ils développent une vision étriquée du monde, perdent confiance pour la vie et soient très résistants au changement plus tard.

Également, surtout pour la formation universitaire, mais aussi à un niveau plus professionnel, il peut être important d'apprécier l'effet de la nature de la formation. Ainsi, une formation scientifique n'a probablement pas le même effet qu'une formation littéraire. La première met peut-être plus l'accent sur la rigueur et la logique, voire l'esthétique du raisonnement, tandis que la seconde porte plutôt sur la sensibilité et les valeurs, voire l'éthique du comportement humain. Par ailleurs, une formation de généraliste n'engendre pas les mêmes types de comportements qu'une formation de spécialiste. Le spécialiste peut résoudre efficacement des problèmes précis et bien balisés, tandis que le généraliste résout mieux des problèmes mal structurés et plutôt nouveaux. Finalement, une formation professionnelle mène immédiatement à la tâche et à sa réalisation efficace, tandis qu'une formation générale riente vers l'environnement et le sens à donner à la tâche, parfois vers la définition de celle-ci.

Les autres activités formatrices sont celles qui engagent les individus dans le service à la communauté et dans la réalisation personnelle. Ainsi, la participation à des associations et la responsabilité qu'ils occupent dans ces associations (scouts, étudiants, etc.), la participation à des activités communautaires (bénévolat local) et à la création d'activités, lucratives ou non, sont toutes porteuses d'enseignements qui ont un effet majeur sur le comportement futur. Plus la participation à ce genre d'activités est riche, plus la capacité de changer est grande. Toutes les études sur de grands dirigeants, qui ont marqué leur temps ou leur organisation, les montrent de ce point de vue là très actifs dans leur jeune âge.

En conséquence, il est préférable d'apprécier l'effet de la période de formation en prenant en considération un nombre de variables plus grand que ce que préconise la littérature didactique, notamment : (i) la nature de la formation universitaire (généraliste ou spécialiste ; professionnelle ou générale ; scientifique ou littéraire) ; (ii) la durée des études depuis la naissance ; (iii) la nature des institutions de formation au primaire, au secondaire et au niveau supérieur (caractère exclusif et prestigieux, disponibilité de ressources) ; (iv) la participation à des activités communautaires ou de création. La proposition de départ sur l'éducation peut alors être modifiée comme suit :

▶ *Proposition 2*
La capacité de changer des personnes en situation de respon-sabilité est associée à :

i.   une formation scolaire générale, littéraire et servant à former des généralistes ;
ii.   une durée de formation totale moins grande ;
iii. la fréquentation d'institutions exclusives et pres-tigieuses au primaire, au secondaire et à l'université ;
iv.   la participation, au cours de la période de formation, à des activités communautaires ou de création.

4.3.3 LES VARIABLES DE DÉVELOPPEMENT PROFESSIONNEL

Ces variables ont trait pour l'essentiel à la nature et à la durée de l'expérience professionnelle, juste avant que le dirigeant ait occupé des postes de direction générale. La littérature met surtout l'accent sur la durée de l'expérience professionnelle dans un poste et dans une organisation donnée, et indique que **la résistance au changement est d'autant plus grande que l'ancienneté au poste et dans l'organisation est grande**. La nature de l'expérience et sa variété ne sont pris en considération que de manière indirecte, à travers l'ancienneté au poste et dans l'organisation.

Il est souhaitable de préciser les variables d'expérience parce qu'elles peuvent avoir des effets distincts. Ainsi, il est important de prendre en considération le nombre et la nature des promotions, des reconnaissances et des sanctions. Ce sont là des indicateurs sur le degré de confiance personnelle et donc sur la volonté des personnes à prendre des risques et à entreprendre des changements difficiles. Il est aussi approprié de tenir compte des lieux dans lesquels l'expérience a pris place (international, multi-ethnique, environnement perturbé, etc.). En effet, une diversité des expériences met la personne plus à l'aise avec le changement. Par contre, une diversité trop grande peut entraîner une certaine indigestion des changements. De même, si les conditions dans lesquelles l'expérience s'est déroulée étaient trop perturbées (pays en transition difficile, problèmes organisationnels graves, etc.), alors la résistance au changement pourrait être grande. Finalement, la qualité de l'expérience est aussi exprimée par les conditions matérielles dans lesquelles elle se produit. Une variable qui permet de capter le confort matériel de l'expérience est peut-être le salaire, au début et à la fin de la période. Une croissance rapide du salaire aurait tendance à encourager le changement, tandis que le montant total du salaire aurait tendance à le décourager. D'où la proposition remodelée :

▶ *Proposition 3*
La propension au changement est d'autant plus grande que les promotions ont été rapides et que les sanctions ont été faibles ou inexistantes, que les expériences ont été diversifiées sans être fragmentées, que les expériences ont pris place dans des environnements raisonnablement équilibrés et que les conditions matérielles ont été constamment améliorées, sans être exceptionnellement bonnes.

4.3.4 LES VARIABLES DE CARRIÈRE DU DIRIGEANT

Les variables de carrière du dirigeant sont les plus pertinentes pour le changement et il faudrait en conséquence leur donner un poids plus élevé dans l'évaluation de l'effet des variables démographiques dans la capacité de changer. La littérature est d'ailleurs ici plus riche et couvre plus de variables. Si l'on voulait la résumer, voici ce que l'on obtiendrait :

▸ Lorsque les dirigeants ont une expérience de gestion variée, comprenant notamment la direction ou la participation à des changements, et lorsque leur origine est externe à l'organisation, le changement est facilité.

▸ Lorsque les dirigeants sont plus âgés, avec une ancienneté au poste et dans l'organisation plus élevée, la résistance au changement est plus grande.

Même si ces énoncés mettent bien l'accent sur les facteurs démographiques critiques, la précision du diagnostic d'évaluation de la capacité de changer serait plus grande si l'on disposait de plus de détails. Ainsi, il faudrait probablement préciser la nature des responsabilités ; cela aiderait à comprendre notamment le degré d'autonomie et de discrétion dans la décision dont le dirigeant a bénéficié et donc à porter un jugement sur le niveau de confiance en soi du dirigeant en question. Une autre précision utile est la connaissance du contexte industriel, le type d'industrie, dans lequel ces responsabilités ont pris place. Un dirigeant qui a été confronté surtout à des situations turbulentes et très concurrentielles aurait moins de mal à faire face au changement qu'un dirigeant qui a toujours vécu dans une industrie relativement plus stable.

Il est aussi important de noter la nature des changements entrepris par le dirigeant ou auxquels il a été mêlé ainsi que les résultats obtenus dans ces changements. Qu'il s'agisse de changements de culture, de structure, de direction stratégique ou de leadership, les difficultés et les apprentissages peuvent être très différents. On peut même penser que des dirigeants idéologues qui entreprennent des changements fondamentaux et révolutionnaires dans la façon de penser et de voir le monde peuvent être complètement démunis lorsqu'il s'agit d'entreprendre des changements dans lesquels le design organisationnel peut faire la différence. Dans son livre *Managing on the Edge*, Pascale (1990) suggère que c'est cela qui explique que des duos de leaders, comme ce fut le cas avec Bill Hewlett et Dave Packard chez HP ou avec Donald Petersen et Red Poling chez Ford, fassent si bien en matière de transformation organisationnelle et qu'inversement des leaders talentueux, comme Iacocca, n'aient pas été capables de réussir des transformations en profondeur de leur organisation.

Finalement, les résultats des expériences de changement vécues par les dirigeants peuvent aussi jouer un rôle important dans leurs comportements futurs. On pourrait ainsi penser que des dirigeants qui ont toujours participé à des changements à succès et sans drame individuel ou collectif seraient plus disposés à entreprendre des changements stratégiques que des dirigeants qui ont surtout vécu des changements problématiques. C'est d'ailleurs pour cela que la littérature montre que ceux qui vivent des grands changements ont tendance à vouloir les éviter plus tard. On pourrait alors réajuster la proposition énoncée plus haut de la manière suivante :

▶ *Proposition 4*
La propension au changement est plus grande :
1. Lorsque les dirigeants sont relativement jeunes ;
2. Lorsqu'ils sont relativement nouveaux au poste et dans l'organisation ;
3. Lorsqu'ils ont fait leurs expériences dans des industries turbulentes ;
4. Lorsqu'ils ont usé de beaucoup de discrétion dans les responsabilités qu'ils ont eues ;
5. Lorsqu'ils ont vécu des changements diversifiés (de structure, de culture, de direction et de leadership) qui ont été des succès.

4.4 L'ÉVALUATION DE L'EFFET COMBINÉ DES VARIABLES DÉMOGRAPHIQUES

4.4.1 L'ÉVALUATION

L'évaluation sera faite sur la base du questionnaire annexé à ce chapitre.

Comme il s'agit de porter un jugement sur la capacité de changer de l'organisation, il ne faut pas s'attendre à réaliser une évaluation quantitative précise. Il s'agit seulement de dégager une tendance qui indique l'importance de l'effet des variables démographiques concernant les dirigeants et la direction de cet effet. L'évaluation porte sur le dirigeant principal, mais peut être rendue plus intéressante si on l'étend à tous les dirigeants clés de l'organisation. Lorsque l'on prend en considération l'ensemble du groupe de direction, il faut alors introduire d'autres facteurs d'évaluation, comme la diversité du groupe de direction. Nous introduirons ces éléments complémentaires au chapitre suivant.

L'évaluation doit s'appuyer sur un premier jugement définissant l'importance relative des grands moments de la vie du dirigeant, tels qu'ils sont décrits dans la section précédente. Pour notre part, nous suggérons que les facteurs les plus importants dans le comportement sont ceux qui se sont manifestés plus récemment ; ainsi, la carrière de dirigeant aurait un poids plus grand que le développement professionnel, lequel aurait un poids plus grand que la vie formative ; enfin, la nature de l'accueil à la naissance aurait le poids le plus faible. Chaque variable doit cependant être pondérée et évaluée séparément, ce que nous allons à présent faire de manière systématique.

Si nous reprenons le questionnaire de l'annexe 3 (p. 135), les réponses aux questions seraient évaluées comme l'indique le tableau 1 ci-dessous. Il est à noter que, dans ce tableau, les points d'évaluation ont été alloués de manière à donner plus d'importance aux variables les plus récentes. Cela a été fait en accentuant les contrastes pour les premières variables et en les diminuant progressivement. Cela signifie que les différences d'évaluation ont plus d'importance pour les premières variables et en ont moins par la suite. À titre d'exemple, les différences d'âge se traduisent par des différences assez substantielles d'évaluation, allant de 1 à 15, tandis que les différences dans les revenus des parents ont un effet moins important, allant de 2 à 4.

Tableau 1 : Grille d'évaluation du questionnaire de l'annexe 3

QUESTION		RÉPONSE	ÉVALUATION (POINTS)
1.	Âge	a	1
		b	5
		c	10
		d	15
2.	Ancienneté (poste)	< 1	1
		de 1 à 3	5
		> 3	10
3.	Ancienneté (organisation)	< 3	1
		de 3 à 10	5
		> 10	10
4.	Industrie	Confirmer la perception de l'industrie dans la réponse à la question 5.	

5.	Turbulence [17]	6 et 5	0,5
		4 et 3	3
		1 et 2	5
6.	Autonomie [17]	6 et 5	0,5
		4 et 3	3
		2 et 1	5
7./8.	Changements vécus [18]	1 et 2	0,5
		3 et 4	2
		5 et 6	5
9.	Promotions	> 9	1
		de 6 à 9	2
		de 3 à 5	3
		< 3	5
10.	Sanctions	0	1
		1 ou 2	4
		> 2	8
11.	Nature du travail [19]	international < 3	3
		international 3 +	1
		multiethnies < 3	3
		multiethnies 3 +	1
12.	Environnement du travail	6 et 5	1
		4 et 3	2
		2 et 1	4
13.	Conditions matérielles [20]	confort 1, 2, 3	1
		confort 4, 5, 6	2
		amélioration 1, 2	1
		amélioration 3, 4	2
		amélioration 5,6	3
14.	Formation formelle [21]	générale, littéraire et de généraliste	1
		professionnelle, scientifique et de spécialiste	2

---

17. Multiplier le chiffre par le nombre d'industries.
18. Additionner les résultats des différents changements mentionnés et multiplier par le nombre de natures différentes de changements mentionnés. Ainsi, supposons qu'un gestionnaire ait été exposé à un changement réussi de structure (score 2) et à un changement problématique de dirigeant (score 5), alors le score final serait : (0,5 + 5) x 2 = 11.
19. Multiplier les scores « international » et « ethnie ».
20. Multiplier les scores « confort » et « amélioration ».
21. Donner les valeurs indiquées à chacune des formations et additionner.

15.	Durée de la formation	< = 10	1
		de 11 à 15	2
		> 15	3
16.	Institutions de formation [22, 23]	5 et 6	1
		4 et 3	2
		2 et 1	3
17.	Activités communautaires et de création		15 [24]
18.	Création d'entreprise ou d'activité	oui	0
		non	5
19.	Revenus des parents [25]	a	0
		b	2
		c	4
20.	Éducation des parents [25]	a	0
		b	2
		c	4
21.	Emplois des parents [25]	a et b	0
		c et d	2
		e et f	4
22.	Émigration des parents	oui	0
		non	4
23.	Famille élargie [25, 26]	oui	2
		non	3
24.	Accueil général	5 et 6	2
		4 et 3	3
		2 et 1	4

4.4.2 L'INTERPRÉTATION DES RÉSULTATS

En additionnant chacun des scores, l'évaluation devrait donner des chiffres se situant entre 12,5, le minimum, et 271, le maximum. Le

---

22. Pour chaque institution.

23. Ajouter 0,5 pour chaque institution universitaire supplémentaire et additionner l'ensemble.

24. Auxquels il faut retrancher le nombre d'années jusqu'à zéro. Ainsi, une personne qui aurait participé à du scoutisme ou à des activités communautaires diverses pendant 15 ans ou plus aurait un score égal à 0, tandis qu'une personne qui n'a jamais été associée à ce genre d'activité aurait un score de 15.

25. Prendre en considération le score du parent ayant le revenu, l'éducation et l'emploi les plus élevés.

26. Pour chaque réponse, multiplier. Ainsi, lorsque la famille élargie est proche géographiquement et émotivement, on aurait un score de 4.

minimum correspond à une forte tendance à accepter le changement, tandis que le maximum correspond à une résistance importante au changement. Pour arriver à ces chiffres, on a pris comme hypothèses que :

1. Le gestionnaire pouvait avoir une expérience dans au moins une industrie et au plus six industries.
2. Le gestionnaire avait vécu au moins un changement majeur et au plus six changements majeurs de quatre natures différentes.
3. Le gestionnaire avait effectué ses études en passant au plus par trois institutions universitaires.

Il faut là encore insister sur le fait que les chiffres n'ont pas de valeur en soi. Ce qu'ils indiquent est simplement une tendance relative. Avec l'accumulation de données, comme pourrait le faire une société de consultants en gestion du changement stratégique, il y aurait même la possibilité de déterminer une sorte de moyenne de référence, qui serait ajustée constamment et qui permettrait de préciser les prévisions de comportement. Mais au départ, les chiffres doivent être manipulés avec précaution. Ils aident à alimenter le jugement, mais ne peuvent s'y substituer. Les chiffres qui sont présentés ci-après ne sont donc que des balises générales, fondées sur l'expérience des auteurs et non sur une vérification empirique.

Ainsi, en ne prenant comme base que les variables démographiques du dirigeant ou du groupe de direction principal, on peut utiliser le questionnaire de l'annexe 3 pour évaluer la capacité de changement de l'organisation. Les chiffres que l'on obtient alors, en suivant les indications du tableau 1, doivent être additionnés, et le chiffre final, appelons-le C, doit généralement se situer entre 12,5 et 271. Il peut arriver, dans quelques cas rares où les hypothèses sont dépassées, que ce nombre soit au-dessus de 271, mais cela ne changera rien au jugement qui peut être porté. Les balises que nous proposons pour l'interprétation sont les suivantes :

a) Si C est inférieur ou égal à 50, on peut dire que la capacité de changement est très élevée.
b) Si C est supérieur à 50 mais inférieur ou égal à 80, on peut dire que la capacité de changement est élevée.

c) Si C est supérieur à 80 mais inférieur ou égal à 100, on peut dire que la capacité de changement est moyenne.

d) Si C est supérieur à 100 mais inférieur ou égal à 150, on peut dire que la capacité de changement est faible.

e) Si C est supérieur à 150, on peut dire que la capacité de changement est très faible.

Si la capacité de changement est très élevée ou très faible, on peut être à l'aise avec les conclusions indiquant que le changement sera facilité ou au contraire très difficile. Si par contre la capacité de changement est élevée, moyenne ou faible, il faudra procéder avec plus de circonspection avant de tirer des conclusions définitives. En fait, il faudrait confronter ces résultats à ce qu'indiquent les autres grandes dimensions et se poser des questions si des contradictions ou des oppositions apparaissaient.

4.5 CONCLUSION

La littérature donne des résultats de recherche qui ne mettent en action que quelques variables facilement mesurables. Ces résultats bien qu'utiles méritent d'être complétés pour faciliter le jugement sur la capacité de changer d'une organisation. En ajoutant d'autres variables et en prenant en considération les effets logiques de ces variables, on en arrive à ce qui suit :

a) Le changement est facilité lorsque toutes choses étant par ailleurs égales :
— l'accueil à la naissance a été difficile ;
— la formation a été dynamique, comprenant notamment des activités communautaires ou créatrices, qu'elle a été relativement courte et de nature générale, littéraire et conduisant au titre de généraliste, qu'elle a pris place dans des institutions prestigieuses ;
— l'expérience professionnelle a été diversifiée, notamment avec des activités internationales durables et la participation à des groupes multiethniques ou multiraciaux, qu'elle s'est déroulée dans des environnements dynamiques ou perturbés et dans des conditions matérielles relativement difficiles ;

— la carrière de direction a comporté la direction d'activités autonomes, dans lesquelles la discrétion du dirigeant était grande, dans des industries dynamiques et un environnement turbulent ; elle a demandé aussi la participation à des changements de nature différente (par exemple, changements de culture, de structure, de direction et de leadership), qui ont été réalisés avec succès ;

— les dirigeants sont jeunes et relativement nouveaux au poste et dans l'organisation.

b) La propension à la résistance au changement est plus grande lorsque toutes choses étant par ailleurs égales :

— l'accueil à la naissance a été bon ;

— la formation a été traditionnelle, sans activité communautaire ou créatrice, de durée relativement longue, dans des institutions d'enseignement primaire, secondaire et supérieur sans renom particulier, et qu'elle a mené aux sphères professionnelle, scientifique et spécialisée ;

— l'expérience professionnelle a pris place dans des environnements stables et dans des conditions matérielles relativement bonnes ;

— la carrière de direction s'est poursuivie dans des activités relativement dépendantes (notamment d'un siège ou d'une autre entreprise ou d'un actionnaire très interventionniste), sans beaucoup de discrétion, dans une industrie et un environnement stables et sans problèmes, avec une participation à des changements qui ont été des échecs importants ;

— les dirigeants sont âgés et occupent leur poste depuis longtemps dans la même organisation.

L'ÉVALUATION DE L'EFFET DES VARIABLES DÉMOGRAPHIQUES

1. Quel est l'âge du dirigeant?
   a) Moins de 30 ans
   b) De 30 à 45 ans
   c) De 46 à 60 ans
   d) Plus de 60 ans

2. Depuis quand occupe-t-il ce poste?
   a) Moins de 1 an
   b) De 1 à 3 ans
   c) Plus de 3 ans

3. Depuis quand est-il dans l'organisation?
   a) Moins de 3 ans
   b) De 3 à 10 ans
   c) Plus de 10 ans

4. Dans quelles industries a-t-il eu des responsabilités de direction générale?
   a) Industrie 1 : _____
   b) Industrie 2 : _____
   c) Industrie 3 : _____
   d) Industrie 4 : _____

5. Quelle est votre évaluation de la turbulence dans ces industries? (1 : placide ; 6 : très turbulent)

a)	Industrie 1	1	2	3	4	5	6
b)	Industrie 2	1	2	3	4	5	6
c)	Industrie 3	1	2	3	4	5	6
d)	Industrie 4	1	2	3	4	5	6

6. Quelle est votre évaluation de l'autonomie dont il a disposé dans ses responsabilités? (1 : très dépendant ; 6 : très autonome)

a)	Industrie 1	1	2	3	4	5	6
b)	Industrie 2	1	2	3	4	5	6
c)	Industrie 3	1	2	3	4	5	6
d)	Industrie 4	1	2	3	4	5	6

7. Quels changements majeurs a-t-il vécus au cours des 10 dernières années?

		Nombre	*Période*
a)	Changement de culture		
b)	Changement de structure		
c)	Changement d'orientation		
d)	Changement de dirigeant		

8. Quels ont été les résultats de ces changements? (1 : grand succès, 6 : échec cuisant)

	Nature	*Évaluation*					
a)	Changement 1	1	2	3	4	5	6
b)	Changement 2	1	2	3	4	5	6
c)	Changement 3	1	2	3	4	5	6
d)	Changement 4	1	2	3	4	5	6
e)	Changement 5	1	2	3	4	5	6
f)	Changement 6	1	2	3	4	5	6

9. À combien de reprises le dirigeant a-t-il été promu au cours des 10 dernières années?
   a)   À 1 ou 2 reprises
   b)   De 3 à 5 reprises
   c)   De 6 à 9 reprises
   d)   À 10 reprises et plus

10. À combien de reprises le dirigeant a-t-il été sanctionné pour des problèmes de performance ou de discipline?
    a)   Jamais
    b)   À 1 ou 2 reprises
    c)   À plus de 2 reprises

11. Au cours de l'expérience de travail du dirigeant :
    a)   Combien a-t-il passé d'années dans des activités internationales?
    b)   Combien de temps a-t-il travaillé en collaboration avec des collègues ou des collaborateurs venant d'ethnies ou de races différentes de la sienne?

12. Au cours de l'expérience de travail du dirigeant, diriez-vous que, globalement, l'environnement auquel il a été confronté était plus ou moins turbulent ? (1 : placide ; 6 : très turbulent)
    1   2   3   4   5   6

13. Au cours de l'expérience de travail du dirigeant, vous diriez qu'il a connu des conditions matérielles :
    — Confortables
      (Oui)   1   2   3   4   5   6   (Non)
    — En amélioration
      (Régulière) 1   2   3   4   5   6   (Occasionnelle)

14. Quelle a été la nature des formations formelles (professionnelles ou scolaires) du dirigeant ?
    a) Plutôt générale   1 2 3 4 5 6 (Plutôt professionnelle)
    b) Plutôt littéraire   1 2 3 4 5 6 (Plutôt scientifique)
    c) Plutôt de généraliste 1 2 3 4 5 6 (Plutôt de spécialiste)

15. Quelle a été la durée totale des études (primaire inclus) ? _____

16. Quelles institutions ont été fréquentées ?
    a) Primaire
      — Nom et lieu _____
      — Réputation (1 : sans ; 6 : prestigieuse)
        1   2   3   4   5   6
    b) Secondaire
      — Nom et lieu _____
      — Réputation (1 : sans ; 6 : prestigieuse)
        1   2   3   4   5   6
    c) Professionnelle
      — Nom et lieu _____
      — Réputation (1 : sans ; 6 : prestigieuse)
        1   2   3   4   5   6
    d) Universitaire
      — Nom et lieu _____
      — Réputation (1 : sans ; 6 : prestigieuse)
        1   2   3   4   5   6

17. Le dirigeant a-t-il participé dans son jeune âge à des activités communautaires ou associatives ? Lesquelles ? (Indiquer la durée de l'expérience)

    a) Scoutisme _____

    b) Mouvement étudiant _____

    c) Autres (préciser) _____

18. Le dirigeant a-t-il participé à la création d'une activité ou d'une entreprise ? (Préciser) _____

    _____

    _____

    _____

19. Quel était le revenu des parents ?

    a) modeste

    b) moyen

    c) élevé

20. Quelle était l'éducation formelle des parents ?

		Père	*Mère*
a)	Primaire		
b)	Secondaire		
c)	Supérieure		

21. Quel était l'emploi des parents ?

		Père	*Mère*
a)	Agriculteur		
b)	Ouvrier		
c)	Professionnel (médecin, avocat, etc.)		
d)	Éducateur (instituteur, professeur, etc.)		
e)	Dirigeant-entrepreneur		
f)	Politicien		
g)	Autres (préciser)		

22. Les parents ont-ils émigré de leur pays de naissance ? _____

23. Selon la perception du dirigeant, la famille élargie est-elle proche géographiquement ? (O/N) _____

    Est-elle proche émotivement ? (O/N) _____

24. En général, comment le dirigeant évalue-t-il la qualité de son accueil à la naissance ?

    Excellente   1   2   3   4   5   6   *Éprouvante*

{ Chapitre 5 }

LES CARACTÉRISTIQUES PSYCHOLOGIQUES DES DIRIGEANTS : NATURE ET EFFETS SUR LA CAPACITÉ DE CHANGEMENT STRATÉGIQUE

Par Bruno Fabi et Taïeb Hafsi

Le *Saturday Evening Post* avait jusqu'en 1969 dominé le monde des médias américains. Depuis la fin de la Deuxième Guerre mondiale, il était l'hebdomadaire le plus rentable et le plus lu en Amérique. Il avait atteint un tirage jamais égalé de plus de 6,5 millions d'exemplaires par numéro. Sous l'égide des Curtis, une famille de grands éditeurs, George Horace Lorimer, qui est considéré comme le meilleur journaliste de l'époque, mena un petit journal insignifiant tirant à moins de 2 000 exemplaires en 1899 à un magazine prestigieux tirant à plus de 3 millions d'exemplaires en 1927.

Lorimer avait dès le début senti que le pays était « las des problèmes, de la politique, du radicalisme, de la guerre et même des grandes émotions ». Les gens voulaient lire des romans historiques, se rappeler les grands moments du passé. Il fit la couverture des événements liés à Benjamin Franklin, à Washington, au « Hall de l'indépendance » et publia des textes écrits par Townsend et Chambers, de grands romanciers de l'époque. De plus, Lorimer voulait un magazine dans lequel il n'y aurait ni lutte de classe, ni clique, ni même d'édition par section, comme c'était alors la pratique. Il voulait un magazine que chacun des 75 millions d'Américains aurait le goût de lire.

Le magazine mettait aussi l'accent sur les affaires et l'économie, qui fascinaient les Américains. Ainsi, on parlait de l'amélioration de la gestion dans la ville de Baltimore ou de San Francisco, des méthodes de gestion les plus efficaces, de l'éducation physique pour les hommes d'affaires surchargés, etc. Sans doute, Lorimer vit sa tâche facilitée par un environnement particulièrement favorable, avant la grande dépression de 1929. À cette date, le côté journalistique de Lorimer, donc le contenu, dominait le magazine et le *Post* était devenu un énorme document de 272 pages. Il nécessitait 6 000 000 de livres de papier et 140 000 livres d'encre pour son impression. On dit que les recycleurs de papier étaient prêts à payer le prix du magazine uniquement pour sa valeur papier !

L'homme fort de la famille Curtis, Cyrus Curtis, mourut en 1933 et Lorimer devint le président. Malgré la dépression, le *Post* continua à bien faire jusqu'en 1936, où pour la première fois Lorimer dévia de la confession de foi qu'il avait faite auparavant et décida de tenter sa chance pour défaire Franklin Delano Roosevelt qui se représentait à la présidence de la République. Ses prises de position furent particulièrement virulentes (Cas *Saturday Evening Post* par Wynne et Zaleznik, 1978) :

> Lorimer called the New Deal «*a discredited European ideology*». He railed against «*undesirable and unassimilable aliens*»; and the *Post* declared : «*We might just as well say that the world failed as the American business leadership failed[26].*»

(p. 4)

La réélection de Roosevelt fut un véritable raz de marée et une humiliation personnelle pour Lorimer, qui quitta le *Post*. Ce fut un tournant pour le magazine. Les Américains semblaient dire «qu'ils n'accepteraient pas qu'un moyen de divertissement deviennent un guide de vie». Lorimer fut remplacé par Walter D. Fuller, qui avait monté les échelons de la hiérarchie administrative, de la comptabilité à la vice-présidence en passant par le bureau du contrôleur et le secrétariat général, sous l'autorité de Curtis et de Lorimer. Pour la première fois, le *Post* n'était pas dirigé par un journaliste. Fuller devint président du CA en 1950 et il nomma un de ses protégés, Robert McNeal, comme président.

McNeal était un opérateur. Il était connu comme quelqu'un qui allait souvent à la salle des machines et, au risque de salir ses vêtements, se mettait à résoudre des problèmes mécaniques et à parler de détails opérationnels. Sous la direction de Fuller et de McNeal, le *Post* évolua rapidement et devint une entreprise très diversifiée qui avait ses propres forêts et ses usines de pâtes et papiers, et qui faisait toute la distribution elle-même. En 1960, il y avait 125 journalistes, mais 2 600 employés d'impression, 11 000 employés au total. Les dirigeants de Curtis aimaient à répéter qu'ils ne produisaient pas seulement quelques magazines, mais qu'ils avaient une usine d'impression de 40 millions de dollars, trois grands complexes papetiers, 262 000 acres de forêts, et une société qui distribuait plus de 50 magazines dans un réseau de 100 000 détaillants.

---

26. Lorimer appela le New Deal «une idéologie européenne qui a perdu tout crédit». Il argumenta contre «les étrangers indésirables et non assimilables»; et le *Post* déclara : «On pourrait dire que le monde faillira si le leadership des affaires américain faillit.»

Alors que l'entreprise évoluait dans cette direction, Fuller avait nommé un rédacteur en chef au *Post*, Wesley W. Stout, qui était aussi conservateur que lui et qui mena une charge sans répit contre Roosevelt et tout ce qu'il entreprit. Quelques articles antisémites commencèrent aussi à trouver leur chemin dans le journal. Ce fut alors le début d'un déclin qui ne put jamais être renversé. Ben Hibbs, qui remplaça Stout, venait d'un autre magazine du groupe : le *Country Gentleman*. Il décida de mettre le *Post* à sa main et entreprit une transformation en profondeur pour concurrencer *Look* et *Life*. Une guerre concurrentielle sans merci eut lieu et le *Post*, utilisant les moyens de la compagnie mère, réussit à « acheter » une circulation qui atteignit 6,5 millions d'exemplaires. Les études de marché montraient cependant que le *Post* était moins efficace que ses concurrents pour la publicité, mais personne ne voulait le croire. C'est ainsi que progressivement le *Post* perdit de sa pertinence pour le monde des affaires, en même temps qu'il perdait sa signification pour les lecteurs.

Alors que tout cela se produisait, Ben Hibbs était occupé à payer les cachets les plus élevés au monde aux écrivains qu'il attirait et à donner au *Post* une image de plus en plus raffinée, qui l'éloignait des lecteurs traditionnels, sans pour autant attirer la nouvelle vague de lecteurs. De même, McNeal s'excitait à gérer les usines de papier et autres activités diversifiées, et Fuller trônait sur un royaume qu'il croyait imprenable. Au cours de cette période, l'achat de la chaîne de télévision CBS fut proposé aux dirigeants du *Post*, qui déclinèrent l'offre, pensant que l'avenir était plutôt dans les forêts que dans la télévision.

En 1962, les premières pertes de l'entreprise furent annoncées et la guerre interne commença sur un fond de chaises musicales. Les principaux dirigeants changèrent plusieurs fois et étaient régulièrement confrontés à des difficultés financières et de gestion croissantes. Les comportements furent tellement pathologiques que, lorsque le *Post* disparut, Cary Bok, le petit-fils du fondateur déclara :

L'histoire véritable devra être écrite par un psychiatre.

L'histoire du *Saturday Evening Post* suggère combien les émotions et les sentiments des dirigeants peuvent permettre à la fois le succès et l'échec d'une aventure! Il est clair que les dirigeants n'atteignent pas le succès seuls, mais leurs actions sont décisives. Ils déclenchent les événements qui facilitent ou empêchent la progression de l'organisation. Comme nous en avons discuté au chapitre précédent, les comportements des dirigeants peuvent être expliqués par leur cheminement et notamment par leurs expériences et leurs caractéristiques démographiques, mais ces indicateurs ne sont pas les seuls pertinents ni les seuls accessibles. Les caractéristiques de la vie personnelle des dirigeants et les motivations profondes qui les animent jouent aussi un rôle crucial, et certaines peuvent être abordées grâce aux techniques de la psychologie. Bien sûr, caractéristiques démographiques et psychologiques ne sont pas faciles à dissocier; elles sont en interaction constante. Cependant, pour les besoins de l'analyse et du diagnostic, il est utile de les dissocier, ce que nous avons entrepris dans ce livre.

Pour compléter le chapitre 4, nous proposons dans ce chapitre-ci de discuter de certaines caractéristiques psychologiques qui ont été spécifiées dans la littérature et des moyens d'apprécier leurs effets sur la capacité de changer des organisations.

5.1 LES DIRIGEANTS À TRAVERS LA LITTÉRATURE : UN RÉEXAMEN

Le comportement des dirigeants est critique pour le fonctionnement des organisations. Hambrick et Mason (1984) affirmaient même ce qui suit :

> Les dirigeants au sommet sont importants... Les décideurs viennent aux décisions avec une base cognitive et des valeurs, qui agissent comme des écrans entre la situation et la perception qu'il/qu'elle en a [27].

Au chapitre précédent, nous avons abordé la compréhension du comportement des dirigeants par l'étude de caractéristiques facilement

---

27. Hambrick et Mason; p. 195-196.

mesurables. Mais nous avons laissé de côté des variables très importantes qui sont encore plus critiques en situation de grand changement : les variables psychologiques. Dans leur étude sur les « organisations névrosées », Kets de Vries et Miller (1990) affirment que les situations de grands changements engendrent chez les dirigeants des « régressions » qui peuvent avoir des effets considérables sur le comportement organisationnel. Écoutons-les :

> La personnalité du chef d'entreprise marque de façon souvent notable, quoique fort diverse, la stratégie et même la structure de la firme. Elle influence indiscutablement le climat et « l'état d'esprit » de l'organisation. Il y a pour l'attester abondance de preuves formelles, empiriques ou anecdotiques. [...]

> En psychanalyse, les théoriciens des relations d'objets font ressortir que le développement de la personnalité doit autant aux interactions entre individus qu'aux poussées de l'instinct. L'observation des enfants révèle que le comportement d'un sujet est déterminé par son univers mental, lequel est peuplé par les représentations mentales qu'il a de lui-même et des autres. Ces dernières se forment dans la relation à autrui, au cours de la maturation de la personnalité, se renforcent, se stabilisent. [...]

> Les poussées de l'instinct se trouvent liées de façon systématique à ces représentations et sont transformées en désirs, en vœux, en souhaits, qui s'articulent à leur tour en « fantasmes ». [...] Les fantasmes qui prédominent chez un individu viennent des scènes essentielles de son « théâtre intime », de son univers subjectif. Ce sont les matériaux avec lesquels se bâtit un style névrotique donné et par conséquent les déterminants d'un comportement durable. [...]

> Dans une organisation, par conséquent, dès lors que leurs fantasmes personnels ont une influence majeure sur le style névrotique des principaux dirigeants, les conditions nous paraissent réunies pour faire naître des fantasmes collectifs.

qui pénètrent tous les niveaux de fonctionnement, donnent sa tonalité à l'ambiance générale et favorisent l'expression d'un style dominant dans cette organisation.

Les auteurs proposent alors une classification des styles névrotiques, comprenant cinq catégories différentes :

1. Le **style paranoïde**, dans lequel la méfiance, la suspicion et la vigilance à l'excès dominent le comportement. Le style s'accompagne aussi d'une centralisation du pouvoir. L'excès peut mener à une déformation du réel alors que l'individu s'acharne à confirmer ses soupçons.

2. Le **style compulsif**, dans lequel le perfectionnisme et le souci des détails les plus insignifiants sont utilisés pour soumettre les autres à sa volonté. Méticulosité, dogmatisme et obstination sont les caractéristiques de ceux qui veulent «contrôler tout ce qui leur arrive». L'absence de spontanéité et une dépendance excessive des règles dominent le comportement.

3. Le **style théâtral** se manifeste par une dramatisation du comportement. On assiste alors à une exploitation et à de l'abus des autres, avec une certaine incapacité de se concentrer, dans l'effort d'attirer l'attention des personnes qui «comptent». Légèreté, inconsistance et un caractère influençable dominent le comportement.

4. Le **style dépressif** est dominé par le sentiment de médiocrité, de culpabilité, d'indignité. La personne a l'impression d'être impuissante, à la merci des événements. Le désespoir domine.

5. Le **style schizoïde**, qui est peut-être le plus proche de la vraie maladie, avec une certaine tendance à s'isoler et à ne voir aucun intérêt ni aucune satisfaction dans les relations avec autrui. Perplexité et agressivité peuvent accompagner une certaine froideur et impassibilité.

Ce livre est une des rares tentatives d'utiliser de manière intégrée les concepts et principes de la psychanalyse pour catégoriser les comportements stratégiques des entreprises. Malgré l'apparence un peu pathologique des concepts utilisés, les auteurs attirent l'attention sur des tendances comportementales qui sont plutôt fréquentes, surtout à des niveaux élevés dans l'organisation. En effet, les pressions considérables qui s'exercent sur les dirigeants amènent des « régressions » que l'analyse psychanalytique révèle bien.

Depuis le travail de Zaleznik sur le pouvoir et le leadership (1967), les approches psychanalytiques à la direction et au leadership ont fait des progrès considérables. Aujourd'hui, l'accent porte souvent sur des concepts importants pour la compréhension de la pratique du leadership, comme l'autorité, la subjectivité, l'objectivité, la lucidité, etc. (Lapierre, 1993 ; Kets de Vries, 1980). Les effets de chacun de ces concepts sont analysés puis confrontés à des situations cliniques spécifiques ; on approfondit ainsi la compréhension du comportement des dirigeants.

En général, l'ensemble de ce courant de réflexion met l'accent sur l'importance de la subjectivité pour la compréhension du rôle, du comportement et de l'effet des leaders. Ce courant a apporté des éclairages précieux sur la nature de la direction, sur les comportements de dirigeants et sur leurs effets sur les organisations qu'ils dirigent. Cependant, l'analyse de la subjectivité est difficile à réaliser sans une relation intime avec les dirigeants, ce qui n'est pas facile à faire en pratique, surtout lorsqu'on pense à un changement majeur et lorsqu'on se pose la question à savoir si les dirigeants ont les capacités nécessaires pour conduire ce changement.

On peut sans doute poser l'hypothèse que les dirigeants ont une sorte d'équation psychologique qui affecte de manière décisive leur comportement et notamment leur capacité de gérer des changements stratégiques. Le problème est d'avoir accès à cette équation, souvent obscure pour les intéressés eux-mêmes. Comme il est difficile pour un analyste de se transformer en psychanalyste, il semble raisonnable de s'orienter vers les études psychologiques pour utiliser des outils pertinents déjà mis au point par les chercheurs et discuter de leurs effets sur le changement.

Parmi les grands indicateurs qui ont fait leurs preuves et qui ont une importance significative pour la gestion du changement stratégique, on peut mentionner :

1. **Le leadership transformationnel,** qui se manifeste par la capacité des dirigeants de susciter des niveaux plus élevés d'efforts, d'efficacité et de satisfaction chez leurs subordonnés. Cela se produit généralement à cause de leur charisme, de leur capacité d'inspirer et de stimuler intellectuellement les autres et aussi de la considération individualisée qu'ils ont tendance à accorder à leurs partisans ou à leurs subordonnés.

2. **La philosophie de gestion participative,** qui détermine la capacité des dirigeants de laisser de l'espace de décision à leurs collaborateurs et donc de faciliter l'expression individuelle et la prise d'initiative.

3. **L'attitude à l'égard du changement** détermine directement la tendance des dirigeants à résister ou à être favorable au changement.

4. **L'internalité du lieu de contrôle** est une mesure du niveau de confiance des dirigeants en eux-mêmes et en leur capacité d'influer sur les choses.

5. **La complexité cognitive** est la capacité d'intégrer des données disparates en patterns ou en ensembles cohérents, ce qui est souvent important pour faire face aux complexités du changement majeur.

6. **Le besoin d'accomplissement** est une mesure du désir profond de réaliser des choses qui ont de l'importance et qui sont susceptibles de survivre à la personne qui les a accomplies.

Dans la prochaine section de ce chapitre, nous allons justement discuter systématiquement des caractéristiques psychologiques mentionnées ci-dessus et de leurs relations avec la capacité de changement d'une organisation.

5.2 LES CARACTÉRISTIQUES PSYCHOLOGIQUES ET LEURS EFFETS SUR LA CAPACITÉ DE CHANGER : DESCRIPTION ET DISCUSSION

5.2.1 LE LEADERSHIP TRANSFORMATIONNEL

Certains auteurs ont fait la différence entre leadership managérial et leadership transformationnel. Zaleznik (1977) a simplement parlé de la différence entre managers, qui ont pour objectif de réaliser la tâche à

l'intérieur d'un cadre déjà établi, et leaders, qui ont tendance à vouloir
remettre en cause le cadre même dans lequel les décisions sont prises.
Plus récemment, Pascale (1990) a décrit les styles managérial et transformationnel comme les deux extrêmes entre lesquels les dirigeants et
les organisations sont tiraillés. Selon lui, l'organisation qui survit à long
terme est celle qui est capable de maîtriser ou plutôt de vivre avec le
paradoxe qu'impose la présence simultanée de ces deux styles. Bien
entendu, les deux styles ne résident pas nécessairement dans une même
personne. C'est pour cela qu'il est préférable de penser en termes de
constellation de dirigeants ou plus souvent de couples.

Le leadership transformationnel est cependant le plus fragile, semble-t-il ;
c'est celui qui disparaît devant l'adversité. Comme c'est ce style qui est
important en situation de changement, surtout lorsqu'il s'agit de
remettre en cause les fondements mêmes de l'organisation, sa présence
ou son absence est importante. On va alors s'intéresser ici à déterminer
si les dirigeants, le groupe de direction de préférence, présentent les
caractéristiques et adoptent les comportements individuels de gestion
associés au leadership transformationnel (Bass et Avolio, 1990).

Selon Bass (1985), les leaders transformationnels suscitent des niveaux
d'effort, d'efficacité et de satisfaction plus élevés chez leurs subordonnés.
Ceux-ci sont encouragés par :

1.   Le charisme ;
2.   L'inspiration ;
3.   La considération individualisée ;
4.   La stimulation intellectuelle qu'ils trouvent auprès de dirigeants
       qui ont les caractéristiques transformationnelles.

De plus, ces leaders ont tendance à créer les conditions pour que leurs
subordonnés acquièrent plus de maturité, prennent plus la responsabilité de leurs actes et en tirent leurs satisfactions par autorenforce-
ment. Bien qu'exploratoires, certaines études suggèrent que le leadership
transformationnel a un effet positif sur l'innovation, la prise de risque
et la créativité dans les organisations (Howell et Avolio, 1989). Plus
récemment, diverses observations de terrain ont amené certains auteurs

à considérer le leadership transformationnel comme le principal facteur de succès des expériences de changement organisationnel visant notamment des réorganisations majeures du travail (Fabi et Jacob, 1994). Ces derniers en sont arrivés en fait à une constatation assez troublante :

> *L'échec de plusieurs organisations est d'abord et avant tout un échec du PDG et de son équipe de direction. Un tel échec peut s'expliquer de diverses façons : incompatibilité de leurs valeurs de gestion avec celles exigées par une réorganisation novatrice, incapacité de surmonter les appréhensions associées au partage de l'information, du pouvoir décisionnel et des renforcements financiers ; incapacité de formuler, de communiquer, d'implanter et d'appuyer une vision convaincante et efficace de l'organisation renouvelée.*

(p. 51)

Bien que sévère, un tel constat ne fait que mettre en lumière le rôle fondamental que doit jouer l'équipe de direction dans l'initiation, l'orientation, l'inspiration, l'implantation et le maintien d'un changement organisationnel (Groupe Innovation, 1993 ; Leclerc, 1993).

L'instrument qui nous paraît le plus approprié pour les besoins de ce livre a été élaboré par Bernard Bass, qui a introduit le *Multifactor Leadership Questionnaire* (MLQ). Cet outil psychométrique donne des résultats sur sept dimensions :

- ▸ le leadership charismatique ;
- ▸ le leadership inspirationnel ;
- ▸ la stimulation intellectuelle ;
- ▸ la considération individualisée (attention particulière à chaque personne) ;
- ▸ le renforcement contingent (capacité d'encourager lorsque nécessaire, notamment lorsque la situation est inhabituelle) ;
- ▸ la gestion par exception ;
- ▸ le laisser-faire.

Selon les psychologues, la fiabilité de l'instrument dans sa version actuelle est tout à fait acceptable. Bass et Avolio (1990) rapportent des coefficients de cohérence interne (*consistency coefficients*) variant entre 0,77 et 0,95 pour les échelles utilisées pour chacune des sept dimensions. Ils se sont servis d'un échantillon de 1006 sujets pour arriver à de tels résultats psychométriques.

Bass et Avolio présentent aussi des indicateurs qui montrent une validité externe (une mesure de la crédibilité auprès des utilisateurs) du MLQ tout à fait appréciable. Pour cela, ils mentionnent des études de corrélation entre les échelles des différentes dimensions et l'efficacité au travail de dirigeants d'organisations industrielles, militaires et à but non lucratif. Avec 16 échantillons de sujets, les coefficients de corrélation variaient entre 0,45 et 0,80, ce qui est assez élevé dans ce domaine. La société Consulting Psychologists Press inc. peut fournir plus de détails sur le sujet et des copies du test pour utilisation. Il ne peut être représenté ici pour des raisons de droits d'auteur.

Cependant, à titre d'exemple, nous reproduisons ci-dessous un énoncé pour chaque dimension mentionnée précédemment, dans l'ordre où elles ont été énumérées :

i. *(The person I am rating) makes me proud to be associated with him or her.*
ii. *(The person I am rating) uses symbols and images to focus our effort.*
iii. *(The person I am rating) has ideas that have forced me to rethink ideas of my own that I had never questioned before.*
iv. *(The person I am rating) treats each of us as an individual.*
v. *(The person I am rating) expresses appreciation when I do a good job.*
vi. *(The person I am rating) avoids intervening except when I fail to meet objectives.*
vii. *(The person I am rating) avoids getting involved in our work*[28].

---

28. i. Je me sens fier d'être associé à elle ou lui (la personne évaluée).
ii. (La personne évaluée) utilise des symboles et des métaphores pour orienter nos efforts.
iii. (La personne évaluée) a des idées qui m'ont forcé à repenser des idées que j'avais et que je n'avais jamais mises en doute auparavant.
iv. (La personne évaluée) traite chacun d'entre nous comme un individu différent.
v. (La personne évaluée) exprime de la satisfaction lorsque je fais du bon travail.
vi. (La personne évaluée) évite d'intervenir sauf si je n'arrive pas à atteindre mes objectifs.
vii. (La personne évaluée) évite de se mêler de mon travail.

Fabi et Hafsi (1992) ont mis au point un questionnaire de remplacement simplifié qui est plus utile pour les besoins de ce livre. Reproduit à l'annexe 4, cet instrument de mesure intègre des indicateurs comportementaux relatifs au leadership transformationnel (charisme, inspiration, considération individualisée et stimulation intellectuelle). Pour l'utilisateur, il s'agit d'accumuler suffisamment d'observations pour pouvoir coter le leadership de la personne évaluée à partir des 12 énoncés proposés. L'interprétation des résultats obtenus à l'aide de cette échelle de mesure sera abordée dans une section subséquente.

5.2.2 LA PHILOSOPHIE DE GESTION PARTICIPATIVE

Chez un dirigeant, il est important de savoir si sa philosophie est compatible avec une participation plus grande des subordonnés à la prise de décision. Plus important encore, il doit se demander dans quelle mesure cette philosophie favorise une plus grande participation (Bartlett, 1983 ; Cole et Tachiki, 1984 ; Drago, 1988). Toutefois, un peu comme pour le concept de culture organisationnelle, le concept de philosophie de gestion demeure général et souvent mal défini, malgré son indéniable popularité dans la littérature scientifique et dans la littérature professionnelle. Le problème est surtout opérationnel. Pour paraphraser Mintzberg (1983), tout le monde sait ce qu'est la philosophie de gestion, pourtant lorsqu'il s'agit de lui donner une valeur, de la mesurer, on est plutôt démuni.

Abordée principalement dans les études portant sur le processus de développement organisationnel, la philosophie de gestion est habituellement évaluée à partir d'indicateurs mesurant l'engagement et le support visible de la haute direction à l'égard d'un changement organisationnel concret, habituellement d'ordre progressif (Covin et Kilmann, 1990 ; Fabi, 1991, 1992). Parmi les indicateurs opérationnels utilisés pour mesurer cette variable dans le cadre par exemple des cercles de qualité (CQ), on retrouve les contributions aux actions suivantes : *fournir des occasions de participer à des séances de formation et aux réunions des CQ, fournir des conseils et des ressources nécessaires au développement des CQ, assister aux présentations des CQ, mettre en œuvre et soutenir les solutions des CQ.*

Cependant, pour mesurer la capacité de changer d'une organisation, il faut procéder *a priori* ; par conséquent, les mesures mentionnées précédemment ne sont pas très utiles. Il vaut donc mieux s'orienter vers des mesures factuelles des pratiques déjà existantes et qui révéleraient le degré effectif de participation des subordonnés. Plus spécifiquement, on pourrait mesurer l'existence, le nombre et la fréquence de réunions, de comités tels que : *comités d'entreprise, cercles de qualité, groupes de travail semi-autonomes, groupes de qualité totale, systèmes de suggestion, ou toute autre structure plus ou moins formalisée et visant les mêmes objectifs.* Le questionnaire qui pourrait être utilisé dans ce cas est proposé à l'annexe 5. Nous reviendrons sur la mesure et son interprétation à la section suivante.

5.2.3 L'ATTITUDE À L'ÉGARD DU CHANGEMENT

Il s'agit ici de savoir si les dirigeants sont plutôt enclins à favoriser le changement ou à y résister. Une variable d'attitude à l'égard du changement, ou de réceptivité managériale au changement, a été proposée dans la littérature et a été appliquée par Dewar et Dutton (1986). Pour cela, ils ont établi ce qu'ils considéraient comme des valeurs favorables au changement (Neal, 1965) et ont mesuré leur importance pour les gestionnaires concernés.

Les valeurs ou attitudes favorables au changement que nous pourrions retenir pour mesurer la capacité de changer des organisations sont les suivantes :

▸   L'attitude à l'égard du changement de structure organisationnelle
▸   L'attitude à l'égard du changement des pratiques de gestion
▸   L'attitude à l'égard des innovations technologiques
▸   L'attitude à l'égard des erreurs ou du droit à l'erreur
▸   L'attitude à l'égard de la prise de risque
▸   L'attitude à l'égard de l'autonomie
▸   L'attitude à l'égard de l'anticipation

Nous ne disposons pas ici d'instruments dont la validité est à toute épreuve, mais nous proposons néanmoins à l'annexe 6 un questionnaire et son interprétation, qui découlent en partie du travail de Dewar et

Dutton (1986), de même que des recherches sur les mesures des caractéristiques culturelles d'une organisation (Calori et autres, 1989). L'instrument de mesure élaboré par Fabi et Hafsi (1997) se base également sur nos travaux de terrain comportant des changements organisationnels dans divers secteurs d'activité. L'interprétation des résultats à ce questionnaire est abordée plus loin.

5.2.4 LE LIEU DE CONTRÔLE

Le *lieu de contrôle* est une sorte d'indicateur du rapport entre le déterminisme et le volontarisme. Il mesure la force du lien qu'un individu établit entre ses comportements et ce qui lui arrive. Appelé plus formellement le lieu du contrôle interne-externe du renforçateur[29], ce concept a été particulièrement élaboré par Rotter (1966), qui a donné son nom au test qui sert à le mesurer. L'échelle comprend à une extrémité ceux qui croient que ce qui leur arrive est sous leur contrôle et dépend de leur comportement et de leurs attributs personnels. On dit alors qu'ils expriment un *contrôle interne*. À l'autre extrémité, on trouve les individus qui pensent que les événements se produisent hors de leur contrôle, indépendamment de leurs agissements. Ils croient à un contrôle externe des renforçateurs et attachent ainsi beaucoup d'importance aux forces extérieures, telles que la chance, le hasard et, en général, les autres.

Une personne interne va alors déployer plus d'efforts qu'un individu externe pour prendre le contrôle de son environnement. Elle démontre aussi un plus grand contrôle d'elle-même et une grande volonté de réalisation, donnant plus d'importance à ce qu'elle est capable, par ses efforts et ses habiletés, d'accomplir qu'à ce qui est le fruit de la chance ou du hasard. Les recherches montrent aussi qu'une personne interne va s'engager plus dans une activité et y persister davantage qu'une personne externe dans une situation où le renforçateur est retardé.

---

29. Le renforçateur représente l'ensemble des facteurs qui encourage un comportement donné. Ces encouragements peuvent venir soit de l'extérieur, comme lorsque la personne reçoit une récompense pécuniaire à la suite de ses résultats ou de ses efforts, ou de soi-même, lorsque la personne est satisfaite de son comportement ou de l'image qu'elle projette.

Le concept de lieu de contrôle s'est imposé progressivement surtout à cause de la relation significative que les recherches ont établie entre lieu de contrôle et plusieurs variables de performance, comme le rendement, la satisfaction et la motivation au travail ainsi que la satisfaction à l'égard de différents styles de supervision (Tseng, 1971 ; Lichman, 1970 ; Gemmil et Heisler, 1972 ; Satmoko, 1973 ; Lied et Pritchard, 1976 ; Phares, 1976). Bien que les relations établies ne soient jamais très fortes, elles sont cependant constantes d'une étude à l'autre, ce qui renforce la confiance qu'on peut avoir en la validité du concept (Phares, 1976).

Rotter (1966) a mis au point l'instrument permettant de mesurer le lieu de contrôle. Les qualités métrologiques de l'instrument sont aujourd'hui largement admises. Rotter a rapporté des coefficients de fidélité « test-*retest* » allant de 0,60 à 0,83, pour un intervalle d'un mois entre le test et le *retest*. Par ailleurs, Hersch et Sheibe (1967), selon Lefcourt (1976), obtiennent des indices de fidélité variant entre 0,43 et 0,84, pour un intervalle de deux mois, alors que Harrow et Ferrante (1969), selon Phares (1976), rapportent un coefficient de 0,75 pour un intervalle de six semaines. Comme le notent Phares (1976) et Lefcourt (1976), ces résultats sont d'autant plus intéressants que les différences « test-*retest* » peuvent refléter des différences réelles dans la situation de la variable et peut-être l'instabilité réelle du concept « lieu de contrôle » et non seulement des imperfections de l'échelle de mesure.

Par ailleurs, Rotter (1966) rapporte une cohérence interne solide, avec des coefficients variant de 0,69 à 0,76, en utilisant la méthode Kuder-Richardson, alors que la formule de Spearman-Brown lui a permis d'obtenir des coefficients allant de 0,65 et 0,79 pour les multiples expérimentations qu'il a réalisées. Ces résultats sont d'autant plus convaincants qu'ils persistent d'une expérimentation à l'autre et que les énoncés n'ont pas été ordonnés selon leur niveau croissant de difficulté, comme c'est habituellement le cas pour un test de puissance. Les énoncés du questionnaire ont été choisis pour présenter un échantillonnage représentatif des perceptions du contrôle interne-externe, pour une grande variété de situations couvrant l'école, le travail, la politique, etc. Selon les experts, un tel test, de nature additive, aurait alors des inter-corrélations entre énoncés assez faibles, quoique positifs, et présenterait normalement des mesures de cohérence interne plus faibles que celles de tests de puissance traditionnels.

Le test de Rotter est donc un bon test à utiliser dans le cadre de ce livre. Le questionnaire de Rotter peut être obtenu facilement auprès des organismes spécialisés en psychométrie.

5.2.5 LA COMPLEXITÉ COGNITIVE ET LA CAPACITÉ D'APPRENTISSAGE

La notion de complexité cognitive s'apparente un peu au concept plus global de quotient intellectuel (QI) et à d'autres dimensions semblables de fonctionnement intellectuel. La complexité cognitive d'un dirigeant est sa capacité d'organiser en un ensemble cohérent des données et des signaux apparemment non reliés. Une telle personne, ayant une perspective plus large et étant capable d'un niveau d'abstraction plus élevé, peut traiter une somme de données plus grande et fonctionner à l'intérieur d'une période de discrétion plus longue (Jaques, 1976). À l'opposé, une personne ayant une complexité cognitive plus faible est plus terre à terre, plus à l'aise avec des choses tangibles qu'avec des constructions conceptuelles (Slocum et Hellrieger, 1983).

Pour mesurer cette variable de complexité cognitive chez les dirigeants d'une organisation, Fabi et Hafsi (1992) ont conçu un instrument de mesure qui peut être utilisé dans n'importe quel type d'organisation. Reproduit à l'annexe 7, ce questionnaire intègre 8 indicateurs relatifs à diverses habiletés de gestion reflétant le niveau de complexité cognitive des cadres supérieurs d'une organisation. Nous reviendrons plus loin sur cette mesure et son interprétation.

La complexité cognitive est aussi associée à la capacité d'apprentissage. Habituellement, une personne ayant une complexité cognitive élevée est aussi capable d'apprendre davantage et plus vite. La capacité d'apprentissage est peut-être aussi plus pertinente que seulement la complexité cognitive lorsqu'on veut apprécier la capacité de changement d'une organisation. C'est pour cela que le test que nous proposons ici est un test de capacité d'apprentissage, le *Learning Ability Profile* (LAP), élaboré par Henning (1976).

Le LAP est une mesure qui reflète la capacité de raisonnement inductif et déductif ainsi que les habiletés cognitives à la résolution de problèmes. Le succès à ce test est lié à la capacité de restructurer des relations et de découvrir les principes qui leur confèrent une signification, ce qui s'apparente à une mesure de la complexité cognitive.

La version proposée du LAP est celle de Henning (1976), qui a été réduite et adaptée par Fabi (1983). Elle comprend 68 questions d'un niveau de difficulté croissant, permettant un résultat immédiat concernant l'exactitude de la réponse. Pour chacune des questions, le sujet doit choisir entre quatre possibilités. Une fois le test terminé, il peut découvrir, dans un espace prévu à cet effet, le score qu'il a obtenu (10 pour la bonne réponse, -6 pour la mauvaise et -3 ou -1 pour les autres). Cette façon de procéder permet à la personne testée d'apprendre certains principes de raisonnement à mesure qu'elle répond aux questions, ce qui explique le très fort taux de satisfaction rapporté par Henning lors de ses expériences de validation et qui a d'ailleurs été confirmé par des expériences en milieu québécois (Fabi, 1983, 1984; Fabi et Maillet, 1987). Les coefficients de cohérence interne obtenus variaient entre 0,93 et 0,96 selon qu'on utilisait la formule *split-half* de Guttman ou la formule de Spearman-Brown. Les coefficients de validité concomitante et prédictive oscillaient habituellement autour de 0,30 (significatif à p < 0,01), lorsqu'on mettait les résultats du LAP en corrélation avec des critères de rendement scolaire. Le questionnaire de Henning (1976) comprenait 80 questions qui ont été réduites à 68, car 12 questions nécessitaient la connaissance de l'anglais. Malgré cette réduction, la logique de l'auteur était respectée; celui-ci avait en effet prévu un mode de pondération qui permet d'obtenir un score total de 800, même pour des sujets francophones n'ayant répondu qu'à 68 questions. Il est possible de se procurer auprès des auteurs cette version réduite et adaptée du LAP.

5.2.6 LE BESOIN D'ACCOMPLISSEMENT ET LA MOTIVATION AU TRAVAIL

Le besoin d'accomplissement et la motivation au travail est l'un des concepts psychologiques les plus familiers. Il a été popularisé et rendu opérationnel par D. McClelland (1961). Le concept exprime le désir de réaliser des choses importantes, qui vont survivre à celui qui les a accomplies. Ce besoin, selon la pyramide de Maslow (1954), fait partie des besoins considérés comme supérieurs.

Dans ses études originales, McClelland a utilisé ce qu'il a appelé le *Thematic Apperception Test* (TAT), qui permet d'obtenir trois catégories de résultats :

i.   Les besoins d'affiliation
ii.   Les besoins de pouvoir
iii. Les besoins d'accomplissement

McClelland a ensuite modifié le TAT en PSE ou *Picture Story Exercise*, dans le cadre de ses activités professionnelles avec la firme McBer and Company (Boyatzis, 1982). Le PSE est un outil de nature projective et exige la mise au point d'une expertise spécifique pour la mesure. Son utilisation est difficile et explique peut-être les variations importantes rapportées sur la fidélité test-*retest* (Kagan et Lesser, 1961 ; Murstein, 1963).

Un autre concept, se rapprochant de celui qui a été popularisé par McClelland, présente des caractéristiques métrologiques plus convaincantes. Il s'agit de la motivation au travail, originalement mesurée par Featherman (1971); ce concept a été traduit puis adapté au contexte québécois par Allaire et autres (1975). Le questionnaire permet d'établir si le sujet présente une conception instrumentale du travail, c'est-à-dire s'il est davantage motivé par des facteurs extrinsèques au travail (salaire, statut, etc.), ou s'il attache plus d'importance à certains facteurs intrinsèques (accomplissement, défi personnel, etc.). Deux échelles sont proposées : la première, relative à la motivation intrinsèque au travail (*Work Orientation*), mesure une perception positive du travail, un intérêt marqué pour celui-ci et pour ce qu'il représente, en fait une propension à voir dans le travail une façon de s'accomplir et de se réaliser; la deuxième échelle, pour les motivations extrinsèques, mesure les préoccupations pour les aspects matériels et met l'accent sur les gains matériels et sociaux que procure le travail.

Le support théorique de la distinction entre motivations intrinsèques et extrinsèques au travail est solidement établi dans la littérature (Lenski, 1963; Kohn et Schooler, 1969; Burnstein et autres, 1960; Gurin et autres, 1960; Veroff et autres, 1962, décrits par Featherman, 1971). Les données empiriques de Featherman (1969) viennent confirmer la validité des concepts. De plus, les coefficients de validité interne des facteurs extrinsèques et intrinsèques étaient respectivement de 0,72 et 0,84, ce qui est solide, surtout si l'on considère le nombre relativement limité d'énoncés constituant ces échelles. Pour la validité externe de ces échelles, l'orientation vers le travail est apparue comme la variable indépendante ayant le meilleur pouvoir de discrimination dans une étude portant sur le choix et le transfert de secteurs organisationnels (privé par rapport à public) chez des diplômés MBA (Fabi, 1984).

Le questionnaire de Featherman (1971), adapté par Allaire et autres (1975), est reproduit à l'annexe 8. Nous revenons dans la section qui suit sur l'interprétation des résultats.

5.3 L'ÉVALUATION DE L'EFFET COMBINÉ DES VARIABLES PSYCHOLOGIQUES

Nous allons à présent reprendre les différentes variables mentionnées et apprécier l'effet de chacune et leur effet combiné.

On obtient l'indice de leadership transformationnel en effectuant la somme arithmétique des résultats obtenus aux 12 énoncés de l'annexe 4. Cet indice peut varier de 0 à 60. Nous pouvons dire que plus il est élevé, plus le leadership manifesté est transformationnel. Selon nous, le stress susceptible de provoquer le changement est alors plus grand. Cet indice devra être combiné aux valeurs obtenues pour les autres indicateurs, comme nous le suggérons plus loin. À titre indicatif, on peut considérer qu'un score supérieur ou égal à 45 est élevé, alors qu'un score inférieur à 20 est faible.

La philosophie de gestion participative est mesurée de manière factuelle. Pour cela, il faut faire la somme arithmétique des résultats obtenus aux 6 énoncés suggérés à l'annexe 5, en donnant une valeur de 1 à tout oui et une valeur de 0 à tout non. Le maximum serait donc 8, si l'on suppose que le répondant ajoute deux pratiques complémentaires à celles qui sont indiquées, et le minimum serait zéro. On pourra considérer qu'un nombre inférieur à 2 est faible, un nombre supérieur à 4 étant élevé. On peut alors proposer que, lorsque le score est égal ou supérieur à 4, le stress favorable au changement risque d'être plus grand, tandis que la résistance au changement pourrait être plus forte lorsque le score est inférieur ou égal à 2.

L'attitude à l'égard du changement est mesurée à partir des 7 énoncés présentés à l'annexe 6. On obtient l'indice d'ouverture au changement en effectuant la somme arithmétique des résultats obtenus à ces 7 énoncés. Cet indice varie théoriquement de 0 à 35. On peut considérer que plus il est élevé, plus le dirigeant manifeste une attitude favorable au changement. Un score élevé à cette échelle de mesure peut être interprété comme un indice de support au changement, comme un facteur favorable au changement organisationnel. Évidemment, afin de tracer un profil plus global des forces favorables et défavorables au changement, on doit combiner cet indice aux autres scores. À titre indicatif, on peut considérer qu'un score égal ou supérieur à 25 est élevé, alors qu'un résultat inférieur ou égal à 10 est plutôt faible.

On obtient l'indice du lieu de contrôle (internalité ou externalité) en effectuant la somme arithmétique des résultats obtenus aux 29 énoncés de l'instrument de mesure élaboré par Rotter (1966).

Théoriquement, dans le test de Rotter, le résultat peut varier entre 0 et 23. Plus le résultat est élevé, plus le répondant est externe, donc dominé par les événements externes. Dans ce dernier cas, on peut s'attendre à ce que la résistance au changement soit forte. Inversement, plus le résultat est faible, plus il y internalité du lieu de contrôle et plus le stress et la propension au changement augmentent. À titre indicatif, en se basant sur les normes publiées par Rotter (1966), on dira qu'un score inférieur ou égal à 4 est faible, tandis qu'un résultat égal ou supérieur à 12 est élevé. Cependant, pour les besoins de l'interprétation globale, on prendra un chiffre transformé comme suit : pour un score x, on prendra un score $23 - x$, de sorte qu'une propension au changement élevée donnerait un score égal ou supérieur à 19, tandis qu'une propension à la résistance pourrait se manifester avec un score inférieur ou égal à 11. Rappelons que cet instrument de mesure est disponible auprès des organismes spécialisés en psychométrie.

On obtient l'indice de complexité cognitive en faisant la somme arithmétique des résultats obtenus aux 8 énoncés de l'annexe 7. Le résultat peut théoriquement varier entre 0 et 40. Plus il est élevé, plus la complexité cognitive est élevée et plus le stress susceptible de provoquer le changement est élevé. On pourrait établir qu'un score égal ou supérieur à 30 peut être considéré comme élevé. De même, un score inférieur ou égal à 15 peut être considéré comme faible.

Finalement, on détermine le besoin d'accomplissement en faisant la somme arithmétique des scores obtenus aux 5 énoncés de l'annexe 8. Ce résultat varie théoriquement de 0 à 25. Plus il est élevé, plus le besoin d'accomplissement est élevé et plus le stress susceptible de provoquer le changement est grand. On peut admettre, à titre indicatif, qu'un score égal ou supérieur à 20 serait considéré comme élevé. À l'opposé, un score inférieur ou égal à 10 serait considéré comme faible.

L'effet combiné de ces variables est très difficile à apprécier et on ne peut vraiment que donner de grandes tendances; néanmoins, pour les besoins de l'exercice, le tableau 1 ci-après fournit quelques repères.

Tableau 1 : Effet combiné des variables psychologiques

		FAIBLE	ÉLEVÉ
1.	Leadership transformationnel	≤ 20	≥ 45
2.	Gestion participative	≤ 2	≥ 4
3.	Attitude à l'égard du changement	≤ 10	≥ 25
4.	Lieu de contrôle	≤ 4 (scores transformés)	≥ 12
5.	Complexité cognitive	≤ 15	≥ 30
6.	Besoin d'accomplissement	≤ 10	≥ 20

Ainsi, on pourrait combiner ces valeurs en les additionnant. Dans une organisation, un dirigeant qui se caractériserait par un résultat égal ou supérieur à 136 pourrait être considéré comme ayant un profil favorable au changement. À l'opposé, un profil psychologique caractérisé par un résultat inférieur ou égal à 61 pourrait permettre de reconnaître un cadre ayant une certaine propension à la résistance au changement. Pour les besoins de la synthèse qui est proposée au chapitre 9, nous devrons réaliser une transformation des scores obtenus de façon à ce que les scores faibles correspondent à une bonne capacité de changer et les scores élevés, à une résistance importante au changement. On fera cette transformation en remplaçant chaque score x par $191 - x$, 191 étant le score maximal obtenu dans la démarche proposée précédemment.

Dans des organisations de taille plus importante et de complexité plus élevée, dirigées par une équipe de cadres supérieurs, la caractérisation de cette dernière nécessiterait évidemment la mesure du profil psychologique de chacun des membres de cette équipe de direction. On pourrait, par exemple, faire l'évaluation de chacun des membres et, en utilisant éventuellement une pondération relative au rôle joué par chaque dirigeant dans l'élaboration et la réalisation de la stratégie de l'organisation, arriver à une évaluation du profil moyen de la direction. Ce score serait alors utilisé ensuite pour apprécier plus loin la capacité de changement de l'organisation.

LES INDICATEURS COMPORTEMENTAUX RELATIFS AU LEADERSHIP TRANSFORMATIONNEL

Les énoncés qui suivent représentent divers comportements que les hauts dirigeants adoptent dans leurs interactions avec des subordonnés ou des collègues de travail.

Ces énoncés sont généralement formulés sous forme d'indicateurs comportementaux relatifs au leadership manifesté à travers des caractéristiques telles que : le charisme, l'inspiration, la considération individualisée ainsi que la stimulation intellectuelle. Pour l'utilisateur, il s'agit d'accumuler suffisamment de renseignements pour lui permettre de coter le leadership d'un haut dirigeant à l'aide de chacun des énoncés proposés ci-dessous. Pour chaque énoncé, veuillez encercler le chiffre qui correspond le mieux à votre évaluation au moment de vos contacts avec ce dirigeant, soit :

- ► 0 : jamais
- ► 1 : rarement
- ► 2 : parfois
- ► 3 : habituellement
- ► 4 : presque toujours
- ► 5 : toujours

Le dirigeant avec qui je suis en contact :

1. Est l'objet de respect et de confiance dans son organisation.
    Jamais   0   1   2   3   4   5   *Toujours*

2. Est perçu comme un symbole de succès et d'accomplissement dans son organisation.
    Jamais   0   1   2   3   4   5   *Toujours*

3. Est une personne à laquelle les gens sont fiers d'être associés.
    Jamais   0   1   2   3   4   5   *Toujours*

4. Fixe des objectifs exigeants pour ses collaborateurs et pour lui-même.
    Jamais   0   1   2   3   4   5   *Toujours*

5. Motive ses subordonnés à accomplir davantage que ce qu'ils auraient cru possible.
   Jamais 0 1 2 3 4 5 *Toujours*

6. Propose des solutions originales à des problèmes qui semblaient insurmontables.
   Jamais 0 1 2 3 4 5 *Toujours*

7. Traite chacun de ses subordonnés comme un individu unique et digne de respect.
   Jamais 0 1 2 3 4 5 *Toujours*

8. Comprend et tente de satisfaire les besoins de ses subordonnés.
   Jamais 0 1 2 3 4 5 *Toujours*

9. Fournit de l'information relative aux objectifs organisationnels à ses subordonnés.
   Jamais 0 1 2 3 4 5 *Toujours*

10. Aide ses collaborateurs à aborder les problèmes sous un angle nouveau.
    Jamais 0 1 2 3 4 5 *Toujours*

11. Encourage ses subordonnés à remettre en question leurs croyances et leurs valeurs, de même que les siennes, s'ils les jugent déphasées.
    Jamais 0 1 2 3 4 5 *Toujours*

12. Comprend et explique clairement à ses subordonnés les occasions et les menaces auxquelles l'organisation est soumise.
    Jamais 0 1 2 3 4 5 *Toujours*

LE DEGRÉ EFFECTIF DE PARTICIPATION DES SUBORDONNÉS

Au sein de votre organisation, retrouve-t-on les pratiques de gestion suivantes ? (Cocher)

		Oui	Non
1.	Comité d'organisation		
2.	Cercles de qualité		
3.	Groupes de travail semi-autonomes		
4.	Groupes de qualité totale		
5.	Systèmes de suggestion		
6.	Comités paritaires (patrons/employés)		
7.	Autres (préciser)		

L'ÉCHELLE DE MESURE DE L'ATTITUDE DES DIRIGEANTS À L'ÉGARD DU CHANGEMENT

Les énoncés qui suivent représentent différents types de changements
et d'événements susceptibles d'intervenir dans une organisation. Les
énoncés sont formulés afin de faire ressortir l'attitude dominante d'un
dirigeant à l'égard de ces changements et de ces événements.

Pour l'utilisateur, il s'agit d'accumuler suffisamment d'observations
pour lui permettre de coter les attitudes d'un dirigeant à partir de chacun des énoncés présentés. Pour chacun d'entre eux, veuillez encercler
le chiffre qui correspond le mieux à votre évaluation au moment de vos
contacts avec ce dirigeant, soit :

- ► 0 : jamais
- ► 1 : rarement
- ► 2 : parfois
- ► 3 : habituellement
- ► 4 : presque toujours
- ► 5 : toujours

Le dirigeant avec qui je suis en contact :

1. Est favorable aux changements de structure organisationnelle
   (organigrammes, organisation des unités).
   Jamais 0 1 2 3 4 5 *Toujours*

2. Est favorable aux changements de pratiques de gestion
   (ressources humaines, marketing, finance, production, etc.).
   Jamais 0 1 2 3 4 5 *Toujours*

3. Est favorable aux innovations technologiques (robotique,
   bureautique, etc.).
   Jamais 0 1 2 3 4 5 *Toujours*

4. Est tolérant devant les erreurs de ses collaborateurs (droit à l'erreur).
   Jamais 0 1 2 3 4 5 *Toujours*

5. Est favorable à la prise de certains risques calculés.
   Jamais 0 1 2 3 4 5 *Toujours*

6.   Est favorable à l'autonomie chez ses collaborateurs.

           Jamais   0   1   2   3   4   5   *Toujours*

7.   Est porté à prévoir certains changements pouvant toucher son organisation (économie, concurrence, technologie, politique, droit, sociologie).

           Jamais   0   1   2   3   4   5   *Toujours*

LES INDICATEURS RELATIFS À DIVERSES HABILETÉS DE GESTION REFLÉTANT LE NIVEAU DE COMPLEXITÉ COGNITIVE DES CADRES SUPÉRIEURS

Les énoncés qui suivent représentent différents scénarios de comportements du dirigeant lorsqu'il interagit avec ses subordonnés ou des collègues de travail. Les éléments prennent généralement la forme d'indicateurs comportementaux reflétant le niveau de complexité cognitive des dirigeants dans leurs communications orales et écrites. La majorité de ces éléments représente une variété de facettes du processus de prise de décision et d'analyse des problèmes que les dirigeants utilisent.

Pour l'utilisateur, il s'agit d'accumuler suffisamment d'observations pour lui permettre de coter les attitudes d'un dirigeant à partir de chacun des énoncés présentés. Pour chacun d'entre eux, veuillez encercler le chiffre qui correspond le mieux à votre évaluation au moment de vos contacts avec ce dirigeant, soit :

- ▸ 0 : jamais
- ▸ 1 : rarement
- ▸ 2 : parfois
- ▸ 3 : habituellement
- ▸ 4 : presque toujours
- ▸ 5 : toujours

Le dirigeant avec qui je suis en contact :

1. Peut établir des relations entre plusieurs variables lorsqu'il analyse une situation problématique.
   Jamais　　0　　1　　2　　3　　4　　5　　*Toujours*

2. Peut établir une relation entre les différentes fonctions administratives (marketing, finance, production, ressources humaines, etc.) lorsqu'il examine une situation organisationnelle.
   Jamais　　0　　1　　2　　3　　4　　5　　*Toujours*

3. Peut analyser adéquatement les diverses dimensions de l'environnement externe (économie, politique, sociologie, technologie, etc.).
   Jamais　　0　　1　　2　　3　　4　　5　　*Toujours*

4. Peut déterminer l'ensemble des causes d'un problème plutôt que de se concentrer sur une seule d'entre elles.
Jamais   0   1   2   3   4   5   *Toujours*

5. Peut évaluer les différentes répercussions lorsqu'il analyse l'effet des différents scénarios relatifs à des décisions administratives.
Jamais   0   1   2   3   4   5   *Toujours*

6. Fait abstraction de préoccupations immédiates pour faire face aux différents problèmes qui se présentent et ainsi prendre les décisions qui s'imposent.
Jamais   0   1   2   3   4   5   *Toujours*

7. Peut formuler avec créativité des propositions originales lorsqu'il est confronté à des situations organisationnelles.
Jamais   0   1   2   3   4   5   *Toujours*

8. Peut intégrer et manipuler un large éventail d'informations lorsqu'il fait face à une décision.
Jamais   0   1   2   3   4   5   *Toujours*

LA MOTIVATION AU TRAVAIL

Les éléments suivants décrivent divers comportements que les gens adoptent ou tentent d'adopter dans le cadre de leur travail. Ils peuvent ne pas s'appliquer littéralement à vous, mais essayez tout de même d'y répondre en pensant à votre comportement habituel. Notez qu'il n'y a pas ici de bonne ou de mauvaise réponse.

Pour chaque énoncé, veuillez encercler le chiffre qui décrit le mieux vos propres actions en vous basant sur l'échelle suivante :

▸   0 : jamais
▸   1 : rarement
▸   2 : parfois
▸   3 : habituellement
▸   4 : presque toujours
▸   5 : toujours

1.   Je travaille mieux lorsque les tâches à accomplir sont plus difficiles.
     Jamais   0   1   2   3   4   5   *Toujours*

2.   Je déploie beaucoup d'efforts pour améliorer ma performance au travail.
     Jamais   0   1   2   3   4   5   *Toujours*

3.   Au travail, je prends des risques modérés et j'accepte de me mouiller pour avancer.
     Jamais   0   1   2   3   4   5   *Toujours*

4.   J'essaie d'éviter tout ajout de responsabilités dans mon travail.
     Jamais   0   1   2   3   4   5   *Toujours*

5.   J'essaie de travailler mieux que mes collègues de travail.
     Jamais   0   1   2   3   4   5   *Toujours*

Chapitre 6

LA STRUCTURE COMME DÉTERMINANT DU CHANGEMENT

À la fin des années 1970, l'entreprise française Salomon, alors leader mondial des fixations de ski alpin, décide de diversifier ses activités et se lance dans la fabrication et la commercialisation de chaussures de ski alpin. Comme il s'agit là d'un produit complémentaire à la fixation, l'entreprise se sert de la structure existante basée sur une logique fonctionnelle pour créer la nouvelle chaussure. Cependant, des difficultés qui forcent la direction à reporter la mise en marché du produit l'amènent aussi à réexaminer la structure de l'entreprise. On se rend compte que, pour mettre en œuvre la stratégie de diversification, la structure fonctionnelle n'est pas adéquate. Le cloisonnement entre les fonctions d'études, de production et de commercialisation ne permet pas la coordination nécessaire pour la mise au point de nouveaux produits. Ce n'est que lorsque Salomon adopte une structure par produits, qui permet au responsable de chaque produit de gérer l'ensemble des activités qui lui sont reliées, que la diversification peut véritablement démarrer. Après avoir réussi sa diversification dans les chaussures de ski, au milieu des années 1980, Salomon a pu aller plus loin et est aujourd'hui également présente dans le secteur du golf, du ski de fond et des chaussures et accessoires de sport.

Comme le montre cet exemple, la structure d'une entreprise exerce une influence considérable sur sa capacité de changer. Il ne fait pas de doute que, depuis le début des années 1980, une des préoccupations majeures de nombreux dirigeants est la restructuration de leur organisation : comment modifier la structure organisationnelle pour devenir plus performant ou plus innovateur ? S'il ne fait pas de doute que la structure influe sur la capacité d'une organisation de s'adapter, le défi des dirigeants est d'arriver à changer l'organisation interne pour que soit facilitée l'adaptation. Quelles sont les caractéristiques des structures qui facilitent ou inhibent un tel changement organisationnel ?

Plusieurs chercheurs en gestion se sont particulièrement intéressés à la relation entre la structure d'une organisation et sa capacité d'innover, c'est-à-dire de s'adapter à son environnement en créant de nouveaux produits, de nouveaux services ou de nouvelles compétences qui lui permettent de se démarquer de ses concurrents. Quelles sont les caractéristiques structurelles d'entreprises comme Hewlett-Packard ou 3M, pour parler des plus grandes, ou de petites entreprises telles que Soft-image ou Novabus, qui facilitent l'innovation ? Et, inversement, quelles caractéristiques structurelles favorisent plutôt l'inertie organisationnelle ?

Mais qu'est-ce qu'une structure organisationnelle ? Il y a plusieurs définitions de la structure et, dans ce chapitre, comme nous présentons les résultats de travaux couvrant de nombreuses approches, nous adoptons une définition étendue de la structure. Nous parlons bien sûr de la structure dans sa conception la plus usuelle, celle d'une architecture organisationnelle déterminant la division des tâches de l'entreprise ainsi que la coordination entre elles. Cette définition est habituellement associée aux questions de design organisationnel. Nous traitons aussi la structure de façon plus large, comme une configuration de l'organisation associant aux questions d'architecture celles de systèmes et de processus. Cette conception de la structure met l'accent sur la cohérence d'abord entre l'organisation et son environnement, ensuite entre les différentes composantes de l'organisation. Enfin, nous examinons aussi la structure d'un point de vue plus dynamique comme le pattern des relations d'influence et d'échange qui rend possible l'activité organisationnelle.

Dans la première partie de ce chapitre, nous présentons quelques grandes conceptions de la structure et les principales dimensions qui y sont associées. Dans la seconde partie, nous faisons une synthèse des conclusions des travaux portant sur la relation entre la structure et un type particulier de changement : l'innovation. Cette recherche est intéressante parce qu'elle suggère que certaines structures réduiraient l'inertie, rendant ainsi l'organisation plus apte à s'adapter. Ensuite, dans la troisième partie, nous traitons plus particulièrement des caractéristiques structurelles qui augmentent ou réduisent la capacité d'une organisation de se transformer. On a beau savoir quel type de structure favorise l'innovation, a-t-on pour autant la capacité d'implanter une telle structure ? En dernière partie, ce chapitre présente un questionnaire qui permet d'aider à établir le diagnostic de la structure actuelle de l'entreprise pour être en mesure de l'évaluer et de déterminer ce qui doit être changé. Ce questionnaire vise aussi à préciser les éléments dans l'organisation qui pourraient constituer des pressions ou des freins pour le changement organisationnel.

6.1 LA STRUCTURE : QUELQUES DÉFINITIONS

Dans la littérature sur les structures qui est pertinente pour notre propos, on peut identifier deux grands courants : l'approche configurationnelle et l'approche interactionnelle (Dow, 1988 ; Astley et Zajac, 1991).

L'approche configurationnelle est issue de la théorie de la contingence (dont les principaux représentants sont J. D. Thompson ainsi que P. Lawrence et J. Lorsch) présentée brièvement aux chapitres 2 et 3. Les prémisses de cette approche sont que la performance organisationnelle est directement liée à la cohérence entre les exigences de l'environnement, de la technologie et les caractéristiques de l'organisation ; par exemple, à un environnement turbulent et diversifié et une technologie complexe devrait correspondre une structure différente de celle qui est appropriée pour un environnement stable et homogène et une technologie simple. Il s'ensuit qu'au niveau interne, il doit y avoir cohérence entre les différentes composantes pour que l'entreprise soit bien adaptée. Une telle perspective met donc l'accent sur la structure organisationnelle comme une configuration : une architecture intégrée, une mécanique bien huilée.

Les auteurs qui adoptent une telle perspective ont établi un certain nombre de dimensions qui sont particulièrement importantes pour spécifier la structure organisationnelle. Elles peuvent être regroupées en deux grandes catégories : la différenciation et l'intégration. Pour qu'une organisation soit capable d'atteindre ses objectifs, il est important que les différentes tâches à accomplir soient divisées de façon adéquate et réparties efficacement entre les personnes. Plus l'environnement avec lequel interagit l'organisation est diversifié, plus le nombre de tâches à accomplir augmente et plus les tâches se spécialisent. C'est ce qu'on appelle la différenciation. L'avantage de la différenciation, c'est qu'elle permet à l'organisation de prendre en considération tous les éléments pertinents pour la réalisation de sa stratégie.

Par ailleurs, plus l'environnement est complexe, c'est-à-dire qu'il y a une grande interdépendance entre ses divers éléments, plus la coordination entre les différentes unités de l'organisation doit être serrée. Or, une grande différenciation peut entraîner une dispersion des efforts de l'organisation. C'est pourquoi l'autre catégorie structurelle fondamentale est l'intégration. Plus l'organisation est différenciée, plus elle doit élaborer des mécanismes d'intégration pour s'assurer de la coordination optimale de toutes ses activités. Le défi du design organisationnel est donc d'établir simultanément une différenciation adéquate et des mécanismes d'intégration appropriés pour répondre à la diversité et à la complexité environnementales.

Comment évalue-t-on le degré de différenciation et d'intégration d'une entreprise? Les nombreuses études effectuées sur le thème des structures organisationnelles nous permettent de spécifier un certain nombre de variables importantes à considérer :

- *Le degré de spécialisation.* Les tâches sont-elles divisées de façon telle que les personnes développent une expertise pointue ou, au contraire, définit-on les postes plus largement pour favoriser le développement d'un personnel polyvalent, plus généraliste?
- *Le degré de centralisation.* Les unités sont-elles regroupées de façon pyramidale pour que les décisions soient prises au sommet, là où l'on a une vision globale, ou tente-t-on de réduire la hiérarchisation pour que les décisions soient prises par ceux qui sont plus proches du terrain et qu'elles soient donc plus adaptées au contexte local?
- *Le degré de formalisation.* L'entreprise privilégie-t-elle l'analyse systématique, les règles, les normes et les procédures pour s'assurer d'une plus grande fiabilité et uniformité de l'action ou, au contraire, favorise-t-elle l'expérimentation, le cas par cas et l'ajustement mutuel pour encourager l'initiative personnelle et la flexibilité?
- *Les mécanismes de coordination.* L'entreprise privilégie-t-elle les mécanismes verticaux, comme la supervision directe et la hiérarchie, ou plutôt les mécanismes horizontaux, comme les équipes de travail autonomes, les groupes multidisciplinaires et les

structures parallèles transversales, pour s'assurer de la cohérence des actions des membres des différentes unités ?

Les combinaisons de ces différentes variables qui sont les plus courantes sont appelées des configurations. Les deux configurations qui sont mentionnées le plus fréquemment dans la littérature sont les deux extrêmes : l'entreprise bureaucratique et l'entreprise organique. La première est l'entreprise qui a un fort degré de spécialisation, qui est centralisée et formalisée et qui adopte des mécanismes de coordination de type vertical. Par exemple, les usines de fabrication automobile basées sur la technologie de la chaîne de montage, comme celle de GM à Boisbriand, ont tendance à adopter ce genre de structure. Malgré la volonté des fabricants d'automobiles, depuis le milieu des années 1980, de favoriser le travail en équipe et la participation des travailleurs, les efforts de réorganisation du travail ont des effets limités ; ils restent contraints par la technologie de fabrication et la structure hiérarchique traditionelle.

À l'opposé, on retrouve l'entreprise moins cloisonnée, plus décentralisée et informelle, où l'on aura tendance à adopter des mécanismes de coordination plus horizontaux : c'est la configuration de l'entreprise organique. Les entreprises de création de logiciels, comme Softimage ou Discreet Logic, ont tendance à adopter ce type de structure. Cependant, il s'agit là surtout de petites entreprises. Les organisations de grande taille qui évoluent dans des environnements relativement complexes ont généralement une structure hybride : certaines unités ont une structure bureaucratique et d'autres, une structure plutôt organique. Ainsi, Nortel, le grand fabricant canadien d'équipement de télécommunications, adopte une structure plus bureaucratique pour ses activités de fabrication traditionnelles et une structure plus organique pour ses activités de conception de nouveaux produits.

Il va sans dire que la majorité des organisations se retrouvent quelque part entre les deux pôles. Mais, ces deux cas extrêmes, la bureaucratie et l'entreprise organique, sont intéressants pour notre propos, car plusieurs chercheurs ont étudié l'effet de ces configurations sur la capacité d'innover d'une organisation. Nous rapportons les résultats de ces recherches dans la prochaine section, mais nous allons auparavant présenter le deuxième courant que l'on trouve dans la littérature sur les structures : l'approche interactionnelle.

L'approche interactionnelle trouve ses antécédents principalement chez les auteurs de l'école de Carnegie (Cyert et March ; March et Simon) et chez Crozier et Friedberg, dont les théories ont été présentées au chapitre 2. Tandis que selon l'approche configurationnelle la structure est conçue comme une architecture intégrée, pour les tenants de l'approche interactionnelle, la structure est avant tout un réseau de communication à l'intérieur duquel des groupes d'acteurs traitent et échangent de l'information et des ressources.

Contrairement à l'approche configurationnelle qui établit certaines configurations comme des archétypes « fonctionnels », dans la perspective interactionnelle, chaque structure est unique et est le résultat de l'évolution des patterns d'interactions entre les membres de l'organisation. La structure formelle « officielle » n'est que la codification provisoire de l'état d'équilibre atteint entre les groupes d'acteurs en interaction, et cet équilibre peut être plus ou moins approprié (tant du point de vue de la satisfaction des acteurs que de celui de la performance de l'entreprise). Ainsi, dans un article fort intéressant, intitulé « The Soul of a New Macintosh », on rapporte comment un groupe d'employés d'Apple a réussi, alors que la direction avait refusé son projet, à développer le Macintosh LC, un micro-ordinateur couleur peu coûteux. C'est en créant une structure parallèle informelle (certains diraient clandestine) basée sur les contacts et l'influence personnelle des membres du groupe qu'ils ont réussi à se procurer les ressources nécessaires à la réalisation de leur projet, ressources qui étaient devenues inaccessibles par la structure officielle. Ce faisant, ils ont activé un réseau de relations réciproques où s'exercent des échanges de type donnant-donnant.

Cette deuxième perspective met donc l'accent sur des dimensions différentes de celles qui sont proposées par l'approche configurationnelle. Alors que cette dernière attire l'attention sur les interdépendances sur le plan de la tâche, l'approche interactionnelle ou « coalitionnelle » met l'accent sur l'interdépendance sur le plan des ressources.

Les dimensions qui deviennent alors importantes pour spécifier la structure sont le pouvoir et les ressources.

Pour qu'il y ait action collective, il faut que des groupes d'acteurs veuillent coopérer. Il faut donc que les différents groupes partagent les ressources critiques et c'est la négociation autour de cet échange de ressources qui fait naître les relations d'influence et de pouvoir dans l'organisation. Dans cette logique, les différents groupes d'acteurs cherchent à protéger leur marge de manœuvre en négociant l'accès aux ressources importantes qu'ils contrôlent. Cette vision de la structure met donc l'accent sur les tensions entre sous-groupes et l'aspect dynamique de la structure.

Comment peut-on spécifier la nature de la structure d'une entreprise à partir de cette perspective? Les études effectuées nous permettent de déterminer un certain nombre de variables à considérer; nous les présentons dans les paragraphes qui suivent.

▸ *Les ressources.* Quelles sont les ressources critiques (information, expertise, personnes, technologies, ressources financières, contacts, etc.) nécessaires au fonctionnement de l'entreprise? Qui (groupe, individu, à l'interne ou à l'externe) les contrôle?

▸ *Les règles d'échange des ressources.* Quelles sont les règles de partage implicites et explicites? (Par exemple, les territoires sont-ils ouverts ou protégés? Les personnes sont-elles mobiles ou attachées à une unité? Le partage de l'information est-il encouragé, découragé? Quelles sont les règles d'allocation des ressources financières, humaines? Quelles sont les règles d'attribution des récompenses? etc.)

▸ *Le degré de diffusion du pouvoir.* Le pouvoir est-il concentré ou largement diffus? Quel type de relation d'influence existe entre les groupes des fonctions de soutien (« staff ») et les groupes opérationnels (« line »), entre le sommet et les unités opérationnelles, entre le siège social et les régions, etc.?

▸ *Le statut des différents groupes.* Quels sont les groupes centraux et les groupes plus périphériques dans le réseau? Quels sont ceux qui ont le plus d'autonomie?

▶ *Les tendances*. Quelles sont les ressources qui deviennent plus critiques, moins critiques ? Quels sont les facteurs qui tendent à modifier les règles du jeu et les relations d'interdépendance et de pouvoir ?

Comme on le voit, cette perspective met l'accent sur l'équilibre fragile et instable qui sous-tend le fonctionnement organisationnel. Du point de vue du changement, il met en évidence le caractère humain du changement organisationnel et la difficulté à construire l'organisation comme un système de collaboration, ce qui nous amène à discuter, dans la troisième section de ce chapitre, des pressions et des freins au changement organisationnel. Mais auparavant, nous traitons des études sur la relation entre la structure et l'innovation, parce qu'elles suggèrent que certaines formes structurelles réduiraient l'inertie organisationnelle, donc augmenteraient la capacité de changer de l'organisation.

6.2 LA STRUCTURE ET L'INNOVATION

Ce sont les auteurs de l'approche configurationnelle qui se sont penchés sur l'étude du lien entre structure et innovation. Particulièrement, l'entreprise bureaucratique et l'entreprise organique ont fait l'objet de nombreuses études du point de vue de leurs capacités respectives de favoriser l'adaptation et l'innovation.

6.2.1 L'ENTREPRISE INNOVATRICE

S'il y a une chose sur laquelle il y a unanimité dans la littérature sur le changement, c'est la supériorité de l'entreprise organique par rapport à l'entreprise bureaucratique lorsqu'il est question d'innovation. Mais comment explique-t-on cela ?

Burns et Stalker ont fait figure de pionniers en 1961 lorsqu'ils ont publié leur ouvrage sur le management de l'innovation. Ils y rapportaient les résultats de leur étude sur des entreprises de l'industrie de l'électronique. Ils avaient choisi ce secteur parce qu'il connaissait des changements rapides et qu'il exigeait donc des entreprises qui y évoluaient de s'adapter en faisant preuve d'innovation. Les chercheurs souhaitaient voir comment les entreprises allaient ajuster leur fonctionnement interne pour tenir compte des exigences de l'environnement ; plus spécifiquement, ils s'intéressaient à l'intégration du laboratoire de R&D au reste de l'entreprise. À partir de leur recherche, ils ont distingué deux formes organisationnelles, qu'ils ont appelées l'entreprise mécaniste et l'entreprise organique. Le tableau 1 offre une comparaison de ces configurations.

Tableau 1 : Organisations mécaniste et organique

MÉCANISTE	ORGANIQUE
▸ Problèmes et activités décomposés en tâches spécialisées.	▸ Problèmes et activités qui ne peuvent pas être décomposés en tâches spécialisées.
▸ Chaque individu accomplit sa tâche de façon distincte, sans se préoccuper de l'ensemble ; c'est le sommet qui est responsable de sa pertinence.	▸ Chaque individu accomplit sa tâche en sachant comment elle s'intègre dans l'ensemble des activités de l'entreprise.
▸ Les méthodes, techniques et responsabilités attachées à chaque poste fonctionnel sont clairement définies.	▸ Il y a peu de définition formelle des postes ; ceux-ci sont continuellement redéfinis dans l'interaction avec les autres.
▸ L'interaction tend à être verticale entre supérieur et subordonnés.	▸ L'interaction tend à être horizontale autant que verticale.
▸ C'est une hiérarchie de commandement : les ordres viennent du sommet où est concentrée la connaissance.	▸ La communication entre personnes de niveau différent comporte plus de consultation que de commandement, parce que la connaissance est partagée.

Selon les résultats de Burns et Stalker, alors que la première configuration est très appropriée à un environnement stable et prévisible, permettant une grande efficacité et réduisant les coûts de coordination, la seconde devient plus appropriée dans un environnement plus incertain. En effet, qui dit incertitude dit impossibilité de prévoir de façon précise ce que seront les besoins de l'entreprise pour s'adapter ; plus encore, dans un environnement turbulent, l'entreprise a avantage à être proactive, à prendre les devants en innovant pour ne pas être à la remorque de ses concurrents plus rapides. Une telle stratégie fait en sorte que l'organisation ne peut prévoir exactement ses activités futures, puisqu'elles dépendront de sa propre créativité. L'innovation est par définition un saut dans l'inconnu et comporte un certain degré de risque. Dans un tel contexte, le sommet stratégique n'a pas toute l'information nécessaire pour agir. La connaissance est partagée entre les différents groupes de l'organisation ; entre autres, elle se retrouve près de ceux qui sont responsables du développement de nouveaux produits, par exemple le laboratoire de R&D.

Or, un des éléments les plus critiques dans la réussite de l'innovation est le passage de l'étape de la conception et du développement à celle de la production et de la commercialisation. Pour que ce passage se fasse bien, il faut qu'il y ait de l'interaction entre ces différents groupes dans l'organisation ; il faut que le nouveau produit puisse être fabriqué de façon économique et qu'il corresponde aux besoins du marché. Il faut donc éviter que soient isolés les spécialistes, avec leurs logiques d'action et leurs langages différents, et il faut s'assurer d'une certaine ouverture et d'une vision d'ensemble de la part des membres de l'entreprise. Toutefois, comme le notent Burns et Stalker, ce type de structure matricielle, à cause de l'incertitude liée à l'ambiguïté en ce qui concerne la définition des tâches et à l'imprécision quant aux responsabilités et aux relations d'autorité, augmente le stress des membres de l'organisation.

Les conclusions de Burns et Stalker sont reprises par Shepard qui affirme que les organisations bureaucratiques sont conçues pour résister à l'innovation ; en effet, elles punissent les individus qui brisent des normes, ce qui est une qualité importante des innovateurs. Plus récemment, Moss Kanter, dans une étude de grandes entreprises américaines, est arrivée à des conclusions très semblables. Cette auteure distingue les entreprises segmentalistes des entreprises intégratrices. Elle affirme que les entreprises segmentalistes, où la spécialisation et la formalisation sont fortes et où les responsabilités sont très clairement définies, empêchent l'innovation, car elles réduisent l'initiative personnelle et contraignent la communication entre fonctions.

Tous ces auteurs mettent l'accent sur des dimensions comme la spécialisation, la formalisation et la hiérarchisation pour expliquer le lien entre la structure et l'innovation organisationnelle. On peut résumer leurs conclusions sous la forme suivante :

► *Proposition 1*
Plus la structure d'une organisation est spécialisée, formalisée et hiérarchisée, plus l'inertie organisationnelle augmente et, inversement, plus elle est intégratrice, informelle et collégiale, plus l'inertie organisationnelle diminue.

Dans la vague récente de réorganisations, un des principes mis de l'avant est l'aplanissement des structures. Le postulat derrière cette prescription est que la réduction de la hiérarchie entraîne une décentralisation qui favorise l'autonomie des unités opérationnelles. Cette autonomie devrait notamment permettre l'innovation et une adaptation plus rapide aux besoins locaux. L'expérience ayant montré que les petites entreprises sont plus flexibles et plus innovatrices, les restructurations récentes visent souvent à transformer une grande entreprise en un ensemble de petites entreprises autonomes, reliées entre elles par des liens organiques (Allaire et Firsirotu).

Dans un article récent, Bartlett et Goshal donnent l'exemple d'ABB, une énorme multinationale diversifiée, qui s'est transformée en 1 300 centres de profit pour favoriser l'initiative locale et l'adaptation rapide. Selon son dirigeant, Percy Barnevik, ce sont les processus mis en place pour assurer la communication et l'échange d'information qui font toute la différence entre le succès et l'échec de ce type de structure très complexe. La relation mise en évidence dans cette discussion est la relation entre centralisation et innovation qui pourrait s'énoncer ainsi :

▶ *Proposition 2*
Plus la structure d'une grande organisation est centralisée avec des unités liées de façon formelle, plus l'inertie organisationnelle augmente et, inversement, plus elle est décentralisée en petites unités autonomes liées de façon informelle, plus l'inertie organisationnelle diminue.

6.2.2 DE L'INNOVATION À SA DIFFUSION

Alors qu'il est clair que l'entreprise organique est très efficace pour produire des innovations, pour créer de la nouveauté, certains mettent en doute sa capacité à en assumer la diffusion. Quand vient le temps d'implanter l'innovation adoptée, par exemple de produire à grande échelle et de vendre le nouveau produit, la structure organique peut devenir un handicap. Cette constatation nous amène à formuler la proposition suivante :

▶ *Proposition 3*
La structure organique favorise le développement d'une innovation en réduisant l'inertie organisationnelle, mais la structure bureaucratique favorise la diffusion d'une innovation en réduisant les pressions pour le changement.

Pour pallier ce problème, des auteurs ont proposé deux types de structures temporaires: la structure séquentielle et la structure parallèle. Shepard, par exemple, propose d'adopter une structure organique à la phase de la conception du projet et de revenir à une structure bureaucratique lorsque vient le moment de la diffusion de l'innovation, c'est-à-dire le passage à la production de masse et à la commercialisation. Le défi dans l'utilisation d'une telle approche est la transition entre les phases. Elle semble aussi davantage appropriée à une entreprise dont la taille est relativement modeste.

Burgelman, à la suite de l'étude d'une grande entreprise américaine diversifiée, suggère que la création d'unités parallèles pour favoriser l'innovation permet à celles-ci de bénéficier au départ d'une structure organique. Celle-ci peut ensuite se spécialiser et se formaliser progressivement en s'adaptant à la croissance de l'unité, comme c'est le cas pour une nouvelle entreprise. La multinationale américaine 3M, par exemple, garde une partie de ses fonds de développement pour subventionner des initiatives locales et permet à tous ceux qui ont des projets d'y consacrer une partie de leur temps. Lorsqu'un projet présente un potentiel intéressant, on récompense son promoteur en le nommant responsable de l'unité créée pour le réaliser. Le principal problème de la structure parallèle est l'intégration éventuelle des nouvelles activités aux activités traditionnelles.

Au-delà des propositions que nous venons de faire, une des conclusions que l'on peut tirer de ces différents travaux sur le lien entre structure et innovation, c'est qu'il y a des différences importantes relatives à la taille des entreprises. Même si cette variable n'est pas traitée explicitement dans les études, la taille de l'entreprise joue un rôle important dans le lien entre structure et innovation. Toutes choses étant égales par ailleurs, il est plus facile pour la petite entreprise d'être innovatrice parce que l'interaction entre les membres y est beaucoup plus aisée ; en outre, le contrôle direct que peut exercer le dirigeant favorise la transition entre développement et diffusion de l'innovation. Pour la grande entreprise, le défi est de réussir l'intégration pour profiter de la multitude de ressources spécialisées qui constituent l'avantage des grands ensembles. Pour ce faire, deux voies principales ont été explorées : la création de structures multifonctionnelles temporaires ou la restructuration de l'entreprise en une multitude de petites entreprises.

Quelle que soit l'approche adoptée, elle entraîne une grande complexité organisationnelle soit au niveau des mécanismes d'intégration de l'innovation avec les activités traditionnelles, soit au niveau de la coordination des efforts des petites unités autonomes. Elles ne doivent donc être envisagées que lorsque la situation l'exige (tant du point de vue des caractéristiques de l'environnement et de la technologie que de celui de la taille de l'organisation).

En conclusion, ces études montrent que la structure organique, bien qu'apparemment moins efficace et économique que la structure bureaucratique, diminue l'inertie organisationnelle en favorisant l'innovation. Toutefois, l'innovation est un type particulier de changement, surtout associé à la création de nouveaux produits et de nouveaux services, donc un changement qui touche les relations entre une organisation et son environnement. Qu'en est-il du lien entre structure et changement organisationnel interne ? Autrement dit, quelle est l'influence de la structure actuelle sur la capacité d'une entreprise de se restructurer, de se transformer de l'intérieur ?

6.3 LA STRUCTURE ET LE CHANGEMENT ORGANISATIONNEL

Les écrits qui examinent le lien entre structure et changement organisationnel sont moins nombreux que ceux qui explorent la relation entre structure et innovation. La plupart des études portant sur ce sujet ont traité de l'influence de la structure sur le caractère radical ou évolutif du changement organisationnel. En effet, le rythme et l'ampleur du changement interne dépendront, en grande partie, de la combinaison d'inertie et de stress dans l'organisation.

6.3.1 LE CHANGEMENT ORGANISATIONNEL COMME RUPTURE

Dans la perspective configurationnelle, le changement organisationnel aura plutôt tendance à être radical. En effet, comme cette approche stipule que les composantes structurelles doivent former un ensemble cohérent, il faudrait, pour préserver l'harmonie, que tout changement d'un des éléments entraîne une modification dans les autres éléments. Naturellement, il faut faire ici la différence entre les modifications qui ont tendance à renforcer la configuration existante et celles qui la détruisent.

Dans ce dernier cas, comme le soulignent Miller et Friesen, si l'on change de manière progressive, l'oganisation sera alors longtemps dans une situation d'incohérence interne, ce qui pourrait nuire à sa performance.

Le changement organisationnel doit être fait de façon rapide et globale : une rupture. Il est donc très coûteux et très risqué. On aura tendance à le mettre en branle uniquement lorsque la situation externe aura suffisamment changé pour qu'une transformation radicale soit la seule solution adéquate.

De plus, une configuration étant, comme on l'a dit plus tôt, une architecture intégrée, une mécanique bien huilée, elle aura tendance à développer une certaine inertie, à résister à des changements qui la remettent en question. Ainsi, les tenants de l'écologie des populations, Hannan et Freeman, vont même jusqu'à dire qu'il est presque impossible pour une organisation de changer sa structure profonde : la plupart de ceux qui s'y essaient en meurent. Ainsi, derrière la notion de configuration, il y a l'idée d'un équilibre presque statique qui rend très difficile le passage d'une configuration à une autre. Cette discussion nous amène à formuler l'énoncé suivant :

▶ *Proposition 4*
Une configuration structurelle cohérente augmente l'inertie organisationnelle.

Paradoxalement, dans le cas d'une transformation structurelle majeure, il sera probablement aussi difficile, sinon plus, de transformer l'organisation organique que l'organisation bureaucratique. Il n'y a probablement rien de plus difficile à faire que de formaliser et centraliser, de façon radicale, une entreprise qui a une structure organique, surtout si elle a atteint une taille et un âge respectables. Mais, même pour les petites entreprises, le passage du stage entrepreneurial, associé à une structure relativement organique et informelle, au stage professionnel, qui nécessite une certaine formalisation, est une étape très difficile.

Si l'on regarde une jeune entreprise évoluant dans le secteur de la biotechnologie comme Biochem Pharma (Fortin et autres), son fondateur, le docteur Bellini, ainsi que son équipe de chercheurs résistent fortement à toute tentative pour formaliser l'organisation. Pourtant, cette entreprise a connu une croissance considérable au cours de dernières années, ce qui risque d'entraîner des problèmes de gestion.

De façon générale, plus l'organisation est décentralisée et informelle et plus la connaissance et le pouvoir sont diffus, plus il est difficile de réaliser un changement organisationnel radical. En effet, selon le même argument qui a été avancé pour expliquer le passage de la conception de l'innovation à sa diffusion, dans une structure organique la mise en œuvre risque d'être très difficile à réaliser, surtout dans le cas d'un changement qui risque d'avoir une influence directe sur les gens et leur façon de travailler. Cela nous amène à formuler une proposition qui doit être considérée comme préliminaire, parce qu'elle n'a pas été vérifiée empiriquement de façon définitive.

▶ *Proposition 5*
L'inertie devant un changement organisationnel radical sera plus grande dans une organisation à structure organique que dans une organisation bureaucratique.

6.3.2 LE CHANGEMENT ORGANISATIONNEL COMME ÉVOLUTION

Cette discussion sur la difficulté à changer les configurations organisationnelles nous a amenés à mentionner certains éléments, dont la diffusion du pouvoir et des connaissances, qui sont considérés de façon beaucoup plus explicite par l'approche interactionnelle. Cette dernière fournit d'ailleurs une vision du changement organisationnel différente de celles qu'on a vues jusqu'à présent.

Lorsque l'entreprise est conçue comme un réseau d'échange et d'influence, où différents groupes d'acteurs sont en négociation perpétuelle, le changement organisationnel est considéré comme naturel et continu. La structure est vue comme en perpétuelle reconstruction. Toutefois, le changement y est émergent, au sens où il est le résultat de l'interaction des acteurs qui ne sont pas nécessairement conscients de la structure qu'ils construisent mutuellement. En quoi cette vision de la structure change-t-elle notre compréhension du changement organisationnel planifié?

Dans une telle perspective, puisque la structure n'est pas conçue de façon monolithique, comme une architecture intégrée, mais plutôt comme un ensemble de sous-groupes en interaction, le changement organisationnel n'a pas le même effet pour tous. Il peut fort bien être bienvenu dans un groupe et rejeté dans un autre. Il s'agit donc d'une situation où le changement projeté devient un enjeu de négociation. Tout changement organisationnel, parce qu'il redéfinit la position et le rôle des groupes dans l'organisation, change les relations de pouvoir et modifie l'accès aux ressources. On retrouvera ainsi dans l'organisation des sous-groupes qui seront des freins au changement et d'autres qui seront des alliés du changement. Ce sont les rapports de force entre les divers groupes supportant le changement ou lui résistant qui détermineront le degré d'inertie organisationnelle et, donc, le rythme et l'allure que prendra le changement organisationnel. Il s'ensuit que le changement aura tendance à être évolutif et incrémental plutôt que radical, et ce, surtout dans les organisations où le pouvoir est relativement partagé entre des groupes qui s'affrontent.

Il faut souligner ici que cela ne veut pas dire que le changement organisationnel «formel» ne peut pas être fait de façon rapide par la direction. Il s'agit plutôt de mettre en évidence le fait que le changement dans la structure en tant que réseau d'interaction se fera plus lentement. De plus, il y a de fortes chances que le changement planifié ne se réalise pas exactement comme prévu.

▶ *Proposition 6*
Plus la distribution du pouvoir et des ressources favorisera les groupes opposés au changement, plus l'inertie organisationnelle augmentera.

{ Annexe 9 }

L'ÉVALUATION DE L'EFFET COMBINÉ DES VARIABLES STRUCTURELLES

Ce chapitre sur la structure nous a permis de mettre l'accent sur un certain nombre de facteurs à considérer par le gestionnaire qui veut évaluer l'influence de la structure sur la capacité de changer de son entreprise. Dans les pages qui suivent, nous présentons l'ensemble de ces facteurs sous la forme d'un questionnaire. Ensuite, nous discutons de la façon d'interpréter les résultats obtenus pour évaluer la structure actuelle et son influence potentielle sur la capacité de changer de l'entreprise.

Comme nous avons présenté deux approches, nous avons divisé en deux sections les questions pertinentes pour chacune ainsi que l'interprétation à donner aux résultats.

L'ANALYSE CONFIGURATIONNELLE

L'organisation bureaucratique ou organique

Cette première partie sert à décrire la structure actuelle de l'organisation pour déterminer de quel type d'organisation il s'agit. Est-elle plutôt bureaucratique, avec un fort degré de spécialisation, de centralisation et de formalisation, ou plutôt organique, c'est-à-dire axée sur l'intégration, la collégialité et l'informel ? Comme nous l'avons déjà mentionné, une organisation peut avoir une structure hybride, certaines unités étant plus bureaucratiques, d'autres plus organiques. Dans un tel cas, il serait utile que des représentants de ces différentes unités répondent au questionnaire pour leurs unités respectives. Cela exige ensuite que l'équipe de direction discute et évalue les conséquences de ces différences entre unités du point de vue de la capacité de changer de l'entreprise.

On a vu que le degré de différenciation, parce qu'il peut entraîner un cloisonnement entre les unités, peut nuire à la capacité d'innover (c'est-à-dire de changer en créant de nouveaux produits ou services). Par ailleurs, l'intégration peut pallier ce problème. Il est donc intéressant de mesurer ces dimensions. Nous mesurerons la différenciation selon deux variables : la spécialisation (nombre d'unités différentes dans l'entreprise) et la centralisation (la délégation ou non d'autorité formelle pour les décisions stratégiques). L'intégration se mesure par les mécanismes de coordination et de contrôle.

Ici, une mise en garde s'impose. Une telle évaluation demande que l'on ait un point de référence (c'est-à-dire qu'il faut savoir ce qui constitue un haut degré de spécialisation ; il n'y a en effet pas de mesure absolue). Dans les études empiriques, on procède généralement par comparaison entre les entreprises de l'échantillon. Dans le cas présent, chaque entreprise répond individuellement au questionnaire. Comme il y a beaucoup de variations entre les secteurs, par exemple ce qui constitue un fort degré de centralisation dans une banque et dans une agence de publicité est fort différent, il est impossible de donner des mesures quantitatives absolues fiables. Pour nous, la référence sera donc représentée par les pratiques des entreprises concurrentes. C'est pourquoi les questions sont formulées sous une forme comparative. Une telle approche implique que ceux qui répondent au questionnaire aient une bonne connaissance des concurrents. De plus, l'apport d'un observateur externe pourrait être utile pour valider les résultats obtenus.

a)   Comment votre degré de spécialisation[30] se compare-t-il à celui des autres entreprises de votre industrie ?
    ☐ inférieur   ☐ égal   ☐ supérieur

b)   Comment votre degré de centralisation[31] se compare-t-il à celui des autres entreprises de votre industrie ?
    ☐ inférieur   ☐ égal   ☐ supérieur

---

30. Il existe de nombreuses façons d'évaluer le degré de spécialisation, entre autres :
   — le nombre de spécialités ;
   — l'intensité administrative (nombre de services « staff ») ;
   — la fonctionnalisation (nombre d'unités fonctionnelles) ;
Nous vous suggérons d'utiliser la fonctionnalisation parce qu'elle est une des plus faciles à mesurer. Plus il y a de fonctions, plus l'entreprise est spécialisée.
31. Certaines mesures du degré de centralisation sont :
   — le niveau de hiérarchisation ;
   — la portée de commandement (« span of control ») ;
   — la délégation d'autorité des décisions stratégiques ;
   — le type de structure.
Ainsi, plus le nombre de niveaux hiérarchiques est élevé, plus une organisation risque d'être centralisée, plus la portée de commandement est réduite, plus la centralisation est forte, plus la délégation d'autorité pour les décisions stratégiques est limitée, plus l'entreprise est centralisée (par exemple, le choix du personnel cadre, le montant des dépenses qu'on peut effectuer à un niveau hiérarchique sans l'autorisation du niveau supérieur) ; de même, la structure en centres d'exploitation est plus centralisatrice que celle en centres de profit. Nous vous suggérons d'utiliser celle qui est la plus facile à appliquer dans votre entreprise.

c) Comment votre taux d'utilisation des mécanismes de coordination verticaux et de contrôle formels[32] se compare-t-il à celui des entreprises de votre industrie?
☐ inférieur ☐ égal ☐ supérieur

d) Comment votre taux d'utilisation des mécanismes de coordination et de contrôle informels[33] se compare-t-il à celui des entreprises de votre industrie?
☐ inférieur ☐ égal ☐ supérieur

Degré de satisfaction avec la structure actuelle

e) Quel est le degré de satisfaction en ce qui concerne le taux de spécialisation de votre entreprise?
☐ faible ☐ acceptable ☐ élevé

f) Quel est le degré de satisfaction en ce qui concerne le degré de centralisation de votre entreprise?
☐ faible ☐ acceptable ☐ élevé

g) Quel est le taux de satisfaction en ce qui concerne les mécanismes de coordination verticaux et les mesures de contrôle formelles?
☐ faible ☐ acceptable ☐ élevé

h) Quel est le taux de satisfaction en ce qui concerne les mécanismes de coordination horizontaux et les mesures de contrôle informelles?
☐ faible ☐ acceptable ☐ élevé

i) Quel est le taux de satisfaction en ce qui concerne le degré de cohérence de la structure actuelle?
☐ faible ☐ acceptable ☐ élevé

---

32. Les mécanismes de coordination verticaux et de contrôle formels sont la supervision directe et la hiérarchie, les règles et les procédures, la planification stratégique et budgétaire, les évaluations formelles et leur fréquence.
33. Les mécanismes de coordination horizontaux et de contrôle informels sont les équipes de travail autonomes, les groupes multifonctionnels, les comités paritaires, les rencontres spéciales, les cercles de qualité, les systèmes de suggestion, la politique de portes ouvertes.

L'interprétation des résultats

Le but de cet exercice est d'évaluer l'influence de la structure sur la capacité de changer de votre entreprise. Les résultats suivants peuvent vous donner une idée générale de l'inertie relative de votre entreprise par rapport à celles de son secteur.

Nous avons vu que la première série de questions vise à déterminer le type de structure qu'a votre entreprise par rapport à celle de ses concurrents : est-elle plus bureaucratique ou plus organique ? La deuxième série de questions évalue plutôt le degré de satisfaction avec la structure existante.

Organisation bureaucratique ou organique

a) b) c)	inférieur	-5 pts
	égal	0 pt
	supérieur	5 pts
d)	inférieur	5 pts
	égal	0 pt
	supérieur	-5 pts

Pour simplifier le questionnaire, chacune des questions *a*, *b*, *c* et *d* regroupe un certain nombre de variables qui peuvent être mesurées individuellement pour donner une image plus précise. Selon que vous utiliserez toutes les mesures suggérées ou seulement quelques-unes d'entre elles, vous pourrez faire une analyse plus ou moins systématique. De toute façon, cette analyse vous permettra de mieux comprendre votre structure organisationnelle, en la comparant à celle d'entreprises similaires à la vôtre, et de réfléchir aux conséquences de cette situation pour votre capacité de vous adapter en innovant.

Ainsi, le maximum de points (5 x 4 = 20 points) indique que vous avez une structure plus bureaucratique que celle de vos concurrents. Si votre entreprise est plus spécialisée, centralisée et formalisée que ses concurrents, il se pourrait qu'elle soit moins flexible et innovatrice, prenant plus de temps pour concevoir de nouveaux produits ou répondre aux nouveaux besoins de la clientèle. Toutefois, il ne faut pas conclure que cela est nécessairement mauvais; l'organisation bureaucratique peut être plus efficace et profitable, surtout si l'environnement est stable et peu complexe. En outre, même dans un environnement incertain, si, en plus des caractéristiques précédentes, votre entreprise a su élaborer des modes de coordination et de contrôle parallèles, plus informels et moins cloisonnés, elle pourrait compenser en partie cette inertie.

Degré de satisfaction par rapport à la structure actuelle

Les questions *e* à *i* visent plutôt à voir le degré de satisfaction par rapport à la configuration actuelle. Elles seraient évaluées selon le barème suivant :

e) f) g) h) i)		
faible	- 10 pts
acceptable	0 pt
élevé	10 pts

Une grande insatisfaction pouvant être une source de pression au changement, un total de -50 = [5 x -(10)] indiquerait une réduction de l'inertie organisationnelle. Toutefois, il ne suffit pas d'être insatisfait pour être capable de changer. L'analyse interactionnelle révèle une autre facette de la structure qui est très utile pour mieux comprendre les pressions ainsi que les freins au changement organisationnel qui découlent de la dynamique interne.

L'ANALYSE INTERACTIONNELLE

L'analyse interactionnelle est surtout utile pour réaliser le changement. Elle vise, entre autres, à vous donner des indications sur les groupes dans l'organisation qui sont susceptibles d'être plus réceptifs au changement ou, au contraire, plus résistants. Elle est donc plus qualitative, demandant que l'on porte attention aux interactions entre les groupes, et exige une sensibilité aux caractéristiques plus fines du fonctionnement organisationnel. Les quelques questions qui suivent veulent avant tout servir de guide à une réflexion sur les dynamiques organisationnelles qui sont à l'origine de l'inertie organisationnelle et des pressions pour le changement.

a)   Dressez une liste de toutes les grandes unités structurelles de votre entreprise (administration, marketing, production, R&D, ressources humaines, etc.), en commençant par celle qui a le plus de pouvoir et en terminant par celle qui a le moins de pouvoir.

b)   Dressez une liste par ordre d'importance des ressources (matérielles, expertises/compétences, accès aux réseaux internes et externes, information, etc.) les plus critiques pour le succès de votre oganisation et indiquez pour chacune qui en a le contrôle.

c)   Faites une matrice avec les différents services mentionnés plus haut, en abscisse et en ordonnée, et évaluez les relations entre eux[34] selon la grille suivante :

  ▶   1 : inexistantes
  ▶   2 : médiocres
  ▶   3 : acceptables
  ▶   4 : bonnes

d)   Quelles sont les interrelations les plus critiques dans votre entreprise (c'est-à-dire celles qui sont nécessaires au succès de votre entreprise)? Énumérez-les par ordre d'importance.

e)   Quel est le degré de satisfaction des différentes unités dans l'organisation en ce qui concerne la situation actuelle? Faites une évaluation pour chacune des unités selon l'échelle ci-dessous.
  ☐ faible   ☐ acceptable   ☐ élevé

L'interprétation des résultats

Cette analyse, en permettant de mieux comprendre la dynamique interne de l'organisation, indique certaines tendances quant à la capacité de changer de l'organisation. Il va sans dire que la qualité de l'analyse dépend de la lucidité dont font preuve ceux qui participent à l'exercice. Il est donc particulièrement important dans ce cas-ci d'avoir l'« input » le plus vaste possible des différentes unités (fonctionnelles,

---

34. Exemple :

	R & D	Production	Marketing	etc.
R & D				
Production				
Marketing				
etc.				

Il se peut que tous les services et leurs interrelations ne vous soient pas familiers, mais vous avez probablement une impression quant à l'état de ces relations. Inscrivez-la dans la case appropriée.

«staff» et opérationnelles, géographiques, etc.) et des différents niveaux hiérarchiques, parce que les perceptions peuvent différer sensiblement d'un groupe à l'autre.

La première question permet de savoir quelles unités sont considérées comme les plus influentes pour l'organisation, alors que la deuxième question donne l'occasion de voir quelles ressources sont considérées comme les plus critiques pour le succès de l'organisation. Un décalage entre le contrôle d'une ressource critique et le degré d'influence d'une unité pourrait constituer une pression au changement.

La troisième question permet de comprendre la dynamique interactionnelle dans l'organisation, de voir quelles sont les coalitions, quelles unités servent de pont entre des unités qui n'interagissent pas, etc. En comparant ces réponses avec les réponses aux questions précédentes portant sur le pouvoir des différentes unités, on arrive à mettre au jour les noyaux de résistance potentielle à la remise en cause du statu quo. De plus, une telle analyse donne une idée de leur capacité de résistance (une coalition qui a beaucoup de pouvoir et qui risque de perdre beaucoup va résister plus fort et a plus de moyens pour le faire).

La quatrième question permet de comparer les interrelations existantes avec celles qui sont considérées comme critiques; un décalage important permet de déceler des pressions qui sont sources potentielles de changement.

Enfin, la cinquième question permet de voir où sont les alliés potentiels d'un changement. En effet, ceux qui sont insatisfaits de la situation actuelle suscitent une pression pour le changement qui peut s'actualiser dans la mesure où ils ont les ressources pour le faire. Il est donc intéressant de comparer le degré d'insatisfaction en ce qui concerne le pouvoir (question *a*), le contrôle de ressources critiques (question *b*) et la position dans le réseau d'interaction (question *c*).

Comme on peut le constater, autant l'analyse de type configurationnel que celle de type interactionnel sont utiles pour servir de base à une réflexion sur la capacité de changer d'une organisation. On ne saurait trop insister, cependant, sur le caractère relatif de ces analyses dont l'intérêt repose bien plus sur la mise en commun et la discussion des perceptions de différents membres de l'organisation que sur leur caractère prévisionnel.

Chapitre 7

LA CULTURE COMME DÉTERMINANT DU CHANGEMENT

Depuis le début des années 1980, tant dans la presse populaire que dans les ouvrages didactiques, le thème de la culture organisationnelle a pris beaucoup d'importance. De nombreux auteurs, dont les plus célèbres sont probablement Peters et Waterman (1982), ont souligné l'avantage pour une entreprise d'avoir une culture « forte ». Les entreprises qui ont du succès, selon eux, sont celles qui ont su développer un ensemble de valeurs, de croyances, de pratiques partagées qui, outre le fait qu'elles donnent une grande cohésion aux actions des membres de l'organisation, motivent ces derniers et développent leur sentiment d'appartenance. Mais qu'est-ce qu'une culture « forte » et quelle est la relation entre la culture organisationnelle et la capacité de changer d'une organisation ?

L'histoire du quotidien montréalais *Le Devoir*[35] (Côté et collaborateurs, 1991) nous fournit un bel exemple pour commencer à réfléchir à ces questions. Fondé en 1910 par Henri Bourassa, pour « réveiller la conscience nationale, rétablir la juste notion de Dieu, de l'Église, de la société chrétienne et de la Patrie », *Le Devoir* est devenu au fil du temps un élément important du patrimoine québécois. Après le départ de Bourassa, ceux qui se sont succédé à la tête du journal, entre autres Georges Pelletier, Gérard Filion et Claude Ryan, ont su garder vivante la mission définie par son fondateur, en la remodelant pour l'adapter à la société québécoise en pleine évolution. Le quotidien est resté un journal engagé, un journal d'opinion, qui traite l'information en profondeur, l'analyse et la critique. Il est reconnu par tous pour sa grande qualité et sa rigueur intellectuelle, même si plusieurs le trouvent trop austère.

Au Québec, *Le Devoir* est vu comme une institution unique, tant par ses lecteurs — l'élite francophone québécoise — que par l'ensemble de la population. Même si on ne le lit pas, on y tient. Il suscite chez ses journalistes un grand attachement et une loyauté indéfectible à ses valeurs et à sa tradition. La plupart des journalistes québécois les plus réputés sont passés par *Le Devoir*. De plus, son directeur joue traditionnellement un rôle important de leader d'opinion ; il est très présent sur la place publique, au centre des débats. Toutefois, malgré son excellente réputation et son prestige, le quotidien connaît des difficultés financières. Dès

---

35. Les citations qui accompagnent cette description sont toutes tirées des deux cas publiés dans Côté et collaborateurs, 1991, p. 78-102 et 700-707.

les années 1960, bien que la clientèle potentielle du journal (les professionnels et les universitaires) augmente, son tirage reste stationnaire. La situation financière continue de s'aggraver pour devenir alarmante à la fin des années 1980.

Compte tenu de ses orientations, le quotidien n'a jamais été conçu comme une entreprise commerciale. D'ailleurs, son fondateur voulait une indépendance financière complète pour *Le Devoir*. Dans cet esprit, il avait créé l'Imprimerie Populaire qui imprimait le journal mais devait aussi offrir ses services d'imprimerie pour lui assurer une seconde source de revenus ; il avait également fondé la Société des amis du *Devoir* qui devait aider à assurer son financement. Mais, à la fin des années 1980, cela ne fonctionne plus ; les activités d'imprimerie ayant été abandonnées, le quotidien doit de plus en plus souvent faire appel à « ses amis » pour éponger ses déficits croissants. La survie du célèbre quotidien est en jeu.

Nommé directeur en 1986, Benoît Lauzière veut relancer le journal, augmenter son tirage et ses revenus publicitaires. Après avoir effectué de nombreux sondages auprès des lecteurs et tenu beaucoup de consultations internes, il lance *Le Nouveau Devoir*. Selon son directeur, « *Le Devoir* doit être un véhicule d'information et un journal d'opinion. Il a longtemps été un lieu exclusif de promotion de certaines idées et de la défense de la nation, de la justice et de la vertu. De nos jours, [...] il agit davantage comme un journal au sens professionnel du terme [...] » Les journalistes, cependant, ne l'entendent pas ainsi. Dans une déclaration publiée dans le quotidien par le syndicat des journalistes, ils réaffirment le mandat du *Devoir* à l'égard de la défense « du meilleur intérêt des Canadiens français, en général, et des Québécois francophones, en particulier » et indiquent clairement que, pour eux, « *Le Devoir* qui cessera d'être un journal engagé cessera d'être *Le Devoir* ». Ils reprochent notamment à leur directeur, à cause des efforts qu'il doit déployer pour résoudre les problèmes financiers, de ne pas être assez disponible pour jouer son rôle de leader d'opinion en écrivant régulièrement dans la page éditoriale.

En 1990, Benoît Lauzière annonce sa démission à la tête du *Devoir*. Il est remplacé par Lise Bissonnette, journaliste réputée, qui a longtemps travaillé au *Devoir*. Depuis son arrivée, madame Bissonnette tente de relancer le quotidien et de le sortir de son marasme financier. Dans la tradition des anciens directeurs du *Devoir*, elle est très présente sur la place publique, où elle jouit d'une grande crédibilité. Respectueuse de l'héritage du *Devoir*, elle veut le recentrer « sur les choix de société, sur une recherche systématique de sens ».

Malgré les problèmes financiers qui subsistent, *Le Devoir* est toujours là. Il semble que, tant qu'il restera suffisamment d'« amis » pour le sauver *in extremis*, tant que ses journalistes auront la « foi » et accepteront de faire les sacrifices qu'exige sa santé financière précaire, autrement dit tant que *Le Devoir* restera, comme le disait Denis Vincent, président du conseil d'administration, « la conscience collective des Québécois », il survivra.

D'une part, cet exemple montre bien ce que l'on entend généralement par le terme culture « forte » : un ensemble de valeurs et de pratiques, profondément ancrées dans l'histoire d'une organisation, qui guident son évolution. *Le Devoir*, cette institution québécoise, est sans aucun doute ce qu'on appellerait une organisation avec une culture « forte ». Par ailleurs, on le voit bien, une culture « forte » n'est pas un gage de réussite, à tout le moins, financière. D'autre part, le cas du *Devoir* illustre bien la force d'inertie de la culture organisationnelle. Dans un tel contexte, changer ce qui est au cœur de la culture du quotidien, par exemple son caractère engagé, équivaut, aux yeux de ses employés, à le tuer.

Le concept de culture, bien qu'utilisé très fréquemment dans la littérature en management, reste flou et controversé. De façon générale, on s'entend pour dire que la culture est l'ensemble des croyances, des schémas conceptuels, des valeurs, des normes et des pratiques partagés par les membres d'une organisation. Toutefois, l'utilisation que l'on fait de ce concept varie considérablement selon les écoles de pensée. Dans la perspective dominante, la culture est conçue comme un attribut organisationnel, un des sous-systèmes qui composent l'organisation. En ce sens, on peut dire que **l'organisation a une culture**, la culture étant vue comme une sorte de « ciment organisationnel », un élément intégrateur.

Pour certains auteurs de cette école (Killman et autres,1985 ; Peters et Waterman, 1982 ; Ouchi,1981 ; Tunstall, 1985), la culture devient même un levier que les dirigeants peuvent manipuler pour rendre leur entreprise plus performante, parce que mieux adaptée à son environnement. C'est à cette perspective que les notions de transformation culturelle et de culture forte sont généralement associées. Ainsi, on dirait qu'il faut transformer radicalement la culture du *Devoir* pour l'adapter à son nouvel environnement.

Toutefois, d'autres auteurs affirment que la culture organisationnelle doit être considérée non pas comme une variable organisationnelle mais plutôt comme un concept plus global (Schein, 1991). Dans cette perspective, **une organisation est une culture**. Ainsi, chaque organisation, en tant que communauté humaine, développe une culture particulière, compte tenu de son histoire et de ses expériences. Les dirigeants peuvent donc difficilement agir sur elle directement, puisqu'elle émerge au fil du temps. Jusqu'à un certain point, on pourrait dire que le changement culturel est vu ici comme une conséquence « naturelle » de l'évolution organisationnelle, et non pas comme un levier de changement. Il s'ensuit qu'une culture organisationnelle peut être plus ou moins performante ; elle peut aussi bien être un obstacle qu'un soutien à la réussite, selon qu'elle est plus ou moins adaptée aux exigences de l'environnement, entre autres choses. Dans cette perspective, transformer la culture du *Devoir* équivaudrait à la détruire, avec le risque que *Le Devoir* devienne un journal comme les autres.

Par ailleurs, comme le soulignent certains auteurs, entre autres Martin et Siehl (1983) et Riley (1983), les organisations sont rarement monolithiques ; il n'existe donc pas toujours **une** culture organisationnelle partagée par l'ensemble des employés, une culture « forte ». Certaines entreprises seraient plutôt caractérisées par la fragmentation : la diversité des perceptions, des valeurs et des pratiques. De plus, même dans les organisations où il existe une culture dominante, on retrouve des sous-cultures, c'est-à-dire des groupes ayant des valeurs, normes, logiques d'action et pratiques plus ou moins distinctes, souvent même partiellement conflictuelles. Par exemple, dans le cas des quotidiens, la logique commerciale du personnel administratif entre souvent en conflit avec la logique de service public des journalistes. Sauvageau (1988) exprime ainsi le point de vue des journalistes :

> Comment faire comprendre à des gestionaires et à un président, lui-même spécialiste du marketing, qu'un journal ne peut pas, de façon démagogique, donner au public que ce que les sondages révèlent qu'il désire ? Sa responsabilité d'information oblige en effet l'entreprise de presse à des comportements qui n'ont souvent rien à voir, dans une perspective à courte vue, avec la rationalité administrative.

La question qui se pose alors est celle de l'influence de ces sous-cultures sur la capacité de changer des organisations. Dans les pages qui suivent, nous allons traiter de cette question ainsi que de celles que nous avons énoncées plus haut.

Dans la première section de ce chapitre, nous donnons une définition générale de la culture organisationnelle. Dans la deuxième section, nous discutons brièvement du lien entre la culture organisationnelle et le changement, en nous basant sur des travaux représentatifs des différentes perspectives présentées précédemment.

Dans la dernière section, nous faisons quelques suggestions quant à la façon d'évaluer la culture d'une organisation. Cette analyse devrait permettre de vérifier l'existence d'une culture dominante, donner une idée du niveau d'adhésion à cette culture et faciliter la détermination des sous-cultures à l'intérieur de l'entreprise. Connaître ainsi l'organisation pourrait faciliter l'évaluation de l'effet d'un changement donné sur la culture organisationnelle et donc du risque de rejet de ce changement.

7.1 QU'EST-CE QUE LA CULTURE ORGANISATIONNELLE ?

Malgré la popularité du concept de culture organisationnelle et les nombreux écrits qui lui ont été consacrés, ce concept reste flou et difficilement opérationalisable. Toutefois, dans la littérature en management, la définition de Schein est l'une des plus rigoureuses et celle qui a eu le plus d'influence. Schein (1985, p. 9) définit ainsi la culture organisationnelle :

> *Ensemble de postulats fondamentaux — qu'un groupe donné a inventés, découverts ou élaborés en apprenant à faire face à ses problèmes d'adaptation externe et d'intégration interne — qui a fonctionné assez bien pour être considéré comme valide et enseigné aux nouveaux membres du groupe comme étant la manière juste de percevoir, de penser et de ressentir en relation avec ces problèmes.*

(Traduction libre)

Pour Schein, la culture est conçue comme un ensemble interrelié de trois niveaux, allant du plus profond et intangible au plus superficiel et manifeste. Le premier niveau, et le plus difficilement accessible, est celui des **postulats de base**. Il s'agit des croyances, des perceptions et des sentiments profondément enracinés et tenus pour acquis concernant la nature de la réalité, de l'homme, de l'activité humaine, des relations humaines et de la relation avec l'environnement, etc., qui orientent, inconsciemment, nos perceptions et nos façons de penser. Ainsi, selon que l'on croit que les hommes sont fondamentalement opportunistes ou responsables, notre perception et notre compréhension du comportement des autres seront différentes.

Le second niveau est celui des **valeurs** qui, bien que tenues pour acquises, peuvent être mises au jour et articulées dans l'énoncé de mission de l'organisation, par exemple. Ces dernières ont un caractère normatif et attirent l'attention sur ce qui est jugé important, ce qui est valorisé ou, au contraire, perçu comme étant inacceptable. Les objectifs, la stratégie et la philosophie de gestion font partie du niveau des valeurs. Ainsi, la qualité du produit et l'innovation peuvent faire partie des valeurs dans une organisation, tandis que, dans une autre, le contrôle des coûts et l'efficacité seront mis de l'avant. Selon Schein, c'est à partir du système de valeurs que l'on peut déduire les postulats de base qui, eux, sont inaccessibles.

Enfin, le troisième niveau, et le plus visible, est celui des **artefacts culturels**, c'est-à-dire l'univers social et physique construit par les membres de l'organisation. Il s'agit des manifestations tangibles des autres niveaux de la culture. Ce niveau englobe les pratiques organisationnelles, les structures, les systèmes, les produits et tous les éléments physiques de l'organisation ainsi que le langage, les symboles et les cérémonies, etc. Si l'on prend les trois quotidiens montréalais : *Le Devoir*, *Le Journal de Montréal* et *La Presse*, il est clair, même en ne regardant que le produit — son format, son style et son contenu — qu'il s'agit là de trois entreprises à la culture fort différente. Par exemple, *Le Journal de Montréal* a adopté le format tabloïd, qui reflète bien sa culture populaire, avec une première page colorée, remplie de photos et de gros titres sensationnalistes, une typographie singulière et, à l'intérieur, des textes courts rédigés dans une langue facile à comprendre. À l'opposé, *Le Devoir*, même après son «rajeunissement», a conservé un grand format, une première page au style dépouillé, avec une typographie sobre et des textes longs et complexes, qui cadrent bien avec sa culture plus élitiste. Entre les deux se trouve *La Presse*, à la culture cosmopolite, dont la une, avec photo couleur, est relativement sobre ; *La Presse* présente des textes plus courts que ceux du *Devoir* mais moins superficiels que ceux du *Journal de Montréal* et a un style plutôt neutre.

Comme le mentionne Schein, bien qu'il soit facile d'observer ces artefacts culturels, la tâche la plus difficile et la plus importante est de les interpréter, de comprendre ce qu'ils veulent dire pour les membres de l'organisation, c'est-à-dire de révéler comment ils sont reliés entre eux et avec les niveaux plus profonds. D'après Schein, c'est à partir du niveau des artefacts que l'on peut inférer les valeurs puis les postulats de base. De plus, comme le niveau des artefacts englobe tout le comportement organisationnel qui est également influencé par le contexte immédiat, les événements ponctuels, il importe de distinguer ce qui est de l'ordre du conjoncturel de ce qui est représentatif des structures plus durables.

Cette dernière remarque nous amène à parler des dimensions importantes à considérer pour spécifier la culture organisationnelle. En effet, la définition qui précède permet de considérer toute activité organisationnelle, qu'elle soit de nature cognitive, émotionnelle, comportementale, symbolique ou physique, comme pertinente pour une étude de la culture.

C'est pourquoi, comme le mentionne Schein, les dimensions génériques ne sont utiles qu'à un niveau d'abstraction relativement élevé. Ainsi, la définition de Schein permet de mettre en évidence deux grandes dimensions, qu'il appelle les tâches d'adaptation externe et les tâches d'intégration interne, et qui se rapportent aux problèmes fondamentaux que toute organisation doit régler de façon satisfaisante si elle veut survivre. Ces dimensions très larges sont découpées par Schein (1991, p. 249) en un certain nombre de catégories intéressantes. Pour l'**adaptation externe**, il mentionne les suivantes : la mission de l'organisation, sa stratégie, les critères utilisés pour évaluer la performance et la façon de corriger les situations insatisfaisantes. Pour l'**adaptation interne**, les thèmes suivants sont énumérés : le langage utilisé, la nature des frontières entre les groupes, la façon dont les ressources sont allouées, la nature des relations interpersonnelles, les normes et la façon dont sont gérées les questions délicates comme l'idéologie et la religion.

Comme on peut le constater, l'analyse de la culture organisationnelle implique donc que l'on s'intéresse à tout ce qui touche l'organisation et il va de soi que, pour chaque organisation, l'ensemble des réponses sera très différent. En effet, la culture d'une organisation donnée reflète ce qu'elle a appris, en tentant de résoudre les problèmes de survie particuliers à son histoire (Schein, 1991, p. 248).

Cette dernière remarque nous amène à parler de la stabilité de la culture organisationnelle. En effet, selon Schein, c'est ce processus d'apprentissage collectif qui explique pourquoi la culture exhibe une grande inertie. C'est par l'expérimentation d'actions basées sur les postulats de base et les valeurs du dirigeant que le groupe apprend. Les succès permettent de valider les postulats et les valeurs de la direction, et la répétition du cycle permet leur intériorisation par les membres de l'organisation. La validation est à la fois externe et interne. La validité externe est mesurée par la performance de l'organisation, tandis que la validité interne provient de la capacité de ces postulats de base et de ces valeurs à réduire l'anxiété en rendant l'univers plus significatif et plus prévisible. Pour que l'apprentissage collectif fasse partie de la culture, il est important, comme le souligne Schein, que ces postulats de base et ces valeurs soient transmis aux nouveaux membres de l'organisation. Ce processus de socialisation est, selon Schein, le véritable test du consensus et du caractère « tenu pour acquis » des postulats de base.

Le processus de socialisation est donc un processus de renforcement culturel qui permet de réduire l'anxiété des membres en donnant du sens à ce qu'ils vivent et qui assure une plus grande efficacité organisationnelle, puisqu'il diminue le temps de recherche de solutions et oriente les gens dans la même direction. Il en résulte que la culture organisationnelle est, par définition, stable et très difficile à changer. Pourtant, dans la littérature en management, on parle beaucoup, depuis le début des années 1980, de changement culturel. Qu'a-t-on appris sur le sujet ?

7.2 LA CULTURE ET LE CHANGEMENT

Comme on vient de le mentionner, la culture émerge de la répétition routinière des pratiques organisationnelles ayant mené au succès ainsi que de l'intériorisation par tous les membres des postulats et des valeurs sur lesquels ces pratiques sont basées. La création d'une culture résulte donc d'un cercle vertueux (Gagliardi, 1986) : le succès renforce la culture et une culture « forte » augmente le succès. La culture en vient donc à influer très fortement sur tout ce que fait l'organisation, d'autant plus qu'on la tient de plus en plus pour acquise, donc qu'elle fonctionne au niveau inconscient. À cette étape de la vie d'une entreprise, la culture est une source de dynamisme organisationnel. Mais qu'arrive-t-il si l'environnement change ou encore si une croissance organisationnelle trop rapide entraîne la fragmentation culturelle, en empêchant la socialisation des nouveaux membres ?

L'organisation risque alors de connaître des difficultés, de vivre des situations d'échec et de malaise, parce que sa culture n'est plus fonctionnelle, ne permettant plus de résoudre adéquatement les problèmes d'adaptation externe et d'intégration interne. Or, selon Gagliardi (1986), les organisations n'apprennent pas de leurs expériences négatives. L'insuccès ne fait que renforcer l'inertie de la culture existante à cause de l'anxiété des membres qui tend à augmenter dans les situations de crise. Ou encore, l'émergence de sous-cultures peut affaiblir la culture dominante, ce qui mène à une escalade des conflits organisationnels.

L'entreprise est alors piégée dans un cercle vicieux (Gagliardi, 1986 ; Hampden-Turner, 1982) si une nouvelle culture ne parvient pas à émerger (Wilkins et Dyer, 1988).

▶ *Proposition 1*

Au stade d'émergence d'une organisation, la culture accroît la pression pour le changement, alors qu'au stade de maturité, la stabilisation de la culture ou l'escalade des conflits entre sous-cultures accroît l'inertie organisationnelle.

Compte tenu de la grande inertie de la culture organisationnelle, de quoi est-il question lorsqu'on parle de changement culturel ? Quelle est l'influence des sous-cultures sur la capacité de changer de l'organisation ? Lorsqu'on examine les études portant sur le changement culturel, on peut utiliser la typologie de Gagliardi (1986) pour regrouper en trois types les changements dont il est question : le changement culturel apparent, la révolution culturelle et l'incrémentalisme culturel.

7.2.1 LE CHANGEMENT CULTUREL APPARENT

Certains auteurs qui conçoivent la culture comme un outil de changement définissent comme une transformation culturelle tout changement qui touche les manifestations culturelles tangibles. Or, selon Gagliardi (1986), il peut s'agir là d'un changement culturel apparent, et la culture organisationnelle change pour mieux rester la même. Souvent, les organisations changent de façon importante, mais les changements se situent surtout au niveau des artefacts culturels, des manifestations superficielles de la culture.

En un sens, dans ce type de changement, la culture profonde (le niveau des postulats de base, dans la définition de Schein) est en fait un moteur du changement. Le niveau de stress dans l'organisation amène celle-ci à changer pour préserver sa culture. Récemment, la vénérable revue américaine *New Yorker* publiait un éditorial intitulé « Making change : it's the only way to stay the same », dans lequel Brendan Gill, son rédacteur, expliquait que c'est en évoluant constamment que le magazine avait pu préserver ce que ses lecteurs considéraient comme l'une de ses qualités les plus admirables : une identité inaltérable.

Naturellement, le potentiel de réussite de ce type de changement dépendra de l'adéquation entre les exigences du contexte et la nature des postulats de base et des valeurs de l'organisation. Gagliardi (1986) représente la culture organisationnelle sous la forme d'un éventail : la partie du bas, plus étroite, étant le niveau profond des postulats de base, alors que la partie du haut, plus large, est l'ensemble des artefacts culturels. Selon les postulats de base, affirme-t-il, l'éventail de manifestations culturelles compatibles sera plus ou moins large. Si parmi les manifestations culturelles acceptables, certaines sont des réponses valables aux défis posés par l'environnement, un changement culturel profond peut être évité. Dans ce cas, le dirigeant peut réduire l'inertie et faciliter le changement en l'associant à la culture actuelle.

▶ *Proposition 2*
Plus les changements apportés sont considérés comme compatibles avec la culture profonde, moins l'inertie sera grande.

7.2.2 LA RÉVOLUTION CULTURELLE

Certains auteurs, notamment Peters et Waterman (1982) et Ouchi (1980), élaborent un concept de culture que l'on pourrait qualifier d'« idéale » : la culture de l'excellence et la culture du clan. Elles ont en commun d'être axées sur l'initiative personnelle, la décentralisation, le décloisonnement et l'innovation; cette combinaison offrirait justement, selon ces auteurs, un éventail plus large de possibilités, pour reprendre l'image de Gagliardi. Ils suggèrent donc de transformer la culture des organisations bureaucratiques et conservatrices pour en faire des entreprises innovatrices et dynamiques.

Quand le changement implique que des postulats de base et des valeurs profondes doivent ête remplacés, on a affaire à une révolution culturelle.

Dans ce type de changement, il y a opposition entre certains éléments de la culture profonde et les nouveaux éléments que la direction voudrait y intégrer. C'est à ce type de changement que font référence les auteurs qui parlent de transformation ou de révolution culturelle (Allaire et Firsirotu, 1985 ; Kilmann et autres, 1985). Selon Gagliardi (1986, p. 131), ce type de changement est très difficile à mener : « Il est toujours extrêmement coûteux et nécessite la défection massive de l'ancien personnel et un influx de nouveau personnel. » Naturellement, ce changement exige le remplacement de l'équipe de direction qui est trop imprégnée de l'ancienne culture. Comme le mentionnent Schein (1985 : 5) et Gagliardi (1986, p. 131), ce genre de changement correspond en fait à une destruction de l'ancienne organisation et mène à la construction d'une autre à sa place.

Or, il est relativement plus facile de détruire l'ancienne culture que d'en créer une nouvelle qui soit conforme à ce qui avait été voulu et planifié par la nouvelle équipe de direction. Ainsi, à Hydro-Québec, on a tenté au début des années 1980 de réaliser une transformation culturelle en mettant en évidence la rupture entre d'importants éléments de la culture existante et la culture à venir, comme le montre le tableau 1 ci-après préparé par l'équipe de direction. Or, à la fin des années 1980, malgré des résultats financiers impressionnants, on n'avait pas réussi, selon les dires des dirigeants, à transformer la société d'État d'une entreprise de service public axée sur la construction de barrages à une entreprise commerciale axée sur la clientèle. Les gens à l'interne disaient : « Hydro-Québec n'a plus d'âme. » (Hafsi et Demers, 1989)

Tableau 1 : Changement de culture à Hydro-Québec

VALEURS VÉCUES AVANT LA RÉORGANISATION	VALEURS EN VOIE D'INTÉGRATION
▸ Tout est prévu (statique).	▸ Tout est en mouvement (dynamique).
▸ Faible compétition avec l'externe.	▸ Compétition accrue avec l'externe.
▸ Stabilité et immuabilité de l'entreprise (Pourquoi changer ? La charge du changement incombe à celui qui veut le mettre en œuvre).	▸ Flexibilité, innovation, adaptation de l'entreprise (Pourquoi ne pas changer ? La charge du changement incombe à celui qui veut l'arrêter).
▸ Accent sur la mise en chantier.	▸ Accent sur la mise en marché.
▸ Indépendance des spécialités.	▸ Mentalité corporative.
▸ Centralisation.	▸ Décentralisation.
▸ Service à la clientèle fortement influencé par les contraintes de l'entreprise.	▸ Service à la clientèle orienté vers les besoins des clients.
▸ Dépendance du gestionnaire, lourdeur administrative (contrôle en cours d'action).	▸ Autonomie du gestionnaire (contrôle *a posteriori*).
▸ Gestion centrée sur les moyens.	▸ Gestion centrée sur les résultats.
▸ Responsabilité d'unité administrative (non personnalisée).	▸ Responsabilité des individus qui doivent rendre des comptes.
▸ Qu'est ce que l'entreprise fait pour nous ?	▸ Qu'est-ce que je fais pour l'entreprise ?
▸ Gestionnaire responsable de s'ajuster au changement (actif — réactif).	▸ Gestionnaire responsable de proposer le changement (proactif).
▸ On voulait tout faire (tout était nécessaire).	▸ On procède par priorité (accent mis sur l'essentiel).
▸ La productivité : l'employé est vu comme un instrument de production comme les autres (une paire de bras).	▸ L'employé est vu comme la source première de productivité, comme un producteur d'idées.

Source : Hafsi et Demers (1989, p. 6).

Reger et autres (1994) indiquent que la culture, l'ensemble de postulats de base et de valeurs, est en fait bâtie sur l'opposition, c'est-à-dire que chaque élément de la culture est l'un des pôles d'une opposition. Cela suggère qu'il est très important de bien analyser la culture pour décoder les oppositions et savoir si certaines des valeurs que l'on veut mettre de l'avant s'opposent aux valeurs et aux postulats actuels. Reger et autres suggèrent qu'un changement qui implique un écart trop grand ou une rupture trop profonde (c'est-à-dire un trop grand nombre d'oppositions entre les valeurs et les postulats de base actuels et nouveaux) va être perçu comme impossible à réaliser par les participants et va susciter beaucoup de résistance. Si l'on reprend l'exemple d'Hydro-Québec, ce changement constituait une rupture importante et présentée comme telle par la direction. En effet, le tableau présenté précédemment souligne bien les oppositions entre l'avant et l'après changement. Dans ces circonstances, les membres de l'organisation sont totalement désorientés et doivent tout réapprendre.

Proposition 3
Plus les changements apportés sont vécus comme en opposition avec la culture, plus l'inertie organisationnelle va augmenter.

7.2.3 L'INCRÉMENTALISME CULTUREL

D'autres auteurs, qui conçoivent l'organisation comme une communauté culturelle, font plutôt ressortir l'aspect évolutif et progressif du changement culturel. En effet, comme le mentionne Hatch (1993), la culture, même si elle est stable, n'est pas statique. Les organisations sont en constante évolution. Comme le contexte change toujours, elles doivent s'adapter et elles apprennent de leurs expériences. Mais leur apprentissage modifie graduellement, sans la remettre en cause profondément, la culture dominante. Il s'agit là, en fait, d'un processus de changement émergent naturel.

D'ailleurs, les organisations qui ne sont pas conscientes de leur culture auraient tendance à dériver. Ainsi, Lodahl et Mitchell (1995) décrivent comment une université à la culture innovatrice a dérivé au fil du temps vers le conservatisme, faute d'avoir su attirer et socialiser adéquatement la relève. Ainsi, les éléments culturels qui ne sont pas renforcés perdent graduellement de leur importance et cessent de faire partie de la culture.

Toutefois, on peut, selon Schein, gérer le changement en adoptant une stratégie proche de l'incrémentalisme logique de Quinn (1978), c'est-à-dire en faisant par étapes de petits changements. En amenant progressivement les membres de l'entreprise à modifier certaines valeurs et certains postulats de base, ces changements aux artefacts culturels pourront éventuellement changer la culture de manière significative. Ainsi, à l'Imprimerie Gagné, le leader de l'impression de livres à reliure souple au Québec, l'implantation de la qualité totale était vue au départ comme un changement relativement mineur. En effet, la qualité du produit et du service faisait déjà la renommée de cette entreprise. Or, la mise en œuvre de ce changement des pratiques a par un effet d'enchaînement amené l'entreprise à modifier significativement sa culture. Notamment, son style de gestion a été transformé, les valeurs d'autonomie et de responsabilisation prenant une nouvelle signification.

De plus, selon Gagliardi, si les nouvelles valeurs ne sont pas en opposition avec les valeurs actuelles mais simplement différentes, le changement est possible sans que l'organisation existante soit détruite. L'ajout de nouvelles valeurs permet l'élargissement de l'éventail d'options possibles pour l'organisation. Dans ce cas, le principal problème est l'intégration des nouvelles valeurs aux anciennes. Selon Gagliardi, les postulats et les valeurs n'existent pas côte à côte dans une culture ; ils forment un ensemble intégré et hiérarchisé qui permet d'éviter les conflits. Par exemple, le service à la clientèle et le contrôle des coûts peuvent coexister dans la même culture dans la mesure où la hiérarchisation permet de trancher dans les situations où ces deux valeurs sont en conflit. Ainsi, à Hydro-Québec lors du virage des années 1980, la difficulté à faire cet arbitrage était un des problèmes avec lequel devaient vivre les employés de l'exploitation (Demers, 1990). Habitués à offrir le meilleur service technique sans trop se préoccuper des coûts, les employés voyaient mal comment le service à la clientèle pouvait être maintenu dans un contexte de compressions budgétaires. La résolution de ce dilemme demandait, entre autres choses, que l'on redéfinisse le service à la clientèle.

Hampden-Turner (1982) va dans le même sens lorsqu'il dit que la culture est fondée sur des dilemmes et que sa principale fonction est justement de résoudre les dilemmes, de prendre conscience et de discuter des conflits. L'intégration progressive de nouvelles valeurs dans la hiérarchie préexistante et la démonstration de leur pertinence, grâce au succès obtenu dans l'utilisation du nouveau répertoire, permet donc à l'organisation d'apprendre et d'évoluer. Ainsi, le cas du Mouvement Desjardins, cette coopérative d'épargne et de crédit, fondée au tournant du siècle pour permettre à la population québécoise de se soustraire aux usuriers et de s'émanciper économiquement, illustre bien cela. Les notions d'épargne et de crédit, qui sont au cœur de l'activité des caisses populaires, posent dans leur articulation un problème de valeurs pour le Mouvement Desjardins. En effet, la finalité des caisses étant l'émancipation économique de leurs membres, la pratique du crédit pourrait lui être incompatible, puisqu'elle entraîne ces derniers à s'endetter. Ce dilemme est résolu au départ par le recours au concept de crédit productif, c'est-à-dire l'emprunt qui constitue un investissement en vue de l'enrichissement futur du membre. Pour soutenir une telle vision du crédit, des pratiques appropriées ont été élaborées, notamment la création, dans chaque caisse populaire, d'une commission de crédit formée de personnes élues par les membres. Cette commission, qui n'existe plus maintenant, avait pour tâche d'évaluer les demandes de crédit et d'autoriser les prêts. Les formulaires de demande d'emprunt devaient indiquer le but de l'emprunt pour que la commission puisse faire l'évaluation du caractère productif du prêt. Comme le décrit Giroux (1993), cette idéologie entourant le crédit a marqué, de façon profonde, le développement de la culture de Desjardins. L'arrivée de la carte de crédit, à la fin des années 1960, a remis à l'ordre du jour le conflit latent entre épargne et crédit, amenant d'ailleurs l'organisation coopérative à rejeter la carte en 1975. Mais, cinq ans plus tard, Desjardins revient sur ses positions et lance la carte Visa-Desjardins. Que s'est-il passé ? C'est en redéfinissant la carte de crédit comme une carte de paiement, ce qui était, en partie, conforme avec l'utilisation qu'en faisaient les consommateurs, que l'institution a pu, de nouveau, trouver un moyen de solutionner le dilemme en maintenant sa culture.

▶ *Proposition 4*
L'intégration progressive d'éléments différents mais non antagonistes réduit l'inertie organisationnelle.

7.2.4 L'INFLUENCE DES SOUS-CULTURES SUR LE CHANGEMENT

Une des conséquences possibles de l'évolution naturelle d'une organisation est l'affaiblissement de la culture dominante au profit de sous-cultures. L'existence même de sous-cultures, parce que l'interaction entre ces dernières crée des tensions à l'interne, constitue une source potentielle de changement. Ces tensions peuvent mener soit au remplacement de la culture dominante par une des sous-cultures, soit à la création d'une nouvelle culture par la synthèse de certains éléments de la culture dominante et de diverses sous-cultures, soit à la fragmentation culturelle.

Comme le soulignent Hampden-Turner (1982) et Schein (1985), les conflits entre les différentes sous-cultures peuvent mener à la fragmentation culturelle et à la paralysie organisationnelle. Toutefois, comme le suggèrent Wilkins et Dyer (1988), l'existence de sous-cultures organisationnelles peut favoriser le changement en offrant un éventail de différentes façons de faire et de penser, déjà expérimentées par certains groupes à l'intérieur de l'organisation. En effet, si la culture permet la résolution de problèmes et la réduction du stress, on peut penser que, dans des situations de stress important, une organisation sera davantage poussée à changer si des solutions de rechange sont disponibles à l'interne que s'il faut reconstruire *de novo*.

Souvent, en effet, les changements organisationnels sont mus par des groupes qui représentaient une façon de faire jusque-là marginale. Ainsi, malgré ce que l'on a dit sur les difficultés rencontrées lors du changement radical entrepris à Hydro-Québec, l'existence à l'intérieur de l'entreprise de sous-groupes, comme la SEBJ (Société d'énergie de la Baie James), une filiale chargée de la construction qui était axée sur le contrôle des coûts et l'efficacité plutôt que sur l'excellence technique, a favorisé au départ la réalisation du changement. En effet, des gestionnaires de ce groupe ont participé au changement dans le groupe Équipement, tentant de substituer la culture SEBJ à la culture existante au sein de ce groupe.

Proposition 5
L'existence de sous-cultures organisationnelles constituera une pression pour le changement organisationnel si l'une des sous-cultures réussit à dominer ou s'il y a une synthèse entre les cultures.

L'ÉVALUATION DE L'EFFET COMBINÉ DES VARIABLES CULTURELLES

Comme on l'a vu, la culture augmentera l'inertie organisationnelle dans la mesure où le changement ira à l'encontre des pratiques, des valeurs et des présupposés qui la sous-tendent. Une analyse de l'influence de la culture sur la capacité de changer d'une entreprise nécessite donc que l'on connaisse bien la culture interne et que l'on soit en mesure d'évaluer l'écart entre celle-ci et le changement souhaité.

Dans les paragraphes qui suivent, nous proposons un questionnaire qui constitue un point de départ pour mettre au jour la culture organisationnelle.

L'analyse de la culture

Ici, il est important de souligner qu'il est très difficile pour les membres d'une organisation de prendre conscience de leur propre culture; ils n'ont généralement pas suffisamment de recul. Il peut alors être utile de faire une comparaison systématique avec d'autres entreprises équivalentes ou de demander à un intervenant externe de participer à l'analyse.

Les questions qui suivent sont très générales et constituent une première façon d'aborder les questions culturelles dans l'organisation. En effet, il est difficile sans être abstrait de suggérer des questions qui soient pertinentes pour toutes les organisations, parce que chaque culture est unique. L'objectif de cet outil de diagnostic est de mettre en évidence les dimensions les plus importantes à considérer. Ces questions sont adaptées de Schein (1985, 1991).

a)   Quelle est la relation de votre organisation avec l'environnement? Par exemple, vous percevez-vous comme dominant ou suiveur, agressif ou coopératif, protégé ou vulnérable?

b)   Quelle est la façon d'agir qui est considérée comme «correcte» dans votre organisation? Par exemple, est-il préférable d'être agressif et proactif ou conciliant et conservateur? Est-on fataliste ou optimiste? Faut-il être coopératif ou compétitif? autoritaire ou participatif?

c) Quels sont les critères par lesquels on détermine ce qui est vrai ? Par exemple :
— l'expérimentation ;
— la sagesse ;
— l'expertise ;
— le consensus social.

d) Quelle orientation temporelle est valorisée dans l'entreprise ? Par exemple, est-on plutôt tourné vers le passé, le présent ou le futur ? Comment découpe-t-on le plus souvent le temps dans votre entreprise ?

e) Quelle est l'opinion dominante sur la nature des êtres humains ? Par exemple, considérez-vous que les êtres humains sont généralement bien intentionnés et fiables ou opportunistes et manipulateurs ? Considérez-vous que les êtres humains peuvent changer, s'améliorer ?

f) Quelles sont les valeurs dominant le comportement collectif ? Par exemple, préfère-t-on qu'un groupe soit homogène ou très diversifié ? Les gens sont-ils encouragés à être conformistes ou à innover ?

Comme nous l'avons déjà mentionné, Schein (1985) a également mis en évidence deux grandes dimensions, l'adaptation externe et l'intégration interne, qui se rapportent aux grandes problématiques que tout groupe doit résoudre pour assurer sa survie. Il propose la série de questions suivantes qui, bien qu'encore très générales, portent plus spécifiquement sur ces deux aspects du fonctionnement de l'organisation.

g) Pour l'adaptation externe :
— **La mission :** Quelles sont la raison d'être, la fonction et les tâches primordiales de l'organisation vis-à-vis de l'environnement ?
— **La stratégie :** Quels sont les objectifs particuliers poursuivis par l'organisation, les principaux moyens pour les atteindre ?
— **La performance :** Quels sont les critères utilisés pour évaluer les résultats ?
— **La correction :** Que fait-on pour redresser la situation lorsque les objectifs ne sont pas atteints ?

h)   Pour l'intégration interne :
— **Le langage** : Quel langage et quel système conceptuel sont utilisés ?
— **Les frontières** : Quelle est la nature des frontières organisationnelles et quels sont les critères d'inclusion/exclusion dans le groupe ?
— **Les ressources** : Quels sont les critères d'allocation de ressources incluant le statut, le pouvoir et l'autorité ?
— **Les relations** : Quels sont les critères régissant les relations d'intimité et d'amitié dans les différents contextes organisationnels ?
— **Les normes** : Quels sont les critères de récompense et de punition ?
— **La religion et l'idéologie** : Quels sont les concepts utilisés pour gérer ce qui est « ingérable » ?

Naturellement, pour qu'une analyse de la culture soit vraiment complète, il faut également inventorier les pratiques, les routines qui ordonnent la vie des gens au quotidien et qui ont une influence subtile sur le fonctionnement organisationnel. Ces pratiques étant propres à chaque organisation, seule une « ethnographie » de l'entreprise peut les mettre au jour. Toutefois, les questions précédentes sont un bon point de départ et peuvent stimuler une discussion qui révèle des caractéristiques du fonctionnement organisationnel souvent tenues pour acquises. Les questions qui font l'objet de débats sont particulièrement importantes à retenir, car elles sont potentiellement les plus significatives pour la capacité de changer de l'entreprise, comme nous le verrons plus tard.

L'effet du changement sur la culture

Une fois l'analyse culturelle terminée, il faut, pour chacune des dimensions répertoriées en *g* et *h*, se demander si le changement envisagé est compatible ou incompatible avec la culture actuelle, c'est-à-dire s'il renforce ou s'il nécessite la disparition de cet aspect de la culture. Le changement souhaité peut également être neutre par rapport à la dimension évaluée, parce qu'il ne touche pas les éléments considérés jusque-là comme significatifs sur le plan culturel.

a) Par rapport à la relation avec l'environnement, ce changement est :
   ☐ incompatible   ☐ neutre   ☐ compatible

b) Par rapport à notre façon d'agir, ce changement est :
   ☐ incompatible   ☐ neutre   ☐ compatible

c) Par rapport à nos critères de vérité, ce changement est :
   ☐ incompatible   ☐ neutre   ☐ compatible

d) Par rapport à notre orientation temporelle, ce changement est :
   ☐ incompatible   ☐ neutre   ☐ compatible

e) Par rapport à notre perception de la nature humaine, ce changement est :
   ☐ incompatible   ☐ neutre   ☐ compatible

f) Par rapport à notre conception du groupe, ce changement est :
   ☐ incompatible   ☐ neutre   ☐ compatible

g) Par rapport à notre adaptation externe[36], ce changement est :
   ☐ incompatible   ☐ neutre   ☐ compatible

h) Par rapport à notre intégration interne[37], ce changement est :
   ☐ incompatible   ☐ neutre   ☐ compatible

L'interprétation des résultats

La pondération qui est proposée dans les paragraphes qui suivent est plausible, compte tenu de ce que nous savons. Toutefois, elle n'a pas été testée systématiquement. De toute façon, nous ne l'incluons qu'à titre indicatif, car nous croyons que chaque entreprise devrait l'adapter pour tenir compte des circonstances particulières dans lesquelles elle évolue. Les réponses à la première partie servent surtout de point de référence pour répondre aux questions de la deuxième partie. Les réponses aux questions de cette deuxième partie seraient évaluées comme suit :

36. Pour plus de précision, on peut répondre séparément à chacune des sous-questions sous la rubrique adaptation externe.
37. Pour plus de précision, on peut répondre séparément à chacune des sous-questions sous la rubrique intégration interne.

- ▸ incompatible 5 pts
- ▸ neutre 2 pts
- ▸ compatible -3 pts

Si le changement est incompatible, la culture actuelle le freinera. Dans le cas d'un changement compatible, on bénéficie d'un certain momentum, alors que, dans le cas d'un changement qui se situe entre les deux extrêmes, on éprouvera certaines difficultés liées au réaménagement de la culture existante pour faire une place aux nouveaux éléments. Dans ce cas, il faut être sensible aux nuances et ne pas conclure de manière hâtive que le changement sera sans conséquences. La somme des réponses de la seconde section donne une idée de l'influence de la culture actuelle sur la capacité de faire le changement envisagé. Le maximum de points[38] signifie que le changement est en rupture totale avec la culture actuelle et nécessite la destruction de l'ancien pour créer le nouveau. Il s'agit du changement le plus difficile à faire, parce qu'on ne peut s'appuyer sur aucun élément existant pour faciliter le passage. Par ailleurs, un minimum de points signifierait que le changement ne touche pas réellement à la culture ; au contraire il peut s'appuyer sur elle, ce qui peut donner un momentum au changement.

L'influence des sous-cultures

Dans la partie précédente, l'analyse se faisait avec l'hypothèse qu'il existait *une* culture organisationnelle. Cependant, la plupart des organisations ne sont pas monolithiques et des sous-cultures coexistent avec la culture dominante. Or, l'existence de sous-cultures peut constituer une pression au changement parce qu'elle peut signifier (1) un attachement moins grand à la culture dominante et (2) des pratiques et des valeurs différentes chez certains membres de l'organisation.

Une façon de vérifier le degré de partage de la culture est de faire un sondage. Ensuite, on peut tenter à partir des résultats de préciser les sous-groupes culturels. Naturellement, un sondage est un instrument un peu grossier pour traiter de telles questions, car il force les répondants

---

38. Le maximum serait de 40 points si l'on répondait aux questions G et H sur l'adaptation externe et l'intégration interne de façon générale et de 80 points si l'on répond à chacune des sous-questions séparément.

à réagir à l'interprétation des autres plutôt qu'à donner la leur. Toutefois, les débats suscités par l'analyse elle-même peuvent fournir des indices quant aux principales divergences.

En résumé, on doit tenter de répondre aux deux questions suivantes :

a)   Quel est le degré d'attachement des différents groupes à la culture?
☐ faible   ☐ moyen   ☐ fort

b)   Pour chaque sous-culture, le changement envisagé est-il
☐ incompatible   ☐ neutre   ☐ compatible

L'interprétation des résultats

Pour la question *a*, un degré d'attachement faible = 0 pt; moyen = 2 pts; fort = 5 pts. À la question *b*, les résultats sont comptabilisés de la façon suivante :

▶   incompatible   (5 pts x nombre de sous-cultures)
▶   neutre   (2 pts x nombre de sous-cultures)
▶   compatible   (-3 pts x nombre de sous-cultures)

Le résultat de cette somme s'ajoute au résultat précédent; plus il est élevé, plus la capacité de changer de l'organisation sera réduite.

{ Chapitre 8 }

LES DIMENSIONS
HUMAINES DU CHANGEMENT

Nous vivons une période marquée par des transformations de société tellement profondes que les coûts, pour des couches entières de population, sont considérables et l'objet des manchettes quotidiennes des médias. Ainsi, en 1996, la France tout entière a été secouée par les grèves que les employés du secteur public ont déclenchées pour protester contre les compressions dans les programmes sociaux ou la suppression de ceux-ci. À l'image des événements de 1968, les thèmes des manifestations touchaient la nature du contrat social et la nécessité de préserver les relations sociales établies plutôt que d'augmenter les gains des entreprises. Au même moment, événement d'importance moindre mais non moins significatif, les pêcheurs de Gaspésie et des citoyens de partout au Canada manifestaient leur désaccord envers les réformes des programmes sociaux en scandant le mot d'ordre : « Nous voulons du travail ! »

À une échelle moins grande, au niveau des entreprises, les problèmes ne sont pas moins aigus. Les entreprises semblent, malgré les bonnes intentions de leurs dirigeants, emportées par un mouvement brutal de réduction des coûts. Ce mouvement, imposé par une mondialisation incontrôlée de la concurrence, se manifeste par toutes sortes d'actions destinées à accroître l'efficacité, comme la réingénierie, les améliorations continues, le management matriciel, le *right-sizing*, etc. Il est aussi marqué par une diminution sensible du nombre d'emplois et de la précarité de ceux qui restent, avec en corollaire l'accroissement des inquiétudes et des incertitudes que vivent les employés. Ces changements détruisent ce que Stevenson et Moldoveanu appelaient « la prévisibilité », un besoin humain particulièrement important, et forcent les employés à maintenir leur CV reluisant tout en diminuant leur engagement et leur attachement à l'organisation.

On penserait, à regarder ce qui se produit, que les personnes ont peu d'importance dans ce formidable mouvement d'adaptation aux nouvelles formes de la concurrence. Pourtant, le discours dominant, chez les dirigeants d'entreprises et d'organismes étatiques, a tendance à insister sur le fait que « rien n'est plus important que les personnes ». Ce curieux paradoxe qui fait que « les ressources les plus précieuses » sont aussi les plus dilapidées est la manifestation la plus frustrante de la gestion d'aujourd'hui. Comme Hafsi et Toulouse (1996) le décrivent ailleurs, au moment où la vie des gens a atteint, collectivement et individuellement, un niveau des plus raffinés et que, par conséquent, ils ont besoin de plus d'attention, les outils de gestion disponibles, surtout en situation de complexité, sont réduits et ne peuvent permettre qu'une gestion approximative.

Cette évolution dramatique de la situation, où s'opposent les besoins de plus en plus raffinés des personnes et la gestion de plus en plus grossière des entreprises étant donné la complexité grandissante des organisations, devrait faire l'objet d'une préoccupation primordiale. Les répercussions de ce phénomène sont encore imprévisibles, mais seront sûrement très dommageables pour les sociétés et même pour notre civilisation.

De manière plus prosaïque, on peut dire que cette situation est une source importante de confrontation et de résistance au changement, même lorsque celui-ci est nécessaire, comme nous l'évoquions à plusieurs reprises dans les chapitres précédents. Mobiliser, motiver les employés, accroître leur attachement à l'organisation et leur désir de mettre en œuvre toutes leurs capacités, y compris leur génie personnel, tout cela est une nécessité vitale pour l'entreprise qui veut vraiment s'adapter et ultimement rester compétitive.

Les organisations qui arrivent à « embarquer le monde », tout en réduisant les coûts de leur fonctionnement, donc qui arrivent à gérer ce paradoxe, sont celles qui probablement seront les plus capables d'adaptation et qui ultimement survivront aux temps difficiles que traverse le monde. La capacité de mobiliser le personnel est aussi celle de comprendre et d'agir en tenant compte des problèmes humains que pose le changement. À notre avis, ces problèmes influencent directement, et déterminent souvent, la capacité de changer.

Pour bien saisir les problèmes que pose le comportement des personnes, nous allons d'abord proposer un tour d'horizon rapide sur les connaissances en la matière. Nous discuterons ensuite des problèmes particuliers qu'entraîne le changement et des effets qu'on pourrait en attendre sur le comportement des personnes. Finalement, nous examinerons les moyens de déterminer l'effet que les personnes et leur comportement peuvent avoir sur la capacité de changer d'une organisation.

8.1 LE COMPORTEMENT DES PERSONNES : QUELQUES REPÈRES

En gestion, le comportement des personnes dans les organisations a toujours été une préoccupation. Tout un domaine de recherche et de réflexion, soit le comportement organisationnel, lui est consacré. Néanmoins, la recherche effrénée, ces dernières années, de solutions miracles aux problèmes de gestion des grandes entreprises a fait apparaître une multitude de discours, de techniques et de prescriptions à la mode qui ont négligé le fondement même des phénomènes auxquels les entreprises font face. C'est pour cela que nous allons revenir à l'essentiel, aux connaissances que nous avons vraiment sur le phénomène, complexe et difficile à saisir, du comportement humain dans les organisations[39].

Déjà en 1911, dans un livre célèbre sur l'intelligence animale, Thorndike avait établi les fondations sur lesquelles la recherche s'est appuyée par la suite. Il avait observé que les animaux mis en présence de casse-tête n'apprenaient à les résoudre que lorsque cela menait à un résultat plaisant pour eux, sous forme de récompense notamment. De plus, cet apprentissage semblait suivre des patterns clairs. Par exemple, la privation engendre une variété de comportements agités et aléatoires. Si l'un de ces comportements est suivi d'une récompense, les chances pour qu'il soit répété dans les mêmes circonstances sont grandes.

C'est ce qui a amené Thorndike à proposer la *loi de l'effet* qui simplement affirme que les organismes vivants auraient tendance à répéter les actions dont les résultats leur donnent du plaisir et à éviter les actions qui sont associées à des résultats désagréables. Cette *loi de l'hédonisme* a eu une grande influence sur les recherches qui ont été menées pour expliquer le comportement des personnes.

---

39. Nous nous inspirons ici beaucoup du remarquable travail de synthèse qui a été fait par Behling, O. et Schriesheim, C., *Organizational behavior : Theory, research, and application*, Boston, Allyn and Bacon, 1976.

On peut globalement diviser les recherches les plus marquantes dans le domaine en deux grandes catégories : celles, disons-les *cognitives,* qui considèrent que le comportement des personnes est le résultat d'une réflexion ou d'une pensée consciente, actionnées par les stimuli auxquels elles sont exposées, et celles, appelons-les *a-cognitives*, qui considèrent que le comportement peut être expliqué sans référence aux processus de pensée des personnes.

8.1.1 SKINNER ET LE COMPORTEMENT CONDITIONNÉ

Le champion des explications a-cognitives est sans nul doute B. F. Skinner, dont la théorie est basée sur l'idée que « le comportement est déterminé par ses conséquences ». En fait, Skinner affirmait plus précisément ce qui suit :

i.   L'organisme est passif. Il ne prend pas vraiment l'initiative des actions. Il ne fait que répondre aux stimuli.

ii. On n'a pas besoin de postuler qu'un besoin ou une finalité est à la base du comportement. Pour cet auteur, tout peut s'expliquer par la relation « conséquences-comportement ».

Les expressions qui utilisent des mots comme « incitatif » ou « finalité » sont généralement réductibles à des expressions sur le *conditionnement opératoire* (*operant conditioning*) et, pour les skinnériens, nous sommes ici très près de la rigueur d'une science physique. De manière précise, au lieu de dire qu'un homme se comporte d'une certaine façon à cause des conséquences qui *vont suivre* son comportement, une expression difficile à vérifier, les skinnériens diront simplement qu'il se comporte ainsi à cause des conséquences qui *ont suivi* des comportements similaires dans le passé.

iii. Finalement, le conditionnement opératoire explique la plupart des comportements observés.

Se fondant sur la *loi de l'effet*, le *conditionnement opératoire* part de l'idée, comme dans la théorie de Thorndike, qu'un organisme a des comportements aléatoires qui vont toucher son environnement. Si les conséquences de ces comportements sont favorables, il va les répéter ; si elles sont défavorables, il va les supprimer ; si elles sont neutres, il va les ignorer. Ainsi, **par le conditionnement, on peut augmenter la probabilité qu'un comportement désiré se reproduise et qu'un comportement non désiré soit supprimé.**

On a déterminé cinq types fondamentaux de conséquences environnementales ou stimuli :

i.   Le renforcement positif, qui encourage la répétition du comportement.
ii.   L'omission, qui décroît les chances de la répétition du comportement.
iii.   La punition, qui a tendance à supprimer le comportement qui la précède.
iv.   La fuite, qui accroît la probabilité de répétition du comportement qui la précède.
v.   Le stimulus neutre.

Les recherches ont aussi beaucoup porté sur les conditions dans lesquelles les conséquences ou renforcements se présentaient. On admet ainsi que les renforcements continus sont le moyen le plus rapide pour établir ou supprimer un comportement et que les renforcements intermittents sont le moyen le plus lent pour établir ou supprimer un comportement. Si le renforcement intermittent est variable, on obtient des fréquences de réponse plus cohérentes et un taux d'extinction du comportement plus lent. Si le renforcement est fixe, la fréquence est plus imprévisible et l'extinction, plus rapide.

En conséquence, on pourrait dire que les comportements dans l'organisation sont toujours provoqués par des renforcements visibles ou non. Des comportements indésirables peuvent être supprimés par l'identification et la suppression des renforcements existants. De plus, on peut obtenir le changement de comportement souhaité en utilisant un renforcement positif qui encourage les comportements désirés. Skinner a notamment suggéré que les systèmes de récompenses et punitions de l'organisation, pour être efficaces, devraient suivre les principes du conditionnement opératoire.

De plus, les tenants de cette théorie affirment que, si les tentatives d'application n'ont pas donné les résultats escomptés, c'est que le conditionnement est souvent venu trop longtemps après le comportement qu'il devait modifier. Par exemple, en ce qui a trait à la paye, ils recommandent d'utiliser un calendrier variable, lié aux résultats, plutôt qu'un calendrier fixe, tel qu'il est couramment utilisé.

8.1.2 LE COMPORTEMENT COMME RÉSULTAT D'UNE DÉMARCHE CONSCIENTE

Dans le processus Stimuli-Organisme-Comportement, l'organisme joue un rôle important. Il peut aussi faire naître son propre comportement. Les hypothèses hédonistes sont également à la base de ces approches. Le processus hédoniste comprend quatre étapes :

i. *La privation*, qui engendre un besoin, par suite de l'absence d'une condition nécessaire à la survie, au confort ou au plaisir d'une personne.

ii. *L'éveil*, qui s'exprime par une grande activité, souvent aléatoire, et une sensibilité plus grande aux stimuli susceptibles de satisfaire le besoin engendré.

iii. *La direction*, qui fait que le comportement prend un sens, a une fin. La personne recherche les incitatifs (choses, personnes, places, conditions ou activités) qui pourraient lui permettre de satisfaire le besoin ressenti, et elle essaie de les obtenir.

iv. *La satisfaction*, qui termine la séquence. Le besoin peut être satisfait en partie ou en totalité.

L'idée qu'à la base du processus il y ait un besoin nous amène naturellement à essayer de déterminer les types de besoins qu'on retrouve dans les analyses du *comportement cognitif*, orienté vers un but. Cinq grandes catégories de besoins font le consensus parmi les spécialistes : le besoin de survivance, le besoin de sécurité, le besoin d'affiliation, le besoin de réalisation et le besoin de maîtrise. Ces catégories ne sont pas exhaustives, bien qu'elles représentent une part importante de ce qui est communément observé dans le comportement des personnes. Il y a aussi d'autres besoins qui pourraient produire un effet dans des circonstances particulières. Cela dit, examinons les besoins principaux de manière plus détaillée.

1. **Le besoin de survivance**

   On a tendance à inclure dans cette catégorie des besoins physiogéniques, comme la satisfaction de la faim ou de la soif, la protection contre un environnement hostile (se vêtir et se loger) et le besoin de régénération, notamment par le sommeil. On y inclut également les besoins de prévention contre les blessures ou, de façon plus générale, contre tout ce qui peut nous faire du mal. Les autres besoins de survivance sont habituellement regroupés dans la catégorie des besoins psychogéniques : sécurité, affiliation, réalisation et maîtrise.

2. **Le besoin de sécurité**

   Ce besoin ressemble beaucoup au besoin de survivance, sauf qu'il est étalé sur le long terme. La sécurité physique et la sécurité économique dominent ici. En Amérique du Nord, c'est surtout la sécurité économique qui préoccupe les personnes, mais dans certaines circonstances particulières, le risque de violence peut être suffisamment grand pour devenir prioritaire.

3. **Le besoin d'affiliation**

   On estime que les êtres humains ont un fort besoin de s'associer et de se faire accepter par les autres. La constitution d'une famille, elle-même, est considérée comme faisant partie de la satisfaction de ce besoin. On pense que ce besoin vient du fait que l'espèce humaine n'a été capable de survivre que par sa capacité de fonctionner en groupes. Les êtres humains ont retiré de la satisfaction en s'associant les uns aux autres.

   Ce besoin peut également venir du fait que l'être humain est très dépendant à la naissance et associe plaisir et présence des autres. D'autres théories suggèrent simplement que l'affiliation est une réponse normale au stress et au danger. Bien entendu, certains comportements liés au besoin d'affiliation recoupent aussi la satisfaction d'autres besoins, comme le besoin de sécurité économique.

4. **Le besoin de réalisation**

Ce besoin est celui de réaliser soi-même, non par chance ni par l'effort des autres, des choses concrètes et mesurables. McClelland[40] a suggéré que le besoin de réalisation se manifeste lorsque la personne fait les choses suivantes avec cohérence :

i.   Établir des objectifs, souvent ni trop difficiles ni trop aisés.
ii. Choisir des tâches qui permettent, autant que possible, de modifier les résultats.
iii. Choisir des tâches qui permettent d'avoir une réponse claire sur la performance.

Le besoin de réalisation semble très influencé par les expériences de jeunesse. Il y a aussi des différences culturelles et sous-culturelles quant à l'accent mis sur la réalisation. Ainsi, la classe moyenne ou moyenne-basse, les petites villes et les régions rurales produisent un ratio plus grand de personnes avec un besoin de réalisation élevé. La position dans la famille semble aussi avoir une influence, les premiers-nés ayant généralement un besoin plus fort, mais cela varie d'une culture à l'autre. Finalement, la pauvreté a tendance à étouffer le besoin de réalisation.

Le besoin de réalisation est associé au succès individuel, notamment dans des positions entrepreneuriales. Les propriétaires-dirigeants ayant un fort besoin de réalisation semblent aussi avoir des comportements qui mènent plus souvent à la réussite organisationnelle. Mais cela ne peut pas être généralisé à tous les gestionnaires.

5. **Le besoin de maîtrise**

Ce besoin correspond au besoin de manipuler ou de contrôler certains aspects de l'environnement de la personne. Lorsque les autres personnes sont concernées, on parle souvent de *besoin de pouvoir*, tandis que lorsque des aspects non humains sont touchés on parle de *besoin d'affectance*. Le besoin de pouvoir peut mener à

---

40. McClelland, D. C., « That urge to achieve », *THINK Magazine* 32 : 6 (novembre-décembre 1966), p. 22.

l'utilisation et à l'exploitation des autres, mais il peut aussi se révéler utile pour les subordonnés comme pour les supérieurs.

Même si cela peut paraître évident, il faut mentionner que ces besoins sont en interaction constante et s'influencent. On peut alors se demander s'il y a une hiérarchie dans ces besoins ou si l'on peut déterminer leur force relative. Cela a fait l'objet de beaucoup de recherches. En particulier, on a souvent parlé de *besoin dominant*. Notamment, Herzberg[41] a proposé une dichotomie simple entre les « motivateurs » et les « facteurs d'hygiène », qui a été très critiquée.

En revanche, la hiérarchisation des besoins, comme celle qu'a proposée A. Maslow, a eu plus de succès. Pour lui, les besoins sont hiérarchisés chez les personnes de telle sorte que les besoins situés le plus bas dans la hiérarchie dominent. Ceux qui se trouvent plus haut dans la pyramide ne deviennent actifs que lorsque les besoins fondamentaux sont raisonnablement satisfaits. Maslow a énoncé sa propre liste de besoins, tout à fait compatible avec celle qui a été mentionnée précédemment, en ordonnant les besoins du plus au moins dominant, comme suit :

i.   Les besoins physiologiques
ii.   Les besoins de sûreté
iii.   Les besoins d'amour
iv.   Les besoins d'estime
v.   Les besoins d'autoactualisation

Même si cela est peu connu, Maslow a émis beaucoup d'avertissements et de correctifs. Notamment, il a suggéré l'idée qu'il n'y a pas de frontières très claires entre les différents besoins et maintient que la pyramide n'est pas respectée dans au moins cinq cas :

a)   Il peut y avoir une inversion entre estime et amour chez certaines personnes, pour des raisons qu'il ne spécifie pas.
b)   L'autoactualisation peut précéder tous les autres besoins chez « certaines personnes naturellement très créatives ».

---

41. Herzberg, F., *Work and the Nature of Man*, New York, World, 1966.

c)   Les aspirations peuvent être figées par de longues périodes de privation en ce qui concerne les besoins les plus fondamentaux.

d)   Des personnes privées d'affection tôt dans leur vie peuvent être incapables de réponse sur le plan de l'amour.

e)   Quelques personnes extrêmement bien adaptées peuvent tolérer un manque de satisfaction sans que cela n'ait trop d'effet sur leur comportement.

La pyramide de Maslow, bien que généralement acceptée, n'a pas été soutenue de manière claire par les résultats de recherches empiriques. Cependant, une variante qui suggère que les besoins se manifestent selon une hiérarchie à trois niveaux, avec en bas les besoins physiologiques, au milieu les besoins de sûreté et en haut les autres besoins, d'amour, d'estime et d'autoactualisation, satisfait davantage les experts.

8.1.3 LA MOTIVATION ET LE COMPORTEMENT DES PERSONNES AU TRAVAIL

Les théories fondamentales seules ne suffisent pas à déterminer quel comportement est susceptible d'apparaître au travail. C'est pour cela que les théories de *motivation au travail, satisfaction et performance* sont apparues. Les relations entre la personne et son activité sont importantes pour comprendre son comportement.

Au travail, la personne trouve (ou ne trouve pas) des satisfactions, qui peuvent lui venir de son salaire, des bénéfices divers ainsi que de l'environnement physique, social et organisationnel qui l'entoure. Cela l'amène à des attitudes et à des sentiments positifs ou négatifs vis-à-vis du travail. Ces sentiments et attitudes sont associés à l'effort que va fournir la personne ; ils déterminent l'ardeur et la persistance avec lesquelles elle va se consacrer à son travail et donc sa contribution à la performance de l'organisation.

Trois types de théories ont été proposées pour expliquer l'interrelation entre efforts, satisfaction et performance. Les théories du premier type affirment que la satisfaction mène à la performance. Trois facteurs interviennent pour modifier l'intensité de la relation. D'abord, il y a la *frustration*, notamment lorsque le besoin d'affiliation est freiné, comme l'ont montré les expériences célèbres à l'usine Hawthorne Works de Western Electric, dans les années 1930. Ensuite, il y a la *gratitude*; les employés qui estiment avoir été bien traités payent en retour leur bienfaiteur, ici l'entreprise. Finalement, il y a l'*engagement*, souvent lié à une organisation du travail qui laisse beaucoup d'espace aux employés, leur permettant de se passionner pour ce qu'ils font.

Les théories du deuxième type insistent sur le fait que la relation n'est pas aussi simple qu'on le dit et qu'il existe une grande incertitude à la fois sur sa direction, sa force et sa magnitude. On a avancé beaucoup d'explications sur l'inconstance de la relation. Notamment, on a mentionné *la pression pour la production* comme variable modératrice. On a aussi, comme March et Simon (1958), évoqué la possibilité que la satisfaction et la performance ne sont reliées que lorsque l'employé vit des désagréments ou s'attend à ces derniers et voit la performance comme un moyen de les réduire ou de les éviter.

Finalement, il y a les théories qui affirment que la performance est la cause de la satisfaction. Plus précisément, ces théories sont une sorte de synthèse qui font intervenir l'idée d'attente (*expectancy*), ou de «certitude que la performance de certains actes amènera certains résultats». Les livres de comportement organisationnel ont retenu en particulier une synthèse importante offerte par Porter et Lawler (1968), résumée dans le modèle de la figure 1 (page suivante) et testée auprès d'un groupe de 567 administrateurs venant de 7 organisations différentes.

Ce modèle nous dit que l'effort (case 3) est déterminé par la perception que l'acteur a de la relation entre l'effort et la récompense (case 2) et la valeur qu'il accorde à cette récompense (case 1). L'effort, ainsi que les «capacités et traits» (case 4), qui sont les «caractéristiques stables et à long terme de la personne», et les perceptions sur le rôle (case 5), ou comportements que la personne considère comme essentiels pour accomplir la tâche, déterminent les réalisations et donc la performance (case 6). Celle-ci, à son tour, détermine les récompenses qui peuvent être de deux types : intrinsèque et extrinsèque.

Figure 1 : Modèle de motivation de Porter et Lawler (1968)

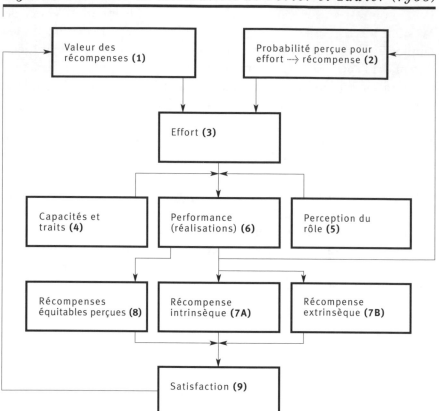

La récompense intrinsèque (case 7A) est celle qui est reliée aux besoins supérieurs et dépend donc de l'employé lui-même, tandis que la récompense extrinsèque (case 7B) est celle qui est reliée aux besoins inférieurs et est donnée par l'organisation. La performance modifie aussi la perception de ce que sont des récompenses équitables (case 8) et a un effet de réaction sur la perception de la relation entre l'effort et la récompense (case 2). Finalement, les récompenses déterminent la satisfaction (case 9), laquelle a un effet de réaction sur la valeur des récompenses. Bien que fonctionnant comme un « système fermé », ce modèle est bien accepté par les experts.

8.1.4 LA FRUSTRATION ET LE COMPORTEMENT

On a aussi observé des comportements qui, loin d'être guidés par la recherche de satisfactions, semblent s'en éloigner, ce qui a conduit à des théories sur les comportements provoqués par la frustration. La frustration fait ici l'objet d'une analyse théorique qui fait le lien entre des conditions qui freinent ou empêchent la satisfaction d'un désir ou d'un besoin et les comportements qui leur sont associés. Les spécialistes utilisent aussi les termes de *blocage et conflit* pour parler des sources de frustration, *d'anxiété* pour parler de la conscience de la frustration, et *d'induit par la frustration* pour parler des comportements qui sont la conséquence de la frustration.

La frustration n'est pas toujours le résultat d'un blocage. Elle peut aussi résulter de conflits entre besoins. On parle ainsi *d'approche-approche* pour parler du conflit entre deux objectifs désirables (par exemple travailler fort et consacrer du temps à la famille), *d'évitement-évitement*, lorsqu'on doit choisir entre deux conséquences également indésirables, et *d'approche-évitement*, pour parler du conflit dans lequel on doit accepter une pénalité pour atteindre un but.

Les patterns de comportements induits par la frustration sont au nombre de quatre : l'agression, la régression, la fixation et la résignation (Maier, 1965).

L'agression peut avoir trois types de cibles. Elle peut être directe (contre la personne ou l'objet bloquant la satisfaction), déplacée (contre des boucs émissaires) ou, dans certains cas compliqués, tournée vers l'intérieur, vers la personne elle-même, sous forme de sentiments de honte et de déception. Dans ce dernier cas, elle peut mener à des comportements extrêmes.

L'agression peut s'exprimer à travers une douzaine de canaux différents. Le plus évident est le corps physique, quand l'agression est une attaque physique avec ou sans arme. Elle peut aussi être verbale ou écrite. Dans l'organisation, les formes peuvent être encore plus nombreuses et variées. Par ailleurs, elle peut être exprimée plus ou moins ouvertement. Enfin, il peut y avoir une combinaison de toutes ces formes. Les réponses sont apprises très tôt dans la relation de l'enfant avec ses parents. Dans les organisations, les patterns d'agression sont souvent déterminés par la hiérarchie (Zaleznik, 1970). Les luttes intestines en sont des formes, comme peut l'être une obéissance à la lettre ou un excès de zèle.

La régression est un phénomène bien décrit par les psychologues et les psychanalystes (Lapierre, 1992). Chez les adultes, on relie à ces comportements ceux qui consistent à « vouloir retourner au bon vieux temps », à s'attacher de manière anormale à des symboles d'enfance ou du passé, à accepter facilement des recommandations ou suggestions d'autres personnes, sans esprit critique, à devenir aveuglément loyal envers des groupes ou des individus (Maier, 1965, p. 91).

Parfois, la frustration entraîne des actions répétitives, bien qu'elles ne donnent aucun résultat ni aucun sentiment de progrès vers l'objectif et bien qu'elles puissent parfois même causer de la douleur ou de l'inconfort. C'est une situation de fixation. On a trop tendance à punir pour corriger ce comportement, ce qui ne peut que l'aggraver. Les dirigeants sont souvent eux-mêmes victimes de fixation, surtout lorsqu'ils ont du mal à maîtriser de nouvelles responsabilités.

Finalement, la résignation se manifeste par la passivité, l'inaction, le manque d'intérêt, voire l'apathie. Ce ne sont pas, comme pour les autres patterns, des réponses à des blocages immédiats ou temporaires, mais plutôt une réponse à des barrières répétées et dominantes empêchant l'atteinte d'objectifs. Les comportements d'échec sont souvent associés à la résignation.

8.2 LE CHANGEMENT ET LE COMPORTEMENT DES PERSONNES

Ce très bref rappel devrait déjà nous permettre de voir ce qui rend le changement si difficile pour les personnes. Mais prenons les choses par le commencement.

Le changement de nature stratégique bouleverse le fonctionnement de l'organisation. Il consiste généralement à modifier la stratégie, la direction à prendre ; donc, il force les membres de l'organisation à regarder dans des directions qui ne leur sont pas familières, voire à emprunter des chemins obscurs qui les inquiètent. Souvent aussi, le changement de stratégie entraîne des changements de structure, et ce, pour répondre aux exigences de la nouvelle stratégie. Les changements de structure sont encore plus déstabilisants. Ils changent les règles du jeu, modifient les rapports et les pouvoirs entre les personnes et, en général, créent une forme de gouvernement de l'organisation qui remet en cause les habitudes apprises et les capacités développées en cours de route.

Avec le temps, le changement de stratégie implique ou entraîne une modification des pratiques, donc des valeurs et des croyances qui dominent l'organisation. Les valeurs et les croyances sont généralement profondément ancrées chez les personnes. Leur remise en cause entraîne souvent des déchirements graves et parfois une perte de sens qui est difficile à réparer.

Les personnes exposées au changement stratégique sont donc inévitablement sur une voie de confrontation avec l'organisation. Si les personnes ne sont pas adéquatement préparées au changement qui les attend, il est inévitable qu'elles résistent. On pourrait même dire que *la résistance au changement est un comportement naturel et sain*. Tous les êtres normaux résistent au changement, surtout au *changement qu'ils ne comprennent pas* ou par rapport auquel *ils n'ont pas été socialisés*.

Le changement, surtout lorsqu'il est majeur, bouleverse les personnes qui y sont exposées. Si nous ne prenions que les aspects de comportement que nous avons évoqués précédemment, on pourrait spécifier les problèmes qui se posent. D'abord, si la *loi de l'effet* a cours, la personne est bloquée lorsqu'il y a changement. Ne sachant plus quel effet attendre, elle doit faire un acte de foi basé sur les affirmations des dirigeants. Il faut qu'elle ait de bonnes raisons de le faire et que sa confiance dans ces dirigeants soit suffisante. Mais même dans les cas les plus favorables, la personne reste attentive aux réactions pour préciser la relation entre ses efforts et les effets engendrés.

Par ailleurs, lorsqu'un changement prend place, le bouleversement et l'inquiétude qui en résultent forcent souvent une remise en cause de l'équilibre des besoins des personnes. Les besoins actifs peuvent changer de manière significative. Notamment, une personne peut, dans la pyramide de Maslow, être sensible aux questions de maîtrise, mais le changement peut rendre ce besoin désuet; cette personne peut alors devenir plus sensible aux besoins de réalisation, lorsque les pratiques en vigueur sont fondamentalement mises en question, ou aux besoins d'affiliation, surtout lorsque le changement entraîne des bouleversements dans la composition des équipes et dans les mécanismes d'évaluation. Si, comme c'est le cas depuis le début des années 1990, le changement remet en question les activités de manière fondamentale, alors on peut descendre encore plus bas dans la pyramide des besoins, avec une émergence plus forte des besoins de survivance et de sécurité.

Entre frustration, gratitude et engagement, on peut dire que le changement peut provoquer les trois, mais chez des populations différentes. Les personnes qui bénéficient du changement ont tendance à se sentir engagées et à ressentir même de la gratitude. En général, il s'agit là d'une infime minorité. La plupart des autres personnes ressentent de la frustration, surtout, là encore, lorsqu'elles n'ont pas été préparées suffisamment au changement.

Si le modèle de Porter et Lawler était appliqué ici, on devrait s'attendre, surtout au début, à une diminution systématique de l'effort et, rapidement après, de la performance de la plupart des personnes engagées, et ce, malgré la volonté, les actions, les promesses, voire les menaces et les pressions que les dirigeants peuvent exercer. Les seules situations où ces scénarios ne se réalisent pas sont celles d'entreprises dans lesquelles les personnes ont été avec le temps socialisées au changement et ont appris avec l'expérience à savoir ce à quoi elles pouvaient s'attendre.

Pour exprimer tout cela de manière plus systématique, on peut proposer les énoncés suivants :

▸ *Proposition 1*
Les comportements sont souvent orientés vers la recherche d'expériences plaisantes. Comme le changement n'est jamais plaisant, il n'est acceptable que s'il est soutenu par un effort de formation approprié et rapide, et accompagné par des récompenses adéquates aux efforts qu'exige l'instauration de nouvelles pratiques.

Généralement, plus on connaît la relation entre les comportements et les récompenses possibles, plus on reproduit les comportements qui apportent les récompenses désirées. Or, il se trouve que le changement jette un trouble considérable sur cette relation, parce que celle-ci ne peut être imposée par décret mais seulement suggérée par les pratiques nouvelles de gestion qu'on instaure.

De plus, on doit reconnaître qu'il y a toujours un peu de comportements conditionnés par de longues années de pratique. En conséquence, changer le conditionnement, même en supposant que cela soit bien fait, va exiger un apprentissage probablement aussi long que celui d'origine et dans certains cas plus long si on rajoute le « désapprentissage » nécessaire des pratiques devenues désuètes.

▸ *Proposition 2*
Les besoins actifs au moment où le changement est entrepris sont déterminants pour le comportement.

Que les besoins dominants soient ceux de survivance, de sécurité, d'affiliation, de réalisation ou de maîtrise, ils vont nécessiter des approches vers le changement très différentes. Les personnes ne réagiraient pas de la même manière à tous les instruments de gestion, à toutes les récompenses, à tous les types de leadership qu'on peut utiliser. **Il faut cependant garder à** l'esprit que le changement lui-même peut modifier la hiérarchie des besoins qui dominent les comportements des personnes.

▶ *Proposition 3*
Les expériences passées, en matière de relation entre perfor-mance et satisfaction, sont cruciales pour la compréhension du comportement.

En effet, les personnes ayant vécu des situations incohérentes en matière de relation performance-satisfaction peuvent être très méfiantes vis-à-vis des changements effectués. Plus important, le changement, surtout s'il est introduit sans précaution, modifie de manière spectaculaire la relation sans que les personnes comprennent la nouvelle équation. Elles auront alors tendance naturellement à y résister. Le modèle de Porter et Lawler peut aider à retracer les forces importantes qui agissent sur le comportement actuel des personnes.

▶ *Proposition 4*
Les frustrations sont une source importante, et à court terme inévitable, de résistance de la part des personnes. Mieux on les comprend et plus on est en mesure de les réduire et donc de diminuer la résistance au changement.

Le changement est par définition une très grande source de frustration. Il engendre une remise en cause, grande ou petite, qui perturbe les pra-tiques et entre en conflit avec ce qu'on sait bien faire et donc ce qu'on aimerait continuer à faire. Comprendre quelle est la nature de la frus-tration est une belle façon de commencer pour déterminer comment la réduire et susciter la coopération.

L'ÉVALUATION DE LA CAPACITÉ DE CHANGER DU POTENTIEL HUMAIN DE L'ORGANISATION

Nous pouvons à présent tenter d'élaborer un instrument d'évaluation
de la capacité de changement de l'organisation et donc de l'inévitable
résistance du personnel qui la compose. Cette évaluation va se faire en
deux étapes : d'abord, l'élaboration d'un questionnaire permettra d'apprécier
la nature et l'importance de la résistance qu'on peut attendre ;
puis, une grille d'interprétation des réponses aux questions permettra
d'établir la capacité de changement.

Questionnaire

Le questionnaire qui suit est basé sur les propositions énoncées. Il est
probablement nécessaire de répondre à ce questionnaire de manière
séparée pour tous les groupes importants au sein de l'organisation. Pour
répondre, encercler le chiffre qui correspond le mieux à la réalité, 1
exprimant un accord total avec l'énoncé et 5, un désaccord total.

1. Que peut-on dire en ce qui concerne la gestion de ce groupe de
personnel au cours des trois dernières années ?

   i. Les objectifs étaient clairs.
      1   2   3   4   5

   ii. La structure était claire.
      1   2   3   4   5

   iii. La structure était souple.
      1   2   3   4   5

   iv. Les récompenses étaient cohérentes.
      1   2   3   4   5

   v. Les récompenses étaient équitables.
      1   2   3   4   5

   vi. Les personnes étaient impliquées.
      1   2   3   4   5

    vii.   Les performances étaient satisfaisantes.
             1   2   3   4   5

    viii.   Les personnes paraissaient satisfaites.
             1   2   3   4   5

2.   Que peut-on dire du climat général dans l'organisation au cours des trois dernières années ?

    i.   L'absentéisme était faible.
             1   2   3   4   5

    ii.   Le nombre de griefs était faible.
             1   2   3   4   5

    iii.   Le nombre de grèves était faible.
             1   2   3   4   5

    iv.   Les relations étaient détendues.
             1   2   3   4   5

    v.   Le climat organisationnel était plaisant.
             1   2   3   4   5

3.   Que peut-on dire des préoccupations des personnes à l'heure actuelle ?

    i.   Le salaire est la préoccupation principale.
             1   2   3   4   5

    ii.   La sécurité de l'emploi est primordiale.
             1   2   3   4   5

    iii.   La nature du travail est primordiale.
             1   2   3   4   5

iv.   La qualité de vie au travail est primordiale.

1   2   3   4   5

v.   L'ambition et le désir d'avancer sont grands.

1   2   3   4   5

vi.   Le changement envisagé changera cela.

1   2   3   4   5

4.   Que peut-on dire du changement envisagé?

i.   Il change les orientations.

1   2   3   4   5

ii.   Il change les règles du jeu.

1   2   3   4   5

iii.   Il change les valeurs.

1   2   3   4   5

iv.   Il change les croyances.

1   2   3   4   5

v.   Il est perçu comme radical.

1   2   3   4   5

5.   Que peut-on dire de la préparation au changement?

i.   Les changements ont été notifiés formellement par affiche, circulaire ou journal interne.

1   2   3   4   5

ii.   Des rencontres ont été organisées en présence de la haute direction.

1   2   3   4   5

iii.   Une formation aux pratiques nouvelles est en cours ou a déjà été offerte.

1   2   3   4   5

iv.   Les opinions des personnes sont prises en considération dans la conduite du changement.

1   2   3   4   5

v.   Les personnes les plus touchées reçoivent un soutien per-sonnalisé.

1   2   3   4   5

Interprétation

1.   Pour chaque question, faire la somme des chiffres représentant les réponses et diviser par le nombre de sous-questions perti-nentes. Le résultat devrait se situer entre 1 et 5. Supposons qu'à la question 2 nous ayons répondu 1 à chacune des sous-questions i à v. La somme des chiffres pour les 5 énoncés est 5 et nous devons diviser par le nombre de sous-questions, 5, ce qui nous donne un résultat de 1.

2.   Faire une moyenne arithmétique des réponses aux questions. Le résultat devrait se situer entre 1 et 5. Supposons que nous ayons des résultats de 1 à chacune des 5 questions. La moyenne arith-métique serait alors de 1.

3.   Si plusieurs groupes sont évalués, il faut donner une valence (de 1 à 10) à chaque groupe ou, plus simplement, apprécier l'importance de chaque groupe pour le changement envisagé. Faire ensuite la moyenne pondérée (par la valence de chaque groupe) des résul-tats obtenus. Le résultat devrait se situer entre 1 et 5.

4.   Selon la réponse obtenue, la capacité de changement est :
    >   excellente si la moyenne pondérée est 1 ;
    >   très bonne si la moyenne pondérée est 2 ;
    >   bonne si la moyenne pondérée est 3 ;

> médiocre si la moyenne pondérée est 4 ;
> faible si la moyenne pondérée est 5.

Exemple : Nous avons décidé de faire l'évaluation pour trois groupes, A, B, C.

i.   Réponse (moyenne arithmétique) pour chaque groupe
       —   A : 5
       —   B : 4
       —   C : 3
ii.   Valence des groupes (importance relative de 1 à 10)
       —   A : 1
       —   B : 3
       —   C : 7
iii.   Valeur finale : moyenne pondérée
       — $V = (5 \times 1 + 4 \times 3 + 3 \times 7)/10 = 3,8$

On peut dire que la capacité de changement est médiocre ; par conséquent, on peut s'attendre à ce que la résistance au changement soit substantielle. Des actions d'ajustement et de préparation sont alors requises.

Chapitre 9

VERS UNE APPRÉCIATION GLOBALE DE LA CAPACITÉ DE CHANGEMENT D'UNE ORGANISATION

La réalité du fonctionnement de l'organisation ne peut être réduite aux perspectives partielles, bien que riches, que chacun des chapitres 3 à 8 a essayé de décrire et d'utiliser de manière opérationnelle. La réalité est probablement plus proche d'une combinaison de toutes ces perspectives. Le grand problème, cependant, est le suivant : pour une organisation particulière, on ne sait pas quelle combinaison serait vraiment pertinente. On pourrait peut-être même dire que la combinaison pertinente pour une organisation, non seulement est unique à cette organisation, mais doit être « inventée » et pourrait même être considérée comme un élément de sa stratégie.

En effet, la combinaison de perspectives qui permet de se rapprocher de la réalité du fonctionnement de l'organisation et donc de l'appréciation de sa capacité de changer est une sorte de détermination « par procuration » de la vision ou peut-être même des filtres mentaux, implicites ou explicites, qui dominent les décisions stratégiques des dirigeants. Cependant, le caractère unique et peut-être aussi situationnel, ou contingent, d'une telle combinaison ne doit pas nous empêcher de tenter de la prévoir ou du moins de chercher ce qui peut la déterminer. Pour ce faire, on pourrait se reporter à des théories plus générales sur le fonctionnement organisationnel.

Le mérite des théories globales est de suggérer des patterns de comportement général de l'organisation et donc de mentionner l'importance relative des grands facteurs que nous avons examinés jusqu'ici : contexte, structure, culture, finalité et leadership. Dans ce chapitre, nous regrouperons les théories globales en deux grandes catégories :

1. Les théories évolutionnistes, ayant un cycle de vie ou un équilibre « ponctué » (*punctuated equilibrium*), ou encore les théories qui sont basées sur l'idée que l'organisation évolue selon un cycle. Ces théories portent bien évidemment sur les grandes étapes de la vie d'une organisation, donc sur le changement majeur lui-même. Dans cette catégorie, nous distinguerons les théories prescriptives des théories descriptives.

2. Les théories empiriques, généralement des théories processuelles ou configurationnelles, ou encore les théories qui mettent l'accent

sur la dynamique du changement et sur les configurations de variables qui jouent sur la capacité de changer.

Nous allons dans un premier temps examiner ces théories avant de proposer un modèle du changement et une utilisation judicieuse des instruments de diagnostic expliqués dans les chapitres précédents pour évaluer la capacité globale de changement d'une organisation. Dans un second temps, nous verrons comment ces outils de diagnostic peuvent aider à apprécier la pertinence et les dangers que présenterait un changement radical.

9.1 LES THÉORIES ÉVOLUTIONNISTES

Les historiens ont été les premiers à suggérer que les organisations, voire les civilisations, se comportent comme des organismes vivants : elles naissent, se développent et finissent par mourir. Cette idée de cycle de vie a été très fructueuse dans la recherche en gestion. En particulier, elle a permis de mieux comprendre et de mieux formaliser la dynamique de fonctionnement des organisations.

C'est en particulier le travail de A. D. Chandler (1962) sur l'évolution des grandes entreprises américaines qui a révélé la dynamique de développement des entreprises. Chandler, un historien de formation, cherchait à expliquer pourquoi les grandes entreprises américaines avaient fini par dominer leur marché. Comment, disait-il, peut-on expliquer que ces entreprises aient supplanté les multitudes de petites entreprises qui ont été créées pour exploiter les marchés d'origine ?

Pour apporter une réponse à ces questions, Chandler a entrepris d'étudier de manière détaillée le développement de quatre grandes entreprises : DuPont (la grande entreprise de produits chimiques), Standard Oil of New Jersey (l'aïeule de la société Exxon), General Motors et Sears Roebuck (le grand détaillant en produits de consommation générale). Il étendit ensuite son étude à un échantillon plus grand et conforta ses résultats. Plus tard, ces résultats furent confirmés par une multitude de recherches conduites partout au monde, en France, au Royaume-Uni, en Allemagne, au Japon, etc.

Chandler a révélé en particulier que la vie des entreprises est cyclique. Le cycle comporte une période de développement du domaine d'activité, qui est ensuite suivie par une crise de fonctionnement qui aboutit soit à la mort de l'organisation, soit à une sorte de renaissance et à la poursuite d'une nouvelle trajectoire ou d'un nouveau cycle. Les étapes ou les cycles qu'il a décrits sont devenus des lieux communs. On parle par exemple de trois grands cycles :

1. Un cycle de croissance entrepreneuriale, facilité par une structure simple dans laquelle le dirigeant principal est généralement le propriétaire ; celui-ci travaille avec des collaborateurs qui sont des personnes proches, souvent des membres de la famille. Ce cycle se termine avec des problèmes importants de dispersion et le besoin de consolider pour être plus efficace.

2. Un cycle de croissance consolidée dans un même domaine, lorsque l'efficacité est considérée comme importante pour survivre à la concurrence. Cela suppose que la spécialisation domine, avec un regroupement fonctionnel, la production prenant la responsabilité des usines, la vente prenant la responsabilité de vendre tout ce qui est produit, l'administration prenant la responsabilité de contrôler le fonctionnement général, notamment administratif. Le raffinement de cette structure aboutit à un renforcement du bureau du président et à l'émergence des activités *staff*. Tant que les activités restent concentrées dans un même domaine, cette organisation par fonction, nécessairement centralisée, est la plus appropriée. Mais dès que les activités commencent à se diversifier se pose un problème crucial de fonctionnement, qui peut là aussi détruire l'organisation.

3. Un cycle de croissance diversifiée, lorsque l'entreprise est entraînée dans des activités qui sont éloignées de ses activités d'origine. Ainsi, devant la nécessité d'exploiter les sous-produits de la fabrication des explosifs, la société DuPont, qui était une entreprise spécialisée dans la fabrication d'explosifs, devint une entreprise diversifiée dont les nouveaux produits étaient totalement différents de ceux d'origine. La structure fonctionnelle ne permettait plus de fonctionner convenablement. La crise qui en résulta est typique et faillit emporter l'entreprise. C'est alors que

fut « inventée » la structure divisionnelle centralisée pour faire face à la diversité.

On reconnaît aujourd'hui que ces cycles sont typiques et sont à la base du développement d'une organisation, même lorsqu'il ne s'agit pas d'une entreprise à proprement parler. D'autres chercheurs, notamment Greiner (1973), ont suggéré que l'idée de Chandler « d'une série de cycles » puisse être étendue au cycle de la diversification et à la série de crises qu'entraînent les problèmes et la résolution des problèmes propres à cette étape. C'est même Greiner qui a mis en évidence la série de crises qui accompagnent les étapes évoquées par Chandler.

L'idée de cycle est surtout puissante lorsqu'on se met à réfléchir à la gestion du changement. En effet, s'il y a cycle, notre capacité de le prévoir peut être alimentée par une meilleure compréhension de la dynamique qui le sous-tend. Pour Chandler, on peut exprimer la dynamique en mentionnant trois facteurs importants : le marché, comme source de perturbations (opportunités et menaces), l'utilisation judicieuse des ressources disponibles, comme mode d'initiation des changements volontaires, et le décalage entre stratégie et structure qui est à la source des crises de fonctionnement de l'organisation, comme révélateur des besoins d'adaptation structurelle. Greiner est allé un peu plus loin dans la spécification du cycle en suggérant qu'il était touché par cinq variables ou dimensions :

1. L'âge de l'organisation
2. Sa taille
3. Les étapes d'évolution
4. Les étapes révolutionnaires
5. Le taux de croissance de l'industrie

La croissance de l'industrie influe sur la rapidité avec laquelle l'entreprise passe par chacune des étapes, lesquelles sont directement reliées à la taille et à l'âge de l'organisation.

Greiner propose alors cinq cycles[42] de croissance et de développement dans la vie d'une organisation. Le premier cycle est celui de la *créativité*, dominé par le besoin de créer un marché, une clientèle, grâce à la satisfaction d'un besoin. Ce premier cycle se termine par une crise de leadership, qui est résolue lorsque les fondateurs cèdent la place à des professionnels. Le deuxième cycle est celui de la *direction*, dans lequel domine la formalisation et s'épanouit la structure fonctionnelle centralisée ; tout cela se termine par une crise d'*autonomie*, résolue par la décentralisation.

Si la crise est résolue apparaît alors le cycle de la *délégation* (le troisième cycle), avec un développement plus autonome des activités de base. Lorsque le cycle se déroule normalement, il conduit à une nouvelle crise : on sent et on se rend compte que le fonctionnement n'est pas assez coordonné. C'est la crise de *contrôle*. Le cycle de la délégation peut conduire au cycle de la *coordination* (le quatrième cycle). La délégation est rattachée à des systèmes (notamment la planification) qui permettent une plus grande intégration des activités. La formalisation très élaborée du fonctionnement aboutit à une crise similaire à celle de la direction mais avec une intensité probablement plus grande. C'est la crise de *bureaucratisation* qui, lorsqu'elle est résolue, aboutit au cycle de *collaboration* (le cinquième cycle), dont la crise n'était pas connue à l'époque, mais qui apparaît aujourd'hui comme une crise qui vient de la multiplication des conflits et de la paralysie qui peut en résulter.

L'idée de cycles suggère ainsi que les grands changements dans la vie d'une organisation obéissent à une dynamique reconnaissable et pourraient être prévus.

L'idée de cycle a aussi bien réussi à expliquer les changements importants qui prennent place dans une organisation. En particulier, la théorie de la « révolution périodique » (*punctuated change*), qui avait d'abord été présentée par Thomas Kuhn au terme de son étude de l'évolution des sciences, décrit les étapes de la vie d'une organisation comme des cycles de changements incrémentaux dans le cadre déjà défini, suivis de changements révolutionnaires qui transforment le cadre lui-même. Cette thèse, bien que moins déterministe, est compatible avec celle de

---

42. L'idée qu'il y a plusieurs cycles dans l'évolution d'une organisation n'est ni la proposition de Greiner ni celle de Chandler, mais bien la nôtre. Nous pensons cependant qu'elle est une partie intégrante des travaux de ces auteurs.

Chandler et précise cette dernière. L'analyse mentionne aussi que Chandler a observé une partie seulement d'un processus sans fin. On passe d'un cycle à un autre après une crise ou révolution. Ce phénomène périodique nous indique aussi que le changement est sans fin, allant d'une révolution à l'autre. Sachant qu'éventuellement le cadre lui-même devra être remis en cause, on pourra probablement éviter que la révolution ne détruise l'organisation.

▶ *Proposition 1*
Les organisations changent de manière périodique.

▶ *Proposition 2*
Les cycles de changement comprennent des phases de changement évolutif ponctuées par une phase de transformation révolutionnaire.

9.2 LES THÉORIES EMPIRIQUES, PROCESSUELLES ET CONFIGURATIONNELLES

On peut donner encore plus de précision à la compréhension du changement de l'organisation en suggérant, comme l'ont fait beaucoup d'auteurs (Miller, 1983), que cette évolution se fait d'une configuration à une autre configuration. Au fond, Chandler a décrit lui-même trois configurations. L'école des configurations de Montréal affirme que les configurations, bien que difficiles à prévoir et bien qu'elles constituent un produit de la créativité des organisations, ont tout de même une logique qui peut être comprise. L'idée de configuration est très riche et a, elle aussi, fait l'objet d'un grand nombre de recherches. Celles-ci ont confirmé le caractère méthodologique de l'approche et sa capacité de prévoir les directions dans lesquelles les variables qui les constituent peuvent évoluer.

En examinant le changement lui-même, il apparaît que le processus connaît aussi deux phases. La première phase consiste à donner du sens à ce que l'on observe pour mieux comprendre ce qu'il faut faire (*sense-giving*). La deuxième phase consiste à traduire les résultats de cette compréhension pour les membres de l'organisation, de façon à les convaincre que les interprétations choisies sont les meilleures (*sense-giving*). Donc, les processus de changement peuvent aussi être considérés comme une série ininterrompue de cycles compréhension-appropriation, séparés peut-être par une phase de changement incrémental adaptatif.

Une vue récente du processus, inspirée par la biologie, suggère que les actions des personnes s'expliquent par l'équilibre qui existe entre le stress qu'elles subissent et qui les incite à agir et l'inertie qui les incite à conserver leur situation actuelle (Huff et Huff, 1993). Le changement peut alors être conceptualisé comme une relation cyclique entre stress et inertie. Le changement accompli vide le réservoir de stress et celui de l'inertie. Le réservoir de l'inertie et celui du stress se mettent cependant à se remplir, avec un avantage au départ en faveur du réservoir d'inertie. En parallèle, le réservoir de stress se remplit aussi, et progressivement son rythme de remplissage rattrape celui de l'inertie et le dépasse. La situation ne change que lorsque le stock de stress dépasse de nouveau et substantiellement celui de l'inertie. Ce mouvement cyclique et infini d'accumulation puis de vidange de stress et d'inertie explique bien la nature inévitable du changement et son caractère périodique, voire brutal ou révolutionnaire.

Parallèlement, de nombreuses théories ont été proposées pour guider le changement (Hafsi et Demers, 1989). D'abord, la nature du changement a été définie comme étant peut-être révélatrice de la nature des forces qui agissent sur l'organisation. Ainsi, on pourrait dire que, lorsqu'on fait un changement de restructuration, les forces décisives qui sont à l'œuvre sont celles qui ont trait au fonctionnement et donc à la structure. Lorsqu'on entreprend une réorientation, l'accent est mis sur de nouveaux objectifs. Dans ce cas, la force principale est celle de la stratégie ou du positionnement stratégique choisi. Lorsqu'on entreprend une revitalisation, l'objectif est de changer de pratique et, pour l'essentiel, cela veut dire mettre l'accent sur la transformation des valeurs qui sous-tendent les actions de l'organisation.

Finalement, lorsqu'on entreprend un changement total qui modifie la façon de voir le monde de l'organisation et de ses membres, on procède surtout à un changement de croyance. Bien entendu, structure, positionnement stratégique, valeurs et croyance évoluent de concert, mais chacun de ces éléments joue un rôle dominant, dans des circonstances différentes. On pourrait imaginer que les cycles de l'évolution des organisations peuvent eux-mêmes être des variantes des quatre grands types mentionnés. On arrive alors aux propositions suivantes :

▶ *Proposition 3*
La dynamique des cycles de changement est alimentée par la dynamique incessante entre le stress et l'inertie.

Les théories évolutionnistes mettent l'accent sur les régularités qui peuvent être observées dans le processus de changement. Elles tentent aussi d'expliquer la dynamique du changement en cycles. Elles mettent donc l'accent sur le changement dans son ensemble. En revanche, les théories empiriques, qui révèlent les processus ou dégagent les configurations vers lesquelles les organisations sont attirées, essaient aussi de trouver des relations univariées ou multivariées dont l'objet est de découvrir quelles sont les dimensions qui ont de l'effet sur la nature ou la réalisation du changement, puis tentent de prévoir ou de décrire quel est cet effet.

D'abord, les résultats empiriques semblent tous indiquer que les changements radicaux n'aboutissent pas à des performances meilleures. Cela est conforme à ce que la théorie de l'écologie des populations d'organisations propose, mais des nuances sont apportées. Le changement majeur en soi n'est pas en cause, mais les conditions dans lesquelles il est entrepris le sont. Ainsi, si le changement met en cause des croyances, il a moins de chance de réussir que s'il porte sur la structure seulement (Hafsi et Demers, 1989). Par ailleurs, il apparaît que les organisations qui ont une mauvaise performance ont tendance à ne pas remettre en cause leur stratégie jusqu'à l'arrivée de nouveaux dirigeants.

En général, on constate que les trois grands types de dimensions, contexte, structure et leadership, ont des effets prévisibles. Ainsi, en prenant ces dimensions comme guide, on peut rappeler les discussions des chapitres précédents et résumer les résultats essentiels de la recherche comme suit (Hafsi et Fabi, 1997) :

Proposition 4
Le contexte a un effet important sur la décision de changer : des changements majeurs dans l'environnement et une performance relative décevante de l'organisation ont tendance à accroître le stress et donc la probabilité de changement dans l'organisation.

Proposition 5
Les caractéristiques démographiques des dirigeants sont associées au changement. Ainsi, la jeunesse, des origines sociales modestes, un taux de roulement élevé des présidents, une hétérogénéité du groupe de direction, une meilleure connaissance des changements dans l'environnement et une expérience avec le changement, mais pas avec le changement radical, ont tous tendance à accroître le stress et donc la probabilité de changement dans l'organisation.

Proposition 6
Les caractéristiques psychologiques des dirigeants sont associées au changement. Ainsi, la localisation interne du contrôle, un grand besoin d'accomplissement, une grande complexité cognitive, un style transformationnel, une philosophie participative et une attitude positive à l'égard du changement de la part du groupe de direction accroissent le stress et donc la probabilité de changement dans l'organisation.

▶ *Proposition 7*
En situation de turbulence dans l'environnement, les structures organiques et décentralisées favorisent l'innovation et, en général, sont associées au changement majeur. En situation d'environnement placide, les structures bureaucratiques et centralisées sont associées aux changements mineurs, aux variations sur un même thème.

▶ *Proposition 8*
Une culture bien ancrée dans l'organisation et partagée par la majorité des groupes accroît l'inertie organisationnelle.

9.3 VERS UNE SYNTHÈSE

Nous savons à présent quels sont les facteurs qui exercent une influence sur le changement. Nous avons même, dans les chapitres qui précèdent, proposé des outils de diagnostic pour apprécier les effets propres à chacune des grandes dimensions retenues, contexte, caractéristiques des dirigeants, structure et caractéristiques humaines de l'organisation. À présent, il nous faut trouver une logique qui permette de combiner ces différentes dimensions.

D'abord, nous avons la logique du cycle qui nous suggère une façon de combiner. L'effet du cycle pourrait être exprimé comme suit :

▶ *Proposition 9*
La périodicité du changement suggère qu'au début du cycle, alors que le changement a tendance à être évolutif, les facteurs importants sont le contexte et les caractéristiques des dirigeants, tandis que vers la fin du cycle, alors que le changement a tendance à être révolutionnaire, les facteurs importants sont la culture, la structure et les caractéristiques humaines de l'organisation.

Proposition 10
Les patterns de cycles sont en nombre limité. Ils correspondent en particulier à la domination de l'un ou l'autre des grands mécanismes de fonctionnement de l'organisation : stratégie, structure, valeurs et croyances.

La logique du cycle suggère aussi que l'étape de la vie de l'organisation a un effet important et contribue à déterminer en particulier son niveau de complexité. En effet, au début du cycle de vie de l'organisation, on peut s'attendre à un niveau de complexité faible, tandis qu'avec le temps l'organisation devient de plus en plus complexe. On peut alors mettre l'accent sur le niveau de complexité et proposer ce qui suit :

Proposition 11
Le contexte jouant généralement son rôle dynamique de déclencheur, de facilitateur ou de frein, lorsque le niveau de complexité est faible, la nature du leadership est le facteur déterminant du changement. Lorsque le niveau de complexité est moyen, la structure est le facteur déterminant du changement. Lorsque le niveau de complexité est élevé, structure, culture, leadership et caractéristiques humaines de l'organisation jouent un rôle important pour déterminer le changement, mais le leadership et les caractéristiques humaines de l'organisation ont un rôle prédominant.

Finalement, la logique du cycle nous avait suggéré que les différents cycles possibles étaient limités, chacun étant dominé par un des grands mécanismes de gestion : positionnement stratégique, structure, valeurs et croyances. On pourrait alors proposer que ces dimensions jouent un rôle modérateur ou aggravateur selon le cas. Ainsi :

▶ *Proposition 12*
Alors qu'un changement de valeurs ou de croyances fait intervenir toutes les dimensions de manière importante, avec
un effet déterminant de la culture et des caractéristiques
humaines de l'organisation, un changement de restructuration
est plus simple et aurait tendance à ne toucher que le fonctionnement de l'organisation et donc les variables structurelles ; quant à un changement de positionnement, il aurait
tendance à donner plus d'importance aux caractéristiques du
leadership.

On peut cependant ici faire appel aux idées de configuration pour suggérer que les dimensions — cycle de vie, cycle de changement, complexité et nature du changement — ne se combinent pas de manière aléatoire.
Ainsi, dans la littérature, trois situations ressortent plus fréquemment :

i. Au début du cycle de vie de l'organisation, le niveau de complexité
    est faible, les leaders sont peu nombreux et tout-puissants,
    les caractéristiques humaines de l'organisation sont plutôt sous
    contrôle et le type de changement possible est plutôt centré sur
    le positionnement ou sur la structure, les valeurs et les croyances
    étant encore embryonnaires.

ii. Vers la fin du cycle de vie de l'organisation, le niveau de com-
    plexité est généralement élevé, structure et culture sont plus
    enracinées, les leaders sont nombreux et leurs pouvoirs sont plus
    diffus, les caractéristiques humaines prennent une plus grande
    importance et les types de changements possibles sont plus variés
    (mettant en cause n'importe lequel des grands mécanismes de
    manière incrémentale ou révolutionnaire), avec une remise en
    question plus fréquente des valeurs et des croyances.

iii. Au milieu du cycle de vie, alors que l'organisation est en période
    de maturité, le niveau de complexité est moyen, les leaders, tout
    comme les autres personnes (donc les caractéristiques humaines
    de l'organisation), ont tendance à disparaître sous la pression de

la structuration et de la culture (valeurs et croyances) qui se sont développées. Peu de changements sont alors possibles et ceux-ci auraient tendance à être du type incrémental avec modification des routines (Cyert et March, 1963) ou radical avec remise en cause fondamentale de la structure et éventuellement de la culture.

Ces considérations nous amènent à la proposition finale de synthèse de ce chapitre et de ce livre.

▸ *Proposition générale*
Au début du développement d'une organisation, alors que son niveau de complexité est faible, les cycles de changement stratégique possibles sont centrés sur la structure ou le positionnement stratégique et ils sont surtout influencés, voire déterminés (modification de l'équilibre stress-inertie) par les caractéristiques du leadership.

Lorsque l'organisation a atteint un niveau de développement moyen, alors que son niveau de complexité est moyen, les cycles de changement stratégique possibles sont aussi centrés sur la structure ou le positionnement stratégique et ils sont surtout influencés, voire déterminés (modification de l'équilibre stress-inertie) par les caractéristiques de la structure et de la culture de l'organisation.

Lorsque l'organisation a atteint un niveau de développement élevé, alors que son niveau de complexité est élevé, les cycles de changement stratégique possibles peuvent être centrés indifféremment sur le positionnement stratégique, la structure, les valeurs ou les croyances. Ils sont influencés ou déterminés (modification de l'équilibre stress-inertie) alors par toutes les dimensions organisationnelles critiques, mais surtout par le leadership et les dimensions humaines de l'organisation.

9.4 LA SYNTHÈSE EN PRATIQUE

Dans les chapitres qui précèdent, nous avons présenté des question-naires qui révèlent l'importance, pour la détermination du change-ment, de chacune des dimensions importantes de fonctionnement de l'organisation, à savoir :

i.   la complexité (au chapitre 2);
ii.   le contexte (au chapitre 3);
iii.   les caractéristiques démographiques des dirigeants (au chapitre 4);
iv.   les caractéristiques psychologiques des dirigeants (au chapitre 5);
v.   la structure (au chapitre 6);
vi.   la culture (au chapitre 7);
vii.   les dimensions humaines de l'organisation (au chapitre 8).

Les outils des chapitres 3 à 8 sont destinés à détecter les sources de résis-tances, mais ils ne peuvent donner une appréciation précise de la valeur absolue de ces résistances. Ils peuvent tout au plus permettre de mettre le doigt sur les tendances possibles. Ils ne dispensent pas les dirigeants de devoir exercer leur jugement par rapport à la réalité ni du risque que les interprétations impliquent. Cela dit, il nous faut aller vers une opérationalisation de l'analyse d'ensemble tout en reconnaissant et en gardant constamment à l'esprit ses limites.

Le résultat de l'évaluation du chapitre 2 peut être considéré comme une approximation acceptable du niveau de complexité et du stade de développement de l'organisation. On peut alors donner des poids différents aux autres dimensions en adoptant les recommandations du tableau 1. Ces recommandations traduisent directement les conclusions des hypothèses proposées plus haut. Dans le tableau 1, le total de tous les poids des dimensions critiques, pour chaque niveau de complexité, est le même et égal à 15. Ce total est réparti de façon qu'on puisse reconnaître l'importance relative de chacune des dimensions.

Tableau 1 : Poids des dimensions critiques du changement — Niveau de complexité

	FAIBLE	MOYEN	ÉLEVÉ
1. Contexte	3	2	1
2. Démographie D.	4	1	3
3. Psychologie D.	4	1	2
4. Structure	1	5	3
5. Culture	1	5	3
6. Dimensions humaines	2	1	3
Total	15	15	15

Les poids indiquent bien que, dans une organisation de faible complexité, les dirigeants, et à un degré moindre le contexte, jouent un rôle crucial. Pour une organisation de complexité moyenne, la structure et la culture jouent le rôle crucial. Finalement, pour des niveaux de complexité élevée, toutes les dimensions sont importantes, sauf peut-être le contexte, à cause de l'opacité à l'égard de l'environnement qu'engendre le fonctionnement.

Prenons maintenant quelques exemples pour illustrer notre propos. Supposons que nous ayons trois entreprises qui répondent aux trois niveaux de complexité retenus, soit les entreprises mentionnées au chapitre 2. Supposons d'abord que l'organisation de faible niveau de complexité, Médiasoft, ait obtenu, à des moments différents de son existence, les valeurs des colonnes 1, 3 et 5 du tableau 2 pour l'importance relative des dimensions critiques. Les trois situations décrivent des capacités de changement différentes, la situation 3, la meilleure capacité, et la situation 1, la moins bonne, la situation 2 étant intermédiaire. Les chiffres les plus faibles indiquent une bonne capacité et les plus élevés, une faible capacité ou une forte résistance au changement. Pour obtenir cela, il suffisait de respecter les indications des chapitres 3 à 8, sauf pour le chapitre 5 (caractéristiques psychologiques) où il faut transformer les chiffres en prenant pour chaque valeur x la valeur 191 - x (191 étant le maximum possible).

Une fois ces valeurs obtenues par l'analyse des diagnostics proposés, il faut les normaliser pour que l'application des poids du tableau 1 prenne tout son sens. On fait la normalisation en ramenant chacun des scores à un maximum de 100. Pour ce faire, on soustrait au score obtenu la valeur de début de l'échelle, puis on divise le résultat par l'étendue maximale de l'échelle et on multiplie par 100. Par exemple, pour la première valeur 160 obtenue pour le contexte, la valeur normalisée est de (160 - 0)/192 x 100=83, 192 étant l'étendue maximale de l'échelle du contexte selon le chapitre 3. Il faut souligner ici que la taille de l'échelle de l'une ou l'autre des dimensions du diagnostic peut varier selon les situations. Ainsi, dans l'échelle des caractéristiques démographiques des dirigeants, du fait que l'expérience peut être plus ou moins riche, s'appliquer à plus ou moins d'industries, il faut, selon le questionnaire du chapitre 4 et son interprétation, multiplier le score « expérience » par le nombre d'industries. Le tableau 2 montre les scores originaux dans les colonnes 1, 3 et 5 et les scores normalisés dans les colonnes 2, 4 et 6. On pourra retrouver ces scores en utilisant la méthode mentionnée plus haut.

Tableau 2 : Évaluation pour faible niveau de complexité (Médiasoft)

		SITUATION 1		SITUATION 2		SITUATION 3	
		1	2	3	4	5	6
1.	Contexte[43]	160	83	58	30	38	20
2.	Démographie D.	156	92	72	42	17	10
3.	Psychologie D.	171	90	93	49	13	7
4.	Structure	0	50	-20	36	-60	7
5.	Culture	20	85	0	60	-20	35
6.	Humain	3	50	2	25	1	0

43. Les échelles retenues pour chacune des dimensions sont les suivantes :
— Contexte : 0 à 192 (voir chapitre 3)
— Caractéristiques démographiques : 0 à 170 en supposant que le dirigeant a eu des expériences dans trois indus-tries, qu'il a participé à trois changements et qu'il a fréquenté deux institutions universitaires.
— Caractéristiques psychologiques : 0 à 191
— Structure : de -70 à +70
— Culture : de -48 à +80
— Humain : de 1 à 5

Nous pouvons à présent appliquer les pondérations du tableau 1 aux chiffres normalisés des colonnes 2, 4 et 6 du tableau 2, pour obtenir les résultats qui indiquent la capacité globale de changement de Médiasoft. On obtient le tableau 3 :

Tableau 3 : Capacité de changement de Médiasoft

		POIDS	SITUATION 3		SITUATION 2		SITUATION 1	
			A	B	A	B	A	B
1.	Contexte	3	20	60	30	90	83	249
2.	Démographie D.	4	10	40	42	168	92	368
3.	Psychologie D.	4	7	28	49	196	90	360
4.	Structure	1	7	7	36	36	50	50
5.	Culture	1	35	35	60	60	85	85
6.	Humain	2	0	0	25	50	50	100
	Total (ICCS)			147		567		1159

Les colonnes A du tableau 3 donnent les valeurs normalisées du diagnostic et les colonnes B indiquent les valeurs de la colonne A multipliées par les poids tels qu'ils apparaissent dans le tableau 1. Il est utile de rappeler ici que les pondérations utilisées peuvent être modifiées pour tenir compte du jugement que portent les dirigeants sur l'importance de chacune des dimensions. Les poids proposés ici correspondent généralement aux résultats donnés dans les écrits des chercheurs. Ainsi, les dirigeants de Médiasoft pourraient suivre systématiquement et régulièrement les valeurs normalisées et leurs totaux, qui ne sont rien d'autre que les **Indices de capacité de changement stratégique** (ICCS), pour porter un jugement sur la capacité de l'organisation d'entreprendre un changement et sur l'évolution de cette capacité.

Nous avons aussi fait des calculs similaires pour les deux autres entreprises choisies comme exemples au chapitre 2, la Banque de Montréal et Hydro-Québec. Les tableaux 4 et 5 donnent les résultats sur la capacité de changement de ces entreprises.

Tableau 4 : Capacité de changement de
la Banque de Montréal

	POIDS	SITUATION 3		SITUATION 2		SITUATION 1	
		A	B	A	B	A	B
1. Contexte	2	19	38	32	64	80	160
2. Démographie D.	1	17	17	64	64	100	100
3. Psychologie D.	1	7	7	49	49	90	90
4. Structure	5	50	250	64	320	100	100
5. Culture	5	30	150	58	290	86	430
6. Humain	1	25	25	75	75	100	100
Total (ICCS)			487		862		138

Tableau 5 : Capacité de changement
d'Hydro-Québec

	POIDS	SITUATION 3		SITUATION 2		SITUATION 1	
		A	B	A	B	A	B
1. Contexte	1	22	22	31	31	80	80
2. Démographie D.	3	19	57	66	198	100	300
3. Psychologie D.	2	7	14	49	98	90	180
4. Structure	3	57	171	71	213	100	300
5. Culture	3	44	132	65	195	100	300
6. Humain	3	50	150	75	225	100	300
Total (ICCS)			546		960		1460

On peut aisément noter que la valeur maximale obtenue pour chacune des entreprises est la même, soit 1 500, du fait de la pondération et de la normalisation. Les repères indiquant une faible ou une forte capacité de changement ont été suggérés dans les chiffres des tableaux 3, 4 et 5, mais il faut adopter comme règle qu'une décision importante dans l'évaluation de la capacité de changement est justement de fixer ces repères, qui serviraient alors à faire connaître la situation de l'organisation en matière de changement.

Il faut aussi noter que les exemples ont été construits de façon que toutes les dimensions agissent dans le même sens. Il est tout à fait probable que, dans une organisation donnée, les différentes dimensions puissent agir dans des directions différentes, voire opposées. Cela ne devrait pas surprendre les évaluateurs et devrait seulement les inciter à ne pas faire de l'évaluation un exercice mathématique mais plutôt un mécanisme qui aide à se poser, de manière ordonnée, les questions difficiles que la gestion du changement impose.

9.5 CONCLUSION

La détermination d'un indice global de capacité de changement, qui est l'aboutissement de l'exercice de quantification et du résumé proposé ici, a d'après nous une grande utilité. Nous n'insisterons cependant jamais assez sur le fait que l'exercice est plus important que le résultat. La quantification ne doit pas nous faire perdre de vue que nous essayons seulement d'alimenter l'intuition des décideurs. Une confiance trop grande en ces évaluations est dangereuse. Il faut surtout voir cet effort de quantification comme une considération systématique des effets des dimensions importantes pour le changement. À notre avis, les résultats doivent surtout servir de base de discussions et de débats entre les personnes clés de l'organisation.

Chapitre 10

LE CHANGEMENT, C'EST LA VIE

Le changement n'est pas plus nouveau que la vie, mais il peut être aussi insaisissable et aussi surprenant qu'elle. Nous venons au monde à la suite de la plus extraordinaire des transformations et une fois là, nous continuons à subir le double miracle de notre transformation physique et psychique, d'une part, et de celle du monde qui nous sert de refuge et d'arène, d'autre part. Notre mémoire nous rappelle constamment que le monde n'est plus le même et, pour la plupart d'entre nous, essoufflés par le tourbillon de la vie, nous regrettons qu'il en soit ainsi.

Philosophiquement, spirituellement, autant que physiquement, le changement est insupportable pour les êtres humains. C'est peut-être même pour cela que nous sommes tous, au fond, heureux de penser qu'il doit exister un autre monde où le maître est incontesté, où la compétition n'est pas nécessaire, où le changement n'est pas requis, où tout est plus tranquille. En attendant, il faut bien se faire à l'idée que le changement, c'est la vie. Il est probable que la vie ne soit intéressante qu'à cause de cela.

L'exercice d'adaptation aux autres et au monde est la plus fondamentale et la plus éprouvante des épreuves : il ne prend jamais fin, sauf à certains égards pendant le sommeil quotidien ou au moment du sommeil éternel. C'est sans doute ce caractère inéluctable que beaucoup abhorrent. Le changement est tellement inévitable que nos valeurs les plus ancrées sont celles de la permanence. Nous admirons ceux ou celles parmi nous qui sont capables de la permanence qui les rend prévisibles. Dans le langage courant, on parle alors de fidélité, de loyauté, de cohérence, de constance, de personne à principes, etc. Comme le roc, celui qui ne change pas est à l'image de Dieu et ainsi rassure.

L'action collective accroît la turbulence. Elle multiplie les occasions de relation et les besoins d'adaptation. Lorsqu'on est seul, une sorte de Robinson Crusoé, on n'a besoin de s'adapter qu'à la nature qui nous entoure. Lorsqu'on est deux, la complication commence et les épreuves aussi. À plusieurs, on est au milieu de multitudes de relations qui toutes requièrent une adaptation. Maintenir nos rapports avec les autres et avec les choses au niveau où l'on voudrait qu'ils soient (encore une aspiration de permanence) nous amène à des adaptations physiques et psychiques qui sont l'essence même de la vie. C'est cela qui faisait sans doute dire à Brendan Gill du *New Yorker* (1995) : « Il faut changer ne serait-ce que pour rester le même. » Il voulait sans doute dire que nous devons changer pour maintenir, à leur niveau actuel, nos rapports avec les choses et avec les gens.

La nécessité du changement et son lien indissoluble avec la vie sont à la fois à la source de toute la créativité des êtres humains, donc de leur contribution à la permanence du changement, et à la source de leurs problèmes avec le changement et la résistance qu'ils lui opposent. Ainsi, dialectiquement moteurs et freins du changement, tel est leur destin. Lorsqu'on gère l'action collective, on ne peut échapper à ces faits. Encore faut-il les interpréter convenablement.

Ainsi, la résistance au changement est une caractéristique inévitable de la nature des êtres humains, tout comme leur capacité de changer. Par ailleurs, il ne faut pas être surpris de voir les personnes résister au changement. Il faut seulement se rendre compte que cela ne veut pas dire qu'elles ne changeront pas. Il faut plutôt travailler à créer les conditions qui vont les aider à surmonter les épreuves d'une adaptation qu'elles feraient de toute manière. C'est avec ce but à l'esprit que ce livre a été écrit.

Les différents chapitres de ce livre servent à alimenter la réflexion et l'intuition de ceux qui dirigent des organisations sur la force des résistances ou des volontés de changement au sein de leur organisation. Cette appréciation est très imparfaite, car personne ne peut prévoir de manière fiable le comportement collectif dans des situations de complexité élevée, mais elle a le mérite d'être systématique et de mener à la détermination des facteurs importants qui permettent aux personnes de s'adapter ou, au contraire, les en empêchent.

Ce chapitre est destiné à ouvrir le débat, à amorcer une réflexion plus générale sur le changement. Nous partons de l'idée que ceux qui ont la responsabilité de grands changements dans des organisations jouent un rôle essentiel dans l'équilibre de leurs organisations et par ricochet dans l'équilibre de la société en général. La civilisation se construit ou se défait tous les jours dans ces actions de changement. Nous souhaitons par conséquent à la fois encourager la conduite du changement et recommander que celui-ci soit permanent et progressif, plutôt qu'occasionnel et abrupt. Les êtres humains, collectivement, sont plus capables de survivre au premier qu'au second.

La discussion est divisée en trois parties. Dans la première partie, nous traiterons de l'importance d'une démarche systématique pour comprendre le comportement qui fait l'action collective. Nous insisterons sur la nécessité d'un suivi diagnostic constant pour mieux sentir l'état d'âme des personnes et mieux les guider dans leurs efforts d'adaptation. Dans la deuxième partie, nous aborderons le débat entre changement évolutif et changement radical en montrant la dialectique qui les unit et en suggérant, sur cette base-là, la manière de gérer qui maximise la capacité de survivre des organisations. La troisième partie porte sur le fait que la gestion est essentiellement la gestion du changement et que cela ne peut se faire à temps partiel. Gérer, c'est accepter de *vivre en permanence* avec les sueurs et les passions des relations entre personnes. Ce n'est pas une fonction technique et elle ne peut pas être déléguée. En conclusion, nous recommanderons que la recherche systématique ne soit pas l'apanage des chercheurs professionnels ; en effet, en étant systématiques, les dirigeants peuvent construire des bases de données utiles pour leur gestion et celle de leurs successeurs et peut-être est-ce là la clé de la recherche future en gestion.

10.1 COMPRENDRE L'ACTION COLLECTIVE : L'IMPORTANCE D'UNE DÉMARCHE SYSTÉMATIQUE

Dans ce livre, nous avons souvent mentionné que les personnes sont des êtres complexes et par beaucoup d'aspects insaisissables et imprévisibles. La vie nous donne tous les jours des exemples de comportements exacerbés qui défient l'entendement des observateurs. En fait, tous les jours dans notre vie familiale ou professionnelle, nous nous retrouvons perplexes et désorientés devant le comportement de personnes pourtant très proches. Dans une organisation, le problème est parfois simplifié mais le plus souvent multiplié, au point que beaucoup de dirigeants, mystifiés, en perdent leur latin de manière définitive, lorsqu'ils ne deviennent pas cyniques ou mystiques (le président Reagan consultait les astres avant de prendre ses décisions!).

Le problème est simplifié dans des circonstances particulières, lorsqu'on arrive à rendre prévisible le comportement organisationnel des personnes. Cela s'est produit historiquement lorsque les personnes étaient soumises à la peur physique (le risque de perdre la vie) ou à la peur économique (le chômage, la misère, la déchéance). Aujourd'hui, l'explosion de l'information et des pratiques démocratiques de la civilisation occidentale a rendu ces pratiques caduques. La peur physique n'a plus la même importance. Les pressions des relations internationales ont tendance à la réduire considérablement, sauf dans des cas de crises d'ajustement majeures, habituellement temporaires. Par ailleurs, la peur économique est généralisée, mais elle n'a pas la même intensité qu'autrefois ni ses conséquences catastrophiques grâce à des efforts de solidarité collective institutionnalisée. Elle est donc peu active. Le problème est aussi simplifié lorsque les personnes choisissent délibérément de subordonner leur jugement à celui de leurs dirigeants. Cela se produit dans certaines sociétés traditionnelles ou dans celles dont les valeurs traditionnelles restent fortes, comme ce fut le cas, surtout avant la crise du pétrole, au Japon et en général dans beaucoup de pays de l'Asie de l'Est et du Sud-Est.

Le plus souvent, cependant, la complexité est tellement grande que les gestionnaires qui dirigent les organisations n'ont absolument aucune idée sur les relations de cause à effet, décidément non linéaires. En d'autres termes, les comportements collectifs résultants sont totalement incertains. Comme ce sont des événements uniques, même les statistiques ne peuvent servir à celui qui dirige. De ce point de vue, le mystère de l'action collective est aussi entier que celui de la création elle-même. Comment la recherche sur les autres organisations peut-elle être utile?

Les sciences sociales, comme les sciences de la nature, ne sont pas complètement démunies. Elles arrivent à découvrir des lois qui gouvernent des relations simples, lorsque celles-ci peuvent être isolées. Ainsi, pour parler du comportement des personnes, on pourrait dire que «toutes choses étant égales par ailleurs[44] », les personnes dont la rémunération est variable et rattachée à un critère de performance mesurable auraient une performance meilleure, selon ce critère, que celles pour lesquelles la rémunération est fixe. Bien que simples (parfois même simplistes), ces lois donnent des indications utiles pour qui veut gérer, à condition de ne les prendre que comme des indications partielles et contingentes. En particulier, si l'on faisait le tour de toutes les lois qui ont été découvertes à propos des relations entre personnes dans des conditions d'action collective, on réussirait à très bien comprendre le comportement résultant. Nous ne disposerions pas de la combinaison unique qui fait la réalité du comportement, mais nous aurions en main les bons ingrédients et les gestionnaires d'expérience pourraient utiliser cette expérience pour découvrir la combinaison la plus appropriée à leur situation.

Mais faire le tour des recherches est en soi une gageure. La littérature est aussi diverse que l'est la réalité. Cependant, ce livre et son complément (Hafsi et Fabi, 1997) simplifient cette tâche en proposant une façon efficace de synthétiser les résultats des recherches. Notre expérience nous a montré que se posait alors un problème concret de mise en pratique de tous les résultats. Faute d'un outil adéquat, la plupart des praticiens ont tendance à faire comme les universitaires : se simplifier la vie en focalisant une seule relation, « oubliant » délibérément les autres. Nous croyons que c'est cela qui est à l'origine de la plupart des grands problèmes de gestion des organisations complexes d'aujourd'hui. Que faire alors ?

Nous avons suggéré implicitement dans ce livre que la démarche systématique, qui consiste à rassembler des renseignements à propos des effets de grandes variables ou dimensions sur le comportement organisationnel, peut aider à mieux comprendre ce qui peut affecter le changement, le faciliter ou le freiner, et donc peut améliorer la gestion du changement envisagé, voire la gestion tout court. La démarche, lorsqu'elle est systématique, aide surtout à ne pas négliger des facteurs que les chercheurs jugent comme étant particulièrement importants pour comprendre la capacité de changer d'une organisation. Une démarche

---

44. Ceci est une idiotie en pratique, mais une nécessité en recherche.

systématique, même la plus exhaustive, ne permet tout de même pas de prévoir avec certitude les comportements à attendre. Elle ne peut que servir de cadre de mise en ordre et d'intégration des multiples renseignements qui nous viennent du terrain. Le mérite de ce cadre et sa crédibilité lui viennent de son enracinement dans les résultats des recherches les plus importants et les plus contemporains.

Les résultats de gestion des 50 dernières années et la domination des théories simplificatrices (comme la planification totale), d'application relativement rigide, d'inspiration taylorienne, ont amené beaucoup d'universitaires et de praticiens à se méfier de tout ce qui est systématique, associant cela à rigidité et incapacité à s'adapter. Pourtant, toutes les observations et recherches montrent que la gestion la plus systématique est aussi la plus efficace, celle qui permet d'atteindre les objectifs et de mieux le faire.

Plus on est systématique, plus les dangers de rigidité sont grands. Cependant, plus on est systématique, moins on risque de négliger des facteurs importants pour l'action. À notre avis, la rigidité vient de l'aspect mécanique de la collecte et de l'analyse de l'information. Étant donné qu'aujourd'hui ces éléments peuvent être largement informatisés et automatisés, on peut s'attendre à ce que les dirigeants puissent s'épargner le travail mécanique et, ainsi, qu'ils puissent utiliser leur jugement et alimenter leur intuition de façon à prendre des décisions éclairées. Ce livre offre le cadre qui permet la collecte de l'information. De là à une informatisation et donc à une collecte automatisée de l'information, il n'y a qu'un petit pas facile à franchir pour la plupart des organisations.

En d'autres termes, la démarche systématique contient les germes de la rigidification, mais si les gestionnaires sont en mesure de se dispenser de la gestion de la collecte de l'information et de sa gestion, la démarche aurait le potentiel d'améliorer considérablement la prise de décision en enrichissant les données disponibles et leur traitement, laissant plus de temps aux dirigeants pour porter les jugements nécessaires à la conduite du changement. De manière plus concrète, une entreprise peut utiliser les questionnaires proposés dans ce livre pour établir régulièrement des diagnostics et apprécier l'évolution de la capacité de changer. Les résultats peuvent être suivis progressivement, comme on suit les paramètres de santé d'une personne, ce qui permet de mieux comprendre l'état de santé de l'entreprise et les difficultés auxquelles s'attendre si un changement était nécessaire. Cela permettrait aussi de déterminer le moment le plus approprié pour amorcer un changement. Enfin, plus important encore, libérés de la mécanique des questionnaires et de la collecte des données, les gestionnaires pourraient alors se consacrer à ce qu'ils doivent faire : comprendre la situation de l'organisation et l'état d'âme de ses membres, afin de juger ce qu'ils doivent accomplir pour guider ces derniers vers de nouveaux horizons.

10.2 LE CHANGEMENT PROGRESSIF ET LE CHANGEMENT RADICAL

Nous avons indiqué — cela doit être clair à présent — que le changement est une partie inévitable de la vie. Il est donc incorrect de se poser la question à savoir s'il faut ou non changer. La question pertinente est plutôt : Quelles devraient être l'envergure, la rapidité et l'importance du changement à entreprendre ? Ces décisions dépendent beaucoup de l'état actuel de l'organisation et de ses capacités de changer, telles qu'elles ont été déterminées grâce aux diagnostics proposés dans les chapitres précédents de ce livre.

Cependant, les dirigeants sont toujours un peu obligés de donner une certaine stabilité aux règles et aux procédures qui assurent le fonctionnement de l'organisation. Cette stabilité est toutefois une perception et non seulement un état absolu. Par exemple, dans des organisations où la tradition est de ne rien changer aux pratiques pour renforcer le sentiment de permanence de l'organisation, tout changement peut être perçu comme un reniement. Cela est particulièrement visible dans les communautés ayant des valeurs anciennes, comme les tribus autochtones en Asie et en Amérique du Nord, les communautés traditionnelles en Afrique noire et en Afrique du Nord. Cela est bien entendu vrai pour toutes les organisations (économiques ou non) qui sont dominées par ces valeurs. Lorsque les dirigeants entreprennent un changement, quel qu'il soit, dans ce genre d'organisation, alors il est perçu comme radical, comme une rupture insupportable.

Il est cependant des situations dans lesquelles la communauté de personnes qui constitue l'organisation voit le monde de manière dynamique et admet que des changements puissent être apportés régulièrement ou en réponse à des modifications de l'environnement. Dans ce cas, le changement est considéré comme naturel, à condition qu'il ne modifie pas de manière radicale les modes de fonctionnement et les rapports entre les personnes. En d'autres termes, la stabilité réside plutôt dans la modification régulière mais légère du fonctionnement en égard au contexte de l'organisation. Dans ces cas-là, le changement n'est perçu comme radical que lorsqu'il touche aux fondements de l'organisation.

Lorsqu'un gestionnaire entreprend un changement qui est perçu comme radical, il est clair qu'il va faire face à des difficultés plus importantes que lorsque le changement est considéré comme progressif. Cela nous amène à affirmer que le changement radical doit être évité autant que possible. Ce sont les potentiels de résistance et de destruction de la collaboration interne que recèle le changement radical qui expliquent que toutes les recherches indiquent que le changement radical accroît les risques de disparition de l'organisation.

Par conséquent, nous pouvons dire que le changement ne doit jamais être radical, sauf en des circonstances très particulières, qui doivent être très rares, telles que la transformation brutale de l'environnement ou du cadre de fonctionnement. Cela signifie qu'il faut gérer constamment l'organisation afin que le changement radical ne soit pas nécessaire. C'est là que la compréhension de la capacité de changer est précieuse.

Le fait que la capacité de changer de l'organisation est faible ou déclinante devrait constituer un signal d'alarme pour les dirigeants d'une organisation. Les actions de gestion devraient alors inclure comme objectif d'accroître la capacité de changer. Concrètement, cela veut dire que l'on doit travailler à convaincre les personnes, surtout les personnes clés de l'organisation, de la nécessité du changement et peut-être de la nécessité de sa permanence ou de sa récurrence.

Lorsqu'on ne se préoccupe pas de la capacité de changer d'une organisation, on se condamne à entreprendre éventuellement des changements radicaux et donc à vivre les drames de la résistance, de la confrontation, de la remise en cause du contrat de coopération implicite qui existe entre les membres d'une organisation et, finalement, de la destruction progressive de l'organisation. Bon nombre de théoriciens, emportés par les aspects techniques de leurs constructions ou amourachés de leurs propres idées, ont induit en erreur beaucoup de dirigeants, fragilisés par les difficultés de la transformation. Ces situations sont d'autant plus courantes qu'on ne manque jamais de croire au miracle lorsqu'on vit des moments difficiles et que le mandat qu'on croit avoir est de changer les choses rapidement.

Lorsqu'on change vite, on cherche délibérément à se débarrasser des problèmes que connaît l'organisation. On pourrait dire sans hésiter, et ce livre l'a peut-être montré, qu'on ne se débarrasse pas des problèmes en effectuant un changement radical. On ne fait que les compliquer, sauf dans des circonstances très particulières de crise majeure pour l'organisation et même, dans ce cas, on ne s'en débarrasse que temporairement. En réalité, on ne se défait des problèmes que lorsqu'on détruit l'organisation existante pour lui substituer une nouvelle organisation. Beaucoup de dirigeants sont tentés par cette solution ; cependant, il faut insister sur le fait qu'en détruisant l'organisation existante, on ne se débarrasse pas seulement des problèmes, on perd aussi les compétences, les capacités et surtout cette chimie unique que Barnard appelle « la volonté de coopérer ».

Selon nous, la bonne gestion est celle qui évite le changement radical, c'est-à-dire celle qui rend constamment possible le changement progressif. Mais quel travail pour réaliser cela ! Quels défis ! L'utilité de ce livre aura été de montrer les éléments de cette énorme tâche de gestion. Pour rendre possible le changement progressif, voici ce qu'il faut faire :

i.   Gérer constamment **la structure organisationnelle** pour qu'elle ne soit pas une source de rigidité, tout en facilitant et en ordonnant l'action quotidienne. Rien dans les connaissances actuelles ne permet de faire cela de manière systématique. L'expérimentation constante, des ajustements prudents et l'expérience passée des gestionnaires sont les clés de cette gestion.

ii.   Gérer constamment **la volonté de coopérer**, par la gestion permanente des systèmes de motivation, dont la rémunération et les promotions. Cette gestion suppose une attention particulière aux personnes clés de l'organisation et à leur capacité de faire leur travail.

iii.   Gérer en permanence et avec soin **le recrutement**, notamment le recrutement des personnes clés, en tenant compte des caractéristiques démographiques et psychologiques des personnes recrutées, mais pas seulement de ces personnes. Il faut prendre en considération le profil du collectif des dirigeants de l'organisation.

iv.   Gérer en permanence et avec soin **la relation avec l'environnement**, ce qui demande de comprendre ce qui se passe dans l'environnement et de diffuser cette compréhension partout dans l'organisation.

v.   Élaborer constamment **des réponses modérées** aux changements de l'environnement et faciliter le débat organisationnel concernant ces réponses et leurs répercussions sur le fonctionnement actuel de l'organisation.

vi.   Finalement, concevoir **un système de gestion permanente des effets du changement** sur les personnes de l'organisation. Le principe de base est que le changement ne doit pas modifier de manière injuste les rapports entre les personnes de l'organisation ou la répartition des charges et bénéfices qui surviennent.

Tout cela nous ramène à répéter que le changement radical n'est pas différent des autres changements que subit l'organisation. Il est perçu comme radical lorsque les membres de l'organisation ne l'ont pas vu venir et n'en comprennent pas la nécessité. Il peut être d'envergure, de rythme et d'importance variables, mais pour les membres de l'organisation il s'agit d'une rupture difficile à supporter. Il est l'expression de la faillite de la gestion. Les meilleurs gestionnaires sont ceux qui évitent le changement radical. Plus la capacité de changement d'une organisation est élevée, plus elle pourra éviter le changement radical.

Lorsque la situation de l'organisation est catastrophique, soit parce que les gestionnaires ont failli, soit parce que les transformations environnementales sont cataclysmiques, alors le changement radical apparaît comme une chirurgie inévitable visant à la sauver. Cette chirurgie ne peut réussir qu'avec la collaboration du plus grand nombre. Elle ne réussit que lorsqu'elle est équitable pour les membres de l'organisation et que sa gestion démontre un désir réel de rechercher et de respecter leur contribution. Il vaut mieux que la nécessité du changement soit aussi perçue par le plus grand nombre. Autrement, il détruira l'organisation existante. Lorsque la situation de l'organisation n'est pas complexe, le changement radical est un choix pratiquement irresponsable. Il mènera aussi à la destruction de l'organisation ou à un affaiblissement tel que la destruction est probable.

Même lorsque les dirigeants sont convaincus de la nécessité du changement, de son inévitabilité, la patience est de mise. Il est préférable de passer du temps à préparer l'organisation au changement et à concevoir des changements plus faciles à digérer. Éventuellement, on pourrait penser à une série de changements dont l'envergure et l'importance d'ensemble peuvent être considérables; cependant, chacun doit être perçu comme acceptable par les membres clés de l'organisation, de sorte que le changement soit considéré comme progressif et raisonnable. La société GE fournit un exemple intéressant. Ses présidents successifs ont toujours géré les changements au fur et à mesure qu'ils étaient nécessaires. Ils l'ont fait systématiquement, sans relâche, en expliquant chacun à sa manière la nécessité du changement et sa permanence (Aguilar, 1988). Les résultats sont impressionnants. Depuis au moins 25 ans, cette organisation change constamment, souvent à petits pas, mais le résultat global est révolutionnaire (Hafsi et Toulouse, 1996).

Pour éviter que le changement soit radical, la conception que nous avons du rôle et de l'évaluation des dirigeants doit changer. On ne doit pas penser à eux comme à des héros, mais comme à des gens qui contribuent à une démarche historique, permanente, voire éternelle. Ni les bénéfices ni les blâmes ne doivent être excessifs. Au contraire, on jugera la personne par sa capacité de construire patiemment; même les résultats doivent finalement être obtenus par d'autres. De même, aucun résultat ne devra être crédité (ou débité) exclusivement à ceux qui ont la chance (ou la malchance) d'être là.

10.3 LE CHANGEMENT EST LA GESTION

Nous nous rappelons ce dirigeant, bien instruit, puisqu'il était diplômé de la Harvard Business School, l'école de gestion la plus prestigieuse au monde. Il avait commandé auprès d'un grand gourou et son cabinet-conseil une étude sur la structure de l'industrie et sur les stratégies possibles pour sa firme et... enfin il voyait clair ! Quels que soient les mérites réels de l'étude (nous avions quelques doutes et quelques réserves là-dessus), elle avait fini par le convaincre de ce qu'il fallait faire. On se serait donc attendu à ce qu'il se mette à pied d'œuvre et transforme l'organisation pour l'amener à l'objectif désiré. Eh bien, non ! Ce grand dirigeant était encore désemparé. Il voulait de l'aide pour la mise en application des recommandations du grand gourou et de son cabinet-conseil. Ce dernier (pas fou, le diable !) avait indiqué qu'il ne voulait pas être engagé dans la mise en œuvre.

« Il me faut, nous disait-il, un consultant qui ressemble à celui qui a fait l'étude, mais qui soit spécialisé dans la mise en œuvre. » Comme nous ne comprenions pas, il nous mentionna qu'il voulait qu'on lui spécifie les étapes nécessaires pour la mise en œuvre et qu'on lui dise quoi faire. Comme nous ne comprenions toujours pas, il nous affirma qu'il était prêt à payer pour nos services le même prix qu'il a payé pour l'étude sur la formulation stratégique (quelques millions de dollars). Là, nous avons compris ! Et nous avons failli créer une société de consultants pour faire la mise en œuvre des stratégies des autres ! En fait, son comportement indiquait qu'il ne voulait pas gérer et qu'il se dérobait aux difficultés de la gestion en recrutant encore un autre consultant.

Cette description est caricaturale. Pourtant, elle correspond sensiblement à la réalité. Son objet n'est pas de ridiculiser le gestionnaire en question, mais de montrer que même les plus compétents d'entre eux sont exposés aux phénomènes évoqués au début de ce chapitre. Le gestionnaire en question n'était pas vraiment mauvais. Il était tout simplement dans la situation que vivent beaucoup de dirigeants lorsqu'ils font face à un changement majeur. Leur réflexe normal est le même que celui du commun des mortels à l'égard du changement : s'il est possible de l'éviter ou de le retarder, la plupart seront tentés de le faire. La différence entre le commun des mortels et les dirigeants des organisations, c'est que ces derniers ont la responsabilité de la conduite de la gestion et du changement. Ils ne peuvent donc être déchargés de ce qui est leur première responsabilité, leur métier, même si chacun peut comprendre que cela puisse être aussi coûteux pour eux que pour les autres.

La caricature ci-dessus révèle l'âpreté des actions de gestion, surtout lorsqu'elles dérangent. Lorsqu'on doit faire face aux autres pour leur demander de changer de pratiques, il vaut mieux avoir beaucoup d'énergie. La résistance passionnée qu'on fait naître est difficile à vivre. Personne n'aime jouer au bourreau ni traîner les autres là où ils ne veulent pas aller, surtout lorsqu'on est peu sûr des relations de cause à effet et donc de la validité des décisions qui sont prises. Un exemple remarquable est celui, déjà mentionné, d'Hydro-Québec à l'époque du changement entrepris par Guy Coulombe, de 1981 à 1987. Ce dernier avait été effrayé par la tendance environnementale et par les risques de déséquilibre financier qu'elle faisait vivre à l'entreprise. Cela l'amena à conduire un changement de grande envergure qui a bouleversé les pratiques et les croyances de cette grande institution. En fait, les prévisions de chute de la demande et de catastrophe financière ne se sont jamais matérialisées, en bonne partie parce que Coulombe et son équipe avaient entrepris des actions qui les ont évitées. Pourtant, pour la plupart des observateurs, le fait est que la demande n'a pas fléchi, comme prévu ; par conséquent, les actions de rationalisation et de réorientation de l'entreprise, avec leurs effets douloureux sur les personnes qui les ont subies, ont été considérées par beaucoup comme inutiles.

Les dirigeants comme Coulombe sont rares. La plupart des gestionnaires ont tendance à retarder le changement, même lorsque le bon sens et l'analyse suggèrent qu'on ne devrait plus le faire. En général, les actions de gestion, c'est-à-dire les actions concrètes de mise en œuvre de la stratégie, sont toutes des actions de changement. En fait, le changement, c'est concrètement toutes ces actions de gestion courantes, pour lesquelles il n'y a pas de guide clair ni de théories développées, pour lesquelles les analyses même raffinées ne sont que d'une aide réduite. On doit souvent agir vite, en faisant confiance à son expérience et à son intuition. En conséquence, le dirigeant est forcé de faire face aux questions apparemment insignifiantes, mais dont la cohérence globale fait le changement ou, si l'on veut, la nouvelle stratégie.

La tâche de gestion n'est pas aussi belle ni aussi excitante que celle de l'analyse et de l'élaboration des théories de formulation stratégique. C'est une tâche faite de quotidien abrupt, souvent sans élégance, où se confrontent des idées, des opinions, des intérêts. C'est une tâche qui ne vise pas nécessairement à fournir des transformations visibles et claires pour tout le monde, mais qui construit à petits pas les améliorations qui permettent à l'organisation de s'adapter à ce qui se passe dans son environnement et de survivre. C'est aussi le manque de visibilité qui fait de la tâche de gestion un territoire si éprouvant. Si l'on prenait en considération ces caractéristiques, les évaluations ne devraient plus être individuelles, mais elles demanderaient la participation de beaucoup de gens et devraient couvrir des périodes plus longues. Les réalisations, donc les sanctions et les récompenses, ne devraient plus être attribuées aux personnes qui se trouvent là au moment où le résultat est mesuré ou constaté.

Prendre tout cela en considération reviendrait à remettre en cause beaucoup de choses qui conditionnent le comportement de tous les acteurs des organisations d'aujourd'hui, ce qui constituerait sans doute un autre changement radical indésirable. De plus, nous savons tous que nous vivons, dans les organisations, un décalage considérable entre, d'une part, la stimulation de l'effort par l'individualisation de la reconnaissance et l'encouragement de la compétition entre les personnes et, d'autre part, l'efficacité de cet effort qui requiert une convergence des efforts de beaucoup de personnes. Encourager seulement le premier engendrerait une compétition effroyable et à long terme destructrice. Encourager seulement la convergence des efforts pourrait étouffer la volonté des individus à apporter leur contribution et endormir la volonté de progresser de l'ensemble, donc mènerait aussi à la destruction à long terme.

Cela nous ramène à la difficulté de la tâche du dirigeant. Le dirigeant doit constamment travailler à équilibrer les forces qui entraînent l'organisation vers les extrêmes. En quelque sorte, en plus de s'assurer de la coopération des personnes nécessaires à la réalisation de la stratégie et de leur stimulation individuelle, il doit aller à l'encontre des tendances courantes à virer vers les extrêmes. Ainsi, le dirigeant doit inévitablement aller à contre-courant : il doit vaincre la résistance au changement, il doit éviter les comportements extrêmes et souvent il doit vaincre sa propre crainte par rapport à ces phénomènes de comportement des personnes.

Dans l'accomplissement de sa tâche, le dirigeant a besoin de toute l'énergie intérieure dont il dispose. Il a besoin aussi de patience, voire d'humilité, à l'endroit des organisations qui ne peuvent se mouvoir aussi vite que le voudrait l'esprit humain. Il a besoin de l'aide des autres. Il ne peut rien réaliser de durable sans cette aide. Il a besoin de l'intégrité et de la discipline qui évitent la dispersion et le risque des chemins de traverse, même les plus tentants. Il a besoin de la confiance nécessaire à celui qui sait que les résultats, les vrais, ne sont obtenus que très partiellement à court terme. Le vrai résultat de son travail, d'autres en bénéficieront ou en pâtiront. Finalement, il a besoin de comprendre les phénomènes organisationnels et d'information pour tenter d'utiliser cette compréhension dans les situations réelles auxquelles l'organisation est actuellement confrontée.

Ce livre ne peut apporter toutes ces qualités aux dirigeants, même s'il s'efforce de les stimuler. Il ne peut pas non plus indiquer au dirigeant ce qu'il faut faire. La gestion lui revient et il ne peut la déléguer. Ce livre peut tout au plus aider le dirigeant à mieux comprendre son organisation et à élaborer le système d'information sur son comportement, dont il a besoin pour agir. Ainsi, ce livre décrit comment sont compris les phénomènes de changement majeur, tels qu'ils ressortent des recherches disponibles à ce jour. Par ailleurs, il fournit un cadre de collecte et de traitement systématique des données qui peut libérer le dirigeant et lui permettre de travailler aux autres exigences tout en laissant place à son intuition et à sa créativité dans la résolution des problèmes complexes que pose le changement stratégique. C'est en ce sens-là qu'on peut dire que le changement, c'est la vie, et ce document est construit pour la faciliter, voire la faire naître.

LE MOT DE LA FIN

La démarche qui a été proposée dans ce livre est centrée sur un effort de recherche systématique de la part des responsables de l'entreprise. Cet effort de collecte et d'analyse de données sur les éléments qui touchent la capacité de changer ou la résistance au changement est essentiel pour comprendre le comportement de l'organisation et son évolution dans le temps. En pratique, cet effort est souvent absent dans la plupart des organisations, ou plutôt il est fourni de manière spéciale et ponctuelle, grâce à l'aide de consultants ou de chercheurs, internes ou externes. Le résultat est une compréhension tellement partielle et limitée qu'elle est inutile pour améliorer la prise de décision.

Faire l'analyse en continu de la capacité de changement de l'organisation est importante surtout à cause de la perspective qu'elle offre sur l'évolution de l'organisation et de son fonctionnement. Elle permet aux dirigeants et peut-être aussi aux chercheurs de développer des niveaux de compréhension plus élevés de ce qui affecte l'organisation et la capacité de ses membres à s'adapter. Réalisée avec persistance, cette analyse serait une véritable révolution dans la gestion des organisations complexes. Elle produirait avec régularité un portrait relatif, constamment adapté, de la capacité des membres de la communauté organisationnelle de coopérer pour faciliter l'adaptation de l'ensemble du système. Cette information est aussi essentielle que celle du tableau de bord traditionnel, avec ses accents sur les aspects techniques et financiers.

Munis de tels renseignements, les dirigeants ne seraient plus dans la situation de celui dont nous avons parlé à la section précédente. Comprenant mieux le comportement de leur organisation, ils seraient moins enclins à se décharger de ce qui est leur tâche principale : la conduite des actions quotidiennes qui accroîtraient la capacité des membres de l'organisation de faire face aux changements qui s'imposent à celle-ci. Pourvus de cette information, les dirigeants chercheraient moins à se lancer dans des transformations radicales dévastatrices qu'à travailler constamment à améliorer la capacité de leur organisation de changer et ainsi la préparer à faire face aux transformations inévitables qu'impose la vie.

Ces renseignements pourraient aussi être à la base d'une relation nouvelle entre les universitaires qui évoluent dans ce domaine et les organisations. L'un des plus grands problèmes du chercheur universitaire est le manque de données de qualité. Il est évident que, pour ceux qui s'intéressent au comportement organisationnel, le fait d'obtenir de telles données pourrait être à la source de développements théoriques à la fois plus rigoureux et plus pertinents. Les généralisations qui peuvent en résulter seraient sûrement plus convaincantes et peut-être à la source d'avantages concurrentiels à la fois pour les entreprises et pour les chercheurs associés.

La recherche systématique que nous avons effectuée sur la capacité de changement des organisations pourrait être ainsi non seulement un instrument de gestion précieux, mais aussi une source de compréhension fondamentale de la gestion en situation de complexité. Peut-être assisterions-nous alors à l'émergence d'un instrument de gestion générale d'une puissance comparable à celle du PIMS[45] et dont bénéficieraient toutes les entreprises qui décideraient d'y collaborer. Ce serait la plus belle contribution des réflexions offertes dans ce livre.

---

45. PIMS vient de l'expression Profit Impact of Marketing Strategy, qui est un programme de comparaison de la performance d'un centre d'activité stratégique (CAS) à celle d'un échantillon regroupant plus de 2600 CAS. Les entreprises qui s'abonnent au PIMS s'engagent à transmettre les informations compétitives décrites par le programme (sous engagement de protection de la confidence) et reçoivent en retour un état indiquant leur position relative à l'échantillon ou au sous-échantillon le plus pertinent pour elles. Il existe un consensus tant auprès des grandes entreprises que des universitaires que le PIMS est un instrument précieux de gestion stratégique des entreprises et une banque de données aussi précieuse pour la recherche académique.

Bibliographie sélectionnée [46]

AGUILAR, F. J. *General managers in action*, New York, Oxford University Press, 1988.

ALLAIRE, Y., G. BEAUDOIN, J.-M. TOULOUSE et G. VALENCE. *Évaluation du système coopératif,* Vol. 3, Université de Sherbrooke : Bureau de développement institutionnel, 1975.

ALLISON, G. *The essence of decision*, Boston, Little Brown, 1971.

ANDREWS, K. R. *The concept of corporate strategy*, 3ᵉ édition, Homewood, IL, Irwin, 1987.

BARNARD, C. H. *The functions of the executive*, Cambridge, MA, Harvard University Press, 1937.

BARTLETT, C. " MNCs: Get Off the Reorganization Merry-Go-Round ", *Harvard Business Review*, March-April, 1983, p. 138-146.

BARTLETT, C. et S. GHOSHAL. *The Transnational corporation*, New York, Free Press, 1989.

BASS, B. M. *Leadership and performance beyond expectations,* New York, Free Press, 1985.

BASS, B. M. et B. J. AVOLIO. "The Implications of Transactional and Transformational Leadership for Individual, Team, and Organizational Development", in Woodman, R.; Pasmore, W. (éd.), *Research in organizational change and development*, 4, Greenwich, CT, JAI Press, 1990, p. 231-272.

BEHLING, O. et C. SCHRIESHEIM. *Organizational behavior: Theory, research and application*, Boston, Allyn and Bacon, 1979.

BENNIS, W. G. *On becoming a leader,* Reading, MA, Addison-Wesley, 1989.

BOWER, J. L. *Managing the resource allocation process*, Homewood, IL, Irwin, 1970.

BOYATZIS, R. E. *The competent manager,* New York. Wiley, 1982.

---

46. Tous les textes mentionnés dans le livre ne figurent pas dans cette bibliographie. Les lecteurs intéressés peuvent s'adresser aux auteurs ou consulter le livre de Hafsi et Fabi (1997).

BRANNEN, K. C. et J. HRANAC. "Quality control circles for small business", *Journal of Small Business Management*, 21 (1), p. 21-27, 1983.

BRAYBROOKE, D. et C. E. LINDBLOM. *A strategy of decision*, New York, Free Press, 1963.

CALORI, R., Y. F. LIVIAN et P. SARMIN. « Pour une théorie des relations entre culture d'entreprise et performance économique », *Revue Française de Gestion*, été 1989, p. 39-50.

CHANDLER, A. D. *Strategy and structure*, Cambridge, MA, MIT Press, 1962.

COLE, R. E. et D. S. TACHIKI. "Forging institutional links: Making quality circles work", *US National Productivity Review*, 3 (4), p. 417-429, 1984.

COVIN, T. J. et R. H. KILMANN. "Participant Perceptions of Positive and Negative Influences on Large-Scale Change", *Group and organization studies*, 15 (2), 1990, p. 233-248.

CROZIER, M. *Le phénomène bureaucratique*, Paris, Seuil, 1963.

CYERT, R. M. et J. G. MARCH. *A behavioral theory of the firm*, Englewood Cliffs, NJ, Prentice-Hall, 1963.

DEWAR, R. D. et J. E. DUTTON. "The Adoption of Radical and Incremental Innovations: An Empirical Analysis", *Management Science*, 32, 1986, p. 1422-1433.

DRAGO, R. "Quality circle survival: An exploratory analysis", *Industrial Relations*, 27 (30), p. 336-351, 1988.

FABI, B. "A concurrent validity study of the learning ability profile against college grade point average: Some Canadian data", *Educational and Psychological Measurement*, 43 (3), 1983.

FABI, B. « Privé vs public : choix et transfert de secteur organisationnel », *Relations industrielles*, 39, p. 313-334, 1984.

FABI, B. « Les facteurs de contingence des cercles de qualité : une synthèse de la documentation empirique », *Revue canadienne des sciences de l'administration*, vol. 8, n° 3, 1991, p. 161-174.

FABI, B. « Les facteurs de contingence des cercles de qualité : une synthèse de la documentation empirique », *Revue canadienne des sciences de l'administration*, 8 (3), p. 161-174, 1992.

FABI, B. "Success factors in quality circles: A review of empirical evidence", *International Journal of Quality and Reliability Management,* 9 (2), 1992, p. 16-31.

FABI, B. et R. JACOB. « Se réorganiser pour mieux performer », *Gestion,* vol. 19, n ° 3, 1994, p. 48-59.

FABI, B. et T. HAFSI. « Le changement stratégique : une investigation sur le potentiel de changement des organisations », étude réalisée sous l'égide du Céfrio dans le cadre du Macroscope, 1992.

FABI, B. et L. MAILLET. "A predictive validity study of the Learning Ability Profile with collegiate-level officer cadets: Some Canadian data", *Psychological Reports,* 60, p. 431-439, 1987.

FEATHERMAN, D. L. "The socioeconomic achievement of white religioethnic subgroups: Social and psychological explanations", *American Sociological Review,* 36, p. 207-222, 1969.

FORTIN, M. "Biochem-Pharma Inc.", cas HEC écrit en collaboration avec J.-P. Bessaye M'ben, J. Grou, S. Léger, G. Paquette, sous la direction de Taïeb Hafsi, Centrale des cas, École des HEC, Montréal.

GILL, B. "Making Change: It's the Only Way to Stay the Same", New York, The New Yorker, 1995.

GREINER, L. E. "Evolution and Revolution as Organizations Grow", *Harvard Business Review,* 50, 1972, p. 37-46.

GROUPE INNOVATION. *Vers l'organisation du XXIe siècle,* Presses de l'Université du Québec, 1993.

HAFSI, T. *Entreprise publique et politique industrielle,* Paris, McGraw-Hill, 1985.

HAFSI, T. « Management et métamanagement : les subtilités du concept de stratégie », *Gestion,* 1985.

HAFSI, T. « Les structures dans la tête », *Gestion,* 1995.

HAFSI, T. et B. FABI. *Les fondements du changement stratégique,* Montréal, Les Éditions Transcontinental, 1997, 368 pages.

HAFSI, T. et C. DEMERS. *Le changement radical dans les organisations complexes,* Boucherville, Gaëtan Morin, 1989.

HAMBRICK, D. C. et P. A. MASON. "Upper Echelon: The Organization as a Reflection of its Top Managers", *Academy of management review,* vol. 9, n° 2, 1984, p. 193-206.

HERZBERG, F. *Work and the nature of man,* New York, World, 1966.

HININGS, C. R. et R. GREENWOOD. *The dynamics of strategic change*, Oxford, Basil Blackwell, 1988.

HOWELL, J. M. et B. J. AVOLIO. "Transformational vs. Transactional Leadership: How they Impact Innovation, Risk-Taking, Organizational Structure and Performance", Paper presented at the meeting of the Academy of management, Washington, DC, 1989.

IACOCCA, L. *IACOCCA: An Autobiography*, With W. Novak, New York, Bantam Books, 1984.

JAQUES, E. *A General Theory of Bureaucracy,* London, UK, Heinemann, 1976.

KETS DE VRIES, M. F. R. *Organizational paradoxes*, London, UK, Tavistock Publications, 1980.

KETS DE VRIES, M. R. F. et D. MILLER. *The Neurotic organization*, San Francisco, Jossey-Bass, 1984.

LAPIERRE, L. *Imaginaire et leadership*, Tomes I et II, Montréal, Québec-Amérique, 1993.

LAPIERRE, L. *Imaginaire et leadership*, Tome III, Montréal, Québec-Amérique, 1994.

LAWRENCE, P. R. et J. W. LORSCH. *Organization and environment: Managing differentiation and integration*, Homewood, IL, Irwin, 1967.

LECLERC, M. *Le gestionnaire : un acteur primordial en gestion des ressources humaines*, Presses de l'Université du Québec, 1993.

LEFCOURT, H. M. *Locus of control: Currents trends in theory and research,* New York, Wiley, 1976.

MAIER, N. R. F. *Psychology in industry,* NewYork, Houghton-Mifflin, 3rd edition, 1965.

MARCH, J. G. et H. A. SIMON. *Organizations*, New York, Wiley, 1958.

MASLOW, A. H. *Motivation and personality*, New York, Harper, 1954.

MAYO, E. *The human problems of an industrial civilization*, New York, Macmillan, 1933.

McCLELLAND, D. C. *The achieving society*, Princeton, NJ, Van Nostrand, 1961.

MILLER, D. *The Icarus paradox*, New York, Free Press, 1990.

MILLER, D et M. CÔTÉ. « Caractérisation des organisations », étude réalisée sous l'égide du Céfrio dans le cadre du Macroscope, 1992.

MINTZBERG, H. "Strategy-Making in Three Modes", *Harvard Business Review*, 1981.

MINTZBERG, H. *Power in and around organizations*, Englewood Cliffs, NJ, Prentice-Hall, 1984.

MURSTEIN, B. I. *Theory and research in projective techniques,* New York, Wiley, 1963.

NEAL, S. *Values and interests in social change,* Englewood Cliffs, NJ, Prentice-Hall, 1965.

PASCALE, R. *Managing on the edge*, New York, Touchstone, 1990.

PETERS, T. J. et R. H. WATERMAN. *In search of excellence*, New York, Harper & Row, 1982.

PETTIGREW, A. *The awakening giant*, Oxford, Basil Blackwell, 1985.

PHARES, E. J. *Locus of control in personnality,* New Jersey, General Learning Press, 1976.

PORTER, L. W. et E. E. LAWLER. *Managerial attitudes and performance*, Homewood, IL, Irwin-Dorsey, 1968.

PORTER, M. E. *Competitive Strategy: Techniques for Analysing Industries and Competitors*, Toronto, The Free Press, 1980.

ROETHLISBERGER, F. J. *The elusive phenomena*, Cambridge, MA, Harvard University Press, 1977.

ROETHLISBERGER, R. J. *Man-in-Organization: Essays of R.J. Roethlisberger*, Cambridge, MA, The Belknap Press of Harvard University Press, 1968.

ROTTER, J. "Generalized Expectancies for Internal Versus External Control of Reinforcement", *Psychological Monographs*, 80, 1966, p. 609.

SATURDAY EVENING POST, in Christensen, C. R.; Andrews, K. R. et J. L. Bower. *Business policy: Text and cases*, 4ᵉ édition, Homewood, IL, Irwin, 1978.

SCHEIN, E. H. *Organizational culture and leadership*, San Francisco, Jossey-Bass, 1985.

SCHENDEL, D. E. et C. W. HOFER. *Strategic management: A new view of Business Policy and Planning*, Boston, Little, Brown, 1979.

SELZNICK, P. *Leadership in administration*, Berkeley, University of California Press, 1957.

SIMON, H. *Reason in human affairs*, Stanford, CA, Stanford University, 1983.

SKINNER, B. F. *Science and human behavior*, New York, Macmillan, 1953.

SLOAN, A. *My years with General Motors*, Garden City, NY, Doubleday, 1964.

SLOAN, B. F. *Three plus one equals billions: The Bendix-Martin Marietta war*, New York, Arbor House, 1983.

SLOCUM, J. W. et D. HELLRIEGER. "A Look at How Managers' Minds Work", *Business Horizons*, juillet-août, 1983, p. 58-68.

THOMPSON, J. D. *Organizations in action*, New York, McGraw-Hill, 1967.

TICHY, N. M. et M. DEVANNA. *The Transformational leader*, New York, Wiley, 1986.

ZALEZNIK, A. *Human dilemmas of leadership*, New York, Harper & Row, 1966.

ZALEZNIK, A. "Managers and Leaders: Are they Different?", *Harvard Business Review*, mai-juin, 1977.

AUTRES TITRES PARUS
AUX ÉDITIONS TRANSCONTINENTAL

Collection Affaires PLUS

Partez l'esprit en paix
Sandra E. Foster

24,95 $
392pages, 1998

S'enrichir grâce aux fonds communs de placement
Nicole Lacombe et Linda Patterson

18,95 $
227 pages, 1998

Guide de planification de la retraite (cédérom inclus)
Samson Bélair/Deloitte & Touche

34,95 $
392 pages, 1998

Guide de planification financière (cédérom inclus)
Samson Bélair/Deloitte & Touche

37,95 $
392 pages, 1998

Comment réduire vos impôts (10ᵉ édition)
Samson Bélair/Deloitte & Touche

16,95 $
276 pages, 1998

Les fonds vedettes 1998
Riley Moynes et Michael Nairne

21,95 $
320 pages, 1998

La bourse : investir avec succès (2ᵉ édition)
Gérard Bérubé

36,95 $
420 pages, 1997

Collection Communication visuelle

Comment constuire une image
Claude Cossette

29,95 $
144 pages, 1997

L'idéation publicitaire
René Déry

29,95 $
144 pages, 1997

Les styles dans la communication visuelle
Claude Cossette et Claude A. Simard

29,95 $
144 pages, 1997

Comment faire des images qui parlent
Luc Saint-Hilaire

29,95 $
144 pages, 1997

Collection Ressources humaines

Vendeur efficace
Carl Zaiss et Thomas Gordon

34,95 $
360 pages, 1997

Adieu patron! Bonjour coach!
Dennis C. Kinlaw

24,95 $
200 pages, 1997

Collection principale

Internet, intranet, extranet : comment en tirer profit
CEVEIL

24,95 $
240 pages, 1998

La créativité en action
Claude Cossette

24,95 $
240 pages, 1998

La créativité en action
Claude Cossette

24,95 $
240 pages, 1998

Guide des franchises et du partenariat au Québec (4ᵉ édition)
Institut national sur le franchisage et le partenariat

36,95 $
464 pages, 1997

Solange Chaput-Rolland
La soif de liberté
Francine Harel-Giasson et Francine Demers

21,95 $
200 pages, 1997

Crédit et recouvrement au Québec (3ᵉ édition)
La référence pour les gestionnaires de crédit
Lilian Beaulieu, en collaboration avec N. Pinard et J. Demers

55 $
400 pages, 1997

Le télétravail
Yves Codère

27,95 $
216 pages, 1997

Le Québec économique 1997
Panorama de l'actualité dans le monde des affaires
Michèle Charbonneau, Lilly Lemay et Richard Déry

27,95 $
240 pages, 1997

Les fondements du changement stratégique
Taïeb Hafsi et Bruno Fabi

39,95 $
400 pages, 1997

Le nouveau management selon Harrington
Gérer l'amélioration totale
H. James Harrington et James S. Harrington

59,95 $
600 pages, 1997

Comprendre et mesurer
la capacité de changement des organisations
Taïeb Hafsi et Christiane Demers

36,95 $
328 pages, 1997

DMR : la fin d'un rêve
Serge Meilleur

27,95 $
308 pages, 1997

L'entreprise et ses salariés, volume 1
Desjardins Ducharme Stein Monast

44,95 $
408 pages, 1996

Rebondir après une rupture de carrière
Georges Vigny

29,95 $
300 pages, 1996

La stratégie des organisations
Une synthèse
Taïeb Hafsi, Jean-Marie Toulouse et leurs collaborateurs

39,95 $
630 pages, 1996

La création de produits stratégiques
Une approche gagnante qui vous distinguera de la concurrence
Michel Robert, en collaboration avec Michel Moisan et Jacques Gauvin

24,95 $
240 pages, 1996

L'âge de déraison
Charles Handy

39,95 $
240 pages, 1996

Croître
Un impératif pour l'entreprise
Dwight Gertz et João Baptista

39,95 $
210 pages, 1996

Structures et changements
Balises pour un monde différent
Peter Drucker

44,95 $
304 pages, 1996

Du mécanique au vivant
L'entreprise en transformation
Francis Gouillart et James Kelly

49,95 $
280 pages, 1996

Ouvrez vite !
Faites la bonne offre, au bon client, au bon moment
Alain Samson, en collaboration avec Georges Vigny

29,95 $
258 pages, 1996

Évaluez la gestion de la qualité dans votre entreprise (logiciel)
Howard B. Heuser

119,95 $
1996

Le choc des structures
L'organisation transformée
Pierre Beaudoin

26,95 $
194 pages, 1995

L'offre irrésistible
Faites du marketing direct l'outil de votre succès
Georges Vigny

26,95 $
176 pages, 1995

Le temps des paradoxes
Charles Handy

39,95 $
271 pages, 1995

La guerre contre Meubli-Mart
Alain Samson

24,95 $
256 pages, 1995

La fiscalité de l'entreprise agricole
Samson Bélair/Deloitte & Touche

19,95 $
224 pages, 1995

100 % tonus
Pour une organisation mobilisée
Pierre-Marc Meunier

19,95 $
192 pages, 1995

9-1-1 CA$H
Une aventure financière dont vous êtes le héros
Alain Samson et Paul Dell'Aniello

24,95 $
256 pages, 1995

Redéfinir la fonction finance-contrôle
en vue du XXIe siècle
Hugues Boisvert, Marie-Andrée Caron et leurs collaborateurs

24,95 $
188 pages, 1995

Les glorieux
Histoire du Canadien de Montréal en images
Photomage Flam

29,95 $
168 pages, 1995

La stratégie du président
Alain Samson

24,95 $
256 pages, 1995

La réingénierie des processus d'affaires dans les organisations canadiennes
François Bergeron et Jean Falardeau
24,95 $
104 pages, 1994

Survoltez votre entreprise !
Alain Samson
19,95 $
224 pages, 1994

La réingénierie des processus administratifs
Le pouvoir de réinventer son organisation
H. James Harrington
44,95 $
406 pages, 1994

La nouvelle économie
Nuala Beck
24,95 $
240 pages, 1994

Processus P.O.M.
Une analyse du rendement continu de l'équipement
Roger Lafleur
34,95 $
180 pages, 1994

La certification des fournisseurs
Au-delà de la norme ISO 9000
Maass, Brown et Bossert
39,95 $
244 pages, 1994

Les 80 meilleurs fromages de chez nous et leurs vins d'accompagnement
Robert Labelle et André Piché
18,95 $
272 pages, 1994

Un plan d'affaires gagnant (3ᵉ édition)
Paul Dell'Aniello
27,95 $
208 pages, 1994

1001 trucs publicitaires (2ᵉ édition)
Luc Dupont
36,95 $
292 pages, 1993

Maître de son temps
Marcel Côté
24,95 $
176 pages, 1993

Jazz leadership
Max DePree
24,95 $
244 pages, 1993

À la recherche de l'humain
Jean-Marc Chaput
19,95 $
248 pages, 1992

Vendre aux entreprises
Pierre Brouillette
34,95 $
356 pages, 1992

Objectif qualité totale
Un processus d'amélioration continue
H. James Harrington
34,95 $
326 pages, 1992

Comment acheter une entreprise
Jean H. Gagnon
24,95 $
232 pages, 1991